増補改訂版

起業のファイナンス
ベンチャーにとって一番大切なこと

VENTURE FINANCE
THE ESSENTIAL GUIDE FOR ENTREPRENEURS
ISOZAKI TETSUYA

磯崎哲也

日本実業出版社

増補改訂版発行にあたって

　この『起業のファイナンス』を最初に刊行したのは4年前、リーマンショック後の2010年10月で、ベンチャーへの投資額は落ち込み、ベンチャーキャピタルも次々に活動を停止していて、このままいくと日本のベンチャーファイナンスがもう全滅してしまうのではないかという強い危機意識を持っていた時でした。

　2014年の今では毎日のように何らかのベンチャー向けのイベントが開催されていますが、当時はベンチャーに関するイベントといったものも数えるほどしか見かけませんでした。この4年間で、日本のベンチャーを取り巻く環境は、ものすごく大きく変化したと言えます。

　ベンチャー投資額は、日本全体の総額でも持ち直してきていますが、特筆すべきは、その構造（内訳）や生態系の質的な変化です。特に、設立間もないシードのベンチャーへ少額を投資するエンジェルやシード・アクセラレーターなどが増えて、起業の最初の敷居がかなり下がりましたし、優秀なチームが優れたビジネスプランを立てて大きな成長が期待できる本格派ベンチャーには、逆に数十億円の資金が集まるケースも増えてきました。2012年には年に数件程度しかなかった1億円以上の投資ラウンドが、2013年には50件を超え、1件10億円以上の投資も、知る限りで十数件あります。

　つまり（2000年のネットバブルの頃のように、まだ海のものとも山のものともわからない事業に、いきなり億円単位の資金が付くのではなく）、仮説→実証→確認→アクセル全開という、適切なサイクルが形成されつつあると思います。

　単に金額だけの話ではなく、シード段階のベンチャーのビジネスプランを指導したり、優秀な人材を紹介したり、次のラウンドのファイナンスを成功させたりといった、このサイクルを支える人材の織りなす生態系（人のネットワーク）が、この数年で着実に成長してきています。

わたくしは、それまではベンチャー側に立ってアドバイスする仕事をしてきましたが、2012年1月にその延長で、フェムト・スタートアップというシード投資をするしくみを作り、2013年4月にはフェムトグロースキャピタルという、より大きなファンドを作りました。2014年7月には、これらのファンドでの実例ももとに、本書の続編（中級編）と言うべき『起業のエクイティ・ファイナンス』（ダイヤモンド社）も出版させていただきました。

　前述のとおり、この本（『起業のファイナンス』）を書いたのは、日本のベンチャー投資がどん底の時期でしたので、今読み直してみると、いささか悲壮感が強過ぎるかなとも思いました。このため今回、(ⅰ)全体的なトーンを、より今の時代にあったものに書き直すとともに、(ⅱ)用語を最近よく使われるものに見直して『起業のエクイティ・ファイナンス』とも合わせ、(ⅲ)資本政策などの例も、最新の状況にフィットさせ、(ⅳ)コーポレートガバナンスについて書いた第9章を追加するなど、全面的な書き直しを行い、増補改訂版としたものです。

　日本のベンチャーに関する環境は、もちろん米国シリコンバレーに比べると、まだ何十分の一といった状況ですし、中国その他のアジアのベンチャーの盛り上がりもすごいものがあります。
　一方で、昨今は、ヨーロッパなどの他の先進国でも「日本のベンチャーってすごいね」と言われるケースも増えてきておりますし、日本のベンチャー生態系がますます発展をしていく勢いは、もう誰にも止められないのではないかと考えております。

　この増補改訂版が、ベンチャー生態系の更なる発展に役に立てば、これほど嬉しいことはありません。

2014年12月
著者

起業のファイナンス　増補改訂版　目次

増補改訂版発行にあたって

序章 ■ なぜ今「ベンチャー」なのか？

ベンチャーをやるには「イメージ」が大切だ ——————— 010

不況時は起業のチャンスかもしれない ——————— 011

「資金調達がいらない起業」が増えている ——————— 012

資金調達にはノウハウが必要 ——————— 014

起業の情報が不足している ——————— 018

「成功しないこと」は「失敗」ではない ——————— 020

日本は起業する人に冷たい国か？ ——————— 023

ベンチャーの「生態系」を作り上げることが必要 ——————— 024

本書の内容と構成 ——————— 029

第1章 ■ ベンチャーファイナンスの全体像

ベンチャービジネスとは何か？ ——————— 032

「ベンチャーのサポート役」も重要 ——————— 033

資本市場は「オープン」でないと成立しない ——————— 035

ベンチャーが株式で資金調達をする理由 ——————— 039

投資家は何を求めているか？ ——————— 042

キャピタルゲインはどのように生み出されるか？
（その1）上場 ——————— 045

キャピタルゲインはどのように生み出されるか？
（その2）M&A ——————— 047

CONTENTS

キャピタルゲインはどのように生み出されるか？
（その3）その他 ──────────────────── 051

ベンチャーのライフサイクル ─────────── 052

上場とはどういうことか？ ──────────── 055

会社を潰すことは悪か？ ─────────── 061

資金循環から見たベンチャーファイナンス ──── 065

ベンチャーへの投資 ──────────────── 069

もっと専門家のサポートを！ ─────────── 072

第2章 ▪ 会社の始め方

「会社」とは何か？ ──────────── 076

法人には「公私」を分ける機能がある ──── 077

「アニマル・スピリッツ」と起業 ─────── 078

「個人経営」VS「会社」 ─────────── 083

どの種類の「入れ物」を選択すべきか？ ─── 086

事業価値評価と法人化のタイミング ────── 088

税務と法人化のタイミング ──────── 091

資本金はいくらにすればいいか？ ────── 093

現物出資の活用 ──────────────── 094

将来の監査、デューデリに気をつけろ ──── 096

「エンジェル」の性質と問題点 ─────── 098

ベンチャーキャピタルとの交渉上の問題点 ── 106

「最初」が非常に重要 ──────────── 109

第3章 ▪ 事業計画の作り方

成功するベンチャーを「ソーシャルグラフ」から考える ── 112

事業計画がなぜ必要か？ ———————————————— 116

センスだけでは経営は続かない ———————————— 120

事業計画と「不確実性に対する世界観」 ————————— 123

必要資金の量にも関連する ———————————————— 125

事業計画書の構成 ———————————————————— 126

Excel がある幸せ ——————————————————————— 132

まずは損益計画を作ってみる ——————————————— 133

損益計画の前提条件 ——————————————————— 137

貸借対照表の計画 ———————————————————— 140

キャッシュフロー計画 ————————————————————— 140

P/L計画表・B/S計画表・C/F計画表の例 —————————— 141

計画のでき栄えは出資を左右するか？ ————————— 145

どのくらいの目標を掲げればいいか？ ————————— 147

「いい事業計画」の見分け方 ——————————————— 149

第4章 ▪ 企業価値とは何か？

企業価値はなぜ重要か？ ————————————————— 154

企業価値と株価の関係 ————————————————— 154

事業価値・企業価値・株主価値の違い ————————— 155

帳簿価格と企業価値評価（純資産法） ————————— 157

「似た企業」で考える（類似企業比準法） ——————— 164

「未来」に注目した企業価値（DCF法） ————————— 167

投資家はEXITから逆算する ——————————————— 176

未来を確実に予測する方法なんか存在しない ————— 177

企業価値は「需給」で決まる ——————————————— 180

CONTENTS

第5章 ■ ストックオプションを活用する

なぜストックオプションが重要なのか？ ── 184
ストックオプションの基本的なしくみ ── 188
ストックオプションの発行計画 ── 193
役職員の人生プランを考える ── 195
ストックオプション設計に必要な知識 ── 196
会社法から見たストックオプション ── 197
金融工学的に見たストックオプション ── 198
上場証券実務とストックオプション ── 201
人事労務とストックオプション ── 201
ストックオプションの会計 ── 202
ストックオプションの税務の基本 ── 207
税制適格ストックオプションの要件 ── 209
税制適格/非適格で何が変わるか？ ── 212
ストックオプションの要項と契約書 ── 214

第6章 ■ 資本政策の作り方

資本政策とは ── 228
資本政策の重要性 ── 230
資本政策表の実例 ── 232
ストックオプションが加わった例 ── 240
法律面から考える「妥当な」持株比率 ── 241
会計の持株比率への影響 ── 245
価値を高めてくれる投資家なら持分が下がっても得 ── 246
ストックオプションの適切な発行量 ── 250
米国の事例を鵜呑みにしない ── 254

企業価値評価は安過ぎないか？	256
「安定株主」は誰か？	263
株式分散（ボロボロ）型の資本政策	265
多過ぎるストックオプション	267
計画的でないストックオプションの発行	268
投資契約も重要	270

第7章 ■ 投資契約と投資家との交渉

投資契約とは	272
日本のベンチャーキャピタル	274
投資家/ベンチャーキャピタルに何を聞けばいいか？	281
投資を受けるまでのプロセス	284
投資のスケジュール、ベンチャーキャピタルとの付き合い方	288
投資契約の内容例	289
その他の条件	294

第8章 ■ 優先株式のすすめ

優先株式とは	298
会社法上の種類株式	299
優先分配権や転換比率の調整	303
低い額のEXITに対応する	304
投資時点の企業価値から上昇していないケース	307
投資家間の権利の調整	313
同時に投資して違う株価をつける	317
なぜ優先株式の利用が進まないか？	319
ベンチャーにはリスクのコントロールが必要だ	323

第9章 ■ ベンチャーのコーポレートガバナンス

ファイナンスとガバナンスは表裏一体 ——————————	328
株主と経営者の利害は食い違う —————————————	328
「時間軸の違い」の理解が「三方良し」を実現する —————	330
ガバナンスの形は市場の競争構造の形 —————————	334
「社外取締役」とは何か？ ———————————————	335
社外取締役を最も必要としているのはベンチャーである ———	337
イノベーションと（広義の）IR —————————————	339
イノベーションとリーダーシップ —————————————	340
米国のベンチャーのガバナンス ——————————————	342
日本の制度環境とガバナンス ———————————————	345
投資契約、株主間契約とガバナンス ————————————	347
日本のベンチャーのコーポレートガバナンス ———————	349

おわりに

ブックデザイン／萩原弦一郎（デジカル）
本文DTP／一企画

掲載された情報は、筆者が信頼できると判断した情報（2015年5月1日時点の法令、施行済みの改正会社法を含む）をもとに作成・加工しておりますが、取引の実行に際しては弁護士・司法書士・税理士・公認会計士・証券会社等の専門家にご相談いただくようお願いいたします。

序章
なぜ今「ベンチャー」なのか？

VENTURE FINANCE
THE ESSENTIAL GUIDE FOR ENTREPRENEURS

ベンチャーをやるには
「イメージ」が大切だ

　この本は**「起業のイメージを持ってもらうこと」**を目的にしています。すなわち、会社や役所にサラリーマンとして勤めるのではなく、自分でビジネスをするとどうなるのか、ということについて具体的なイメージを持ってもらおうと思って、この本を書きました。

　もちろん、起業のノウハウは業種によってまったく異なります。だから事業やビジネスモデルのコアになる部分は、各起業家のみなさんに考えていただくしかありません。

　しかし、ベンチャーの財務（ファイナンス）については、かなりの部分が共通で使えます。そして、多くのベンチャーが、ファイナンスの知識がないばかりに、同じようなミスをして苦境に陥っています。

　この本を書こうと思ったのは、そういう「同じ過ち」を繰り返してほしくないから、ということもあります。

　今までもベンチャーに関しては、「会社の設立の仕方」とか「ストックオプション発行」といった個別の手続きやルールを解説する本は多数あったと思います。もちろんルールを覚えるのも重要なのですが、ビジネスは「結果」の勝負ですから、ルールを覚えただけで勝てるわけではありません。

　将棋にたとえるとわかりやすいかと思います。

　「歩は前に１つだけ進める」「飛車は縦横にいくらでも動ける」といったルールをいくら知っていても、上級者には勝てません。上級者はルールや定跡はもちろん、序盤から終盤までの「イメージ」をいろいろ持っ

ているからです。

　ビジネスでも同様です。ベンチャーの場合には特に、自分が計画すればそのとおりに物事が進むということは期待できず、ライバルなどの出方によって、状況は無数に変化します。しかもビジネスの場合、将棋と違ってすべての情報が入手できるわけでもありません。必要とされるのは、状況に応じてフレキシブルに対応する能力です。

　このため、この本では、詳細な技術については専門書に譲ることにし、ファイナンスの法律や税務について具体的なイメージがわくように工夫しながら、とにかく「全体像」「イメージ」をつかまえてもらうことを主眼に置いてみました。

不況時は起業のチャンスかもしれない

　この本の第1版の原稿を書いていた2010年9月、世間は不況の真っただ中でした。[*1]

　マスコミに流れるニュースも、「デフレ」「就職難」「倒産」などといったものばかりで不安な気持ちになっている人も多かったかと思いますし、ましてや「自分で会社をやる」なんてことは思いつきもしない人がほとんどだったでしょう。

　今でも、「なんで、『ベンチャー』なんだよ？」と思う人も多いと思います。

[*1]　本書（増補改訂版）を書いた2014年12月は、4年前と比較してベンチャーへの関心は格段に高まりました！

しかし、発想を逆転させれば、こうした不況期は、じつは起業に向いています。

「不況時に起業した会社はうまくいく」と言われるのは、好況に浮かれて起業した会社より、不況時に堅めに考えて商売を始めたほうが成功率が上がるということがあるからでしょう。

　加えて、不況時には起業を考えるライバルが少ない、ということもあります。

　ビジネスは競争です。

　特に現代のように情報が瞬時に飛び交う社会では、儲かっているビジネスは、必ずまねするヤツが現れます。分け合うパイ（市場の大きさ）が同じなのに競争相手が増えれば、当然、利益は少なくなってしまいます。しかし、ライバルが少ない時に起業すれば、みんなが気づいて腰を上げるころには優位なポジションに先回りできていて、結果としてビジネスとして成功する可能性も高くなるはずです。

「資金調達がいらない起業」が増えている

「起業」と言っても大きく言って２種類の起業があります。
　それは「資金調達がいらない起業」と「資金調達が必要な起業」です。

　たとえば「50席のレストランを作る」「アパート経営を始める」「新型のデータセンターを始める」といったビジネスの場合には、それなりの設備投資が必要です。自分の貯金が数百万円程度しかないのであれば、第三者から資金調達をする必要が出てきます。

しかし、在庫や設備投資などの投資が小さくてすむ事業なら、資金調達もあまり必要がありません。

資金調達をする必要がなければ、銀行や投資家などの第三者に事業を見てもらう必要もないので（良くも悪くも）自分の思いどおりに事業が行えるのです。

インターネット関係やソフトウエア関係、またはデザイナーやコンサルタントなどの専門職は、もともと商品在庫や大きな設備投資があまり必要ないタイプのビジネスでしたが、さらにここ10年で、起業のしやすさは大きく変わってきています。

昨今のビジネス環境の変化として、まず、情報通信関係のコストが激安になっていることがあげられます。パソコンが10万円を切る価格まで下がってきていますし、クラウド[*2]が充実してきているので、自分でサーバに投資する必要も低下しています。

仕事のやり方も変わってきました。
従来は、１つの事業で働く人達は、「事務所」や「店舗」など１カ所に物理的に集まらないとコミュニケーションが取れなかったわけですが、ネットが発達したおかげで、取引先とのコミュニケーションはもちろんのこと、自社の役員や従業員との間ですら、ネットですんでしまうことも多くなっています。

[*2] 「クラウド」の定義はさまざまですが、財務的に見れば、ネットワーク上のサーバを「資産」として持つのではなく、サービスとして利用して「費用」として支払うものということになります。利用する量に応じて従量的に利用料金を払えばいい形式を取っていることが多くなっています。昨今では、中小企業だけでなく証券会社やCIAのシステムまでもがクラウドに置かれるようになっています。

つまり、オフィスや店舗を借りるための高額な敷金・礼金、内装工事代などを準備することは必ずしも必要ではなくなり、最近は「店舗」はウェブページを立ち上げるだけで、オフィスは自宅という人も増えています。

「起業イコール会社を辞めること」でもなくなってきました。

（就業規則や雇用契約で兼業が禁止されていなければ、ですが）会社員として働きながらでも起業できるわけです。

商品、売掛金、設備といった「資産」がほとんどないと、経営管理に関する知識もあまり要らなくなります。資金繰りを考えるのも楽ですし、商品や製品の在庫がないなら、生産や発注、在庫管理のノウハウもその分不要ですし、償却資産がなければ減価償却の計算も必要ありません。

このように、「資金調達がいらない起業」では、起業のリスクは格段に小さく簡単になっています。

資金調達にはノウハウが必要

しかし、もちろん資金調達が必要な起業もあります。

資金調達が必要になるのは、大きな設備投資や先行投資が必要で、起業家が持っている資金だけでは足りない場合です（図表0−1）。

前述のように、新しい仕事のやり方を工夫すれば、たとえば自宅で作業する人をパソコンやネットで結び、電話会議やビデオ会議を使って、ほとんどお金をかけずに既存の大組織の企業と同様のことを行うことも可能になってきています。

014

図表0-1　資産が大きいビジネスは資金調達も必要になる

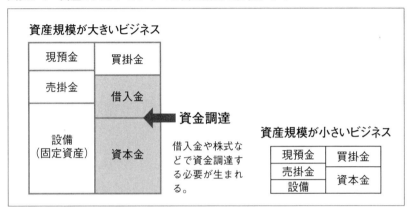

　しかし、今後の企業は資金調達がまったく不要になっていくかというと、そうではありません。

　レストランや物販店など、物理的な設備がどうしても必要な業態もあります。また、起業時に資金調達が不要な事業でも、ライバルが出てきたり、勝負をかけて急成長することを決意したりした時などは、資金調達も必要になってきます。

　つまり、ビジネスには「**スピード**」も重要なわけです。ビジネスは競争なので「スピード」で相手に負けるわけにはいかないことが多いからです。

　人間の「身体論的限界」もあります。いくらネットでコミュニケーションが取れるとはいっても、やはり同じオフィスで顔を突き合わせていないと、コミュニケーションがうまくいかないことも多いわけです。

　パソコンが使えない旧世代の人達だけでなく、ネットのコミュニケー

ションに慣れているはずのIT系企業ですら、オフィスがいくつもの雑居ビルに分散したり、同じビルでもフロアが分かれているだけで、（ものの1分でたどり着ける距離にあるにも関わらず）コミュニケーションがうまくいかなくなり、社内で派閥ができたりするから不思議です。急成長するベンチャーが1フロアの面積が大きな六本木や渋谷といった都心の超大型ビルに入るのは、そういう理由もあります。競争が厳しいビジネスほど、1分1秒を惜しんで円滑にコミュニケーションできることが必要になります。

　また「投資」は目に見える不動産や機械などの固定資産ばかりではありません。

　たとえば、ライバルに先駆けて営業マンを雇って教育をしたり、コールセンターを準備したりといったことが必要になることがあります。収入がまだあまりないのに経費だけ出ていけば、会計上は単なる「損失（赤字）」ですが、前向きな言い方をすると「先行投資」になります。

　もちろん会計上で「先行投資」という科目で資産として計上されるわ

図表0-2　「先行投資」が必要なベンチャーでも資金調達が必要

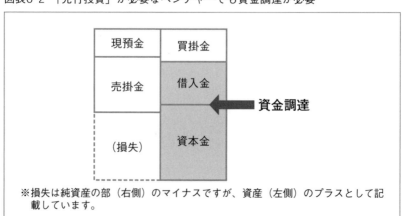

けではありません。しかし、資金調達が必要になるのは同じです。

そうした各種の「投資」をすると他人からの資金調達が必要になりますし、リスクも出てきます。

「リスクがあるならやらないほうがいいじゃないか」と思いますか？

「リスク＝悪」と考えている日本の人は多いので、ここはよくお考えください。

たとえば2千万円投資しても、将来1億円儲かることがそこそこの可能性で見込めるなら、投資したほうが得かもしれないわけです。

リスクがゼロなら、みんなそれをやっているはずなので、リスクがゼロで大儲けできる美味しい話がそうそう転がっているはずはないのです。

また、「今投資しなければ近い将来に競争に負けて、事業がダメになってしまう」というケースもあるでしょう。

あなたがよほど誰にもまねのできない特殊な技術や市場を押さえているなら別ですが、普通の事業であれば、多かれ少なかれ競争があります。仮にライバルが資金調達して営業マンや技術者を大量に増やすとか、新しい製品やサービスを開発してきた時は、現状のまま留まるほうが危険だということにもなります。

このように、資産に投資したり、そのために資金調達が必要になったりすると、リスクが出てきます。リスクをマネジメントするためには、いろいろと経営管理の知識やノウハウも必要になってきます。

「資金調達がいらない起業」については、ファイナンスの観点からは、あまり説明することがありません。「やりたいならやってみなはれ。以上」で終わりです。

このため本書では、以下主として「資金調達が必要な起業」とそのファイナンスについて解説することにしたいと思います。

起業の情報が不足している

勘違いしないでいただきたいのですが、他人から資金調達しない場合も含めて、起業には多かれ少なかれリスクはあります。ですから、**わたしは決してすべての人に起業を勧めているわけではないし、「起業すれば必ず幸せになれる」などということを言っているわけでもありません。**

どんな人が何をやるかも知らずに一般論として「起業したほうがいいですよ」なんていうことは言えるわけがありません。たとえば、物事を深く考えない人ばかりが集まってビジネスを行ったら、失敗する確率のほうが高いのは明らかです。

人生の数年間以上を賭けることになりますので、他人からそそのかされてやることではないですし、あとで「あんたの言うとおりにやったら失敗した」などとわたしに言われても困ります。

実際、成功した起業家の人達に、他人からそそのかされてしぶしぶ起業したという人は少ないと思います。

わたしは起業に関わる仕事をして15年以上たちます。しかし5年前までは、「起業するほどの人であれば、必要な情報くらい必ず自分で見つけられるはずだ」と思い、起業の情報を広く提供するなんていうことは考えたことがありませんでした。「起業したくてしたくてしょうがない」「起業するのが最善の道だと思う」と相談に来た人に、「考え直せないのか?」と問いただしたうえで、「それでもやる」と言うなら適切なアドバイスをする、というくらいでいいのかなと思っていました。

00　なぜ今「ベンチャー」なのか？

　しかしここ数年でかなり改善はされたものの、ベンチャーに関する適切な情報は、まだ十分に供給されているとは言い難い状況です。

　もちろん、上場を準備するような段階に入れば、証券会社、監査法人、証券取引所、弁護士など、いろいろな専門家がアドバイスをくれたり、手続きを進めるのを手伝ってくれたりするようになります。
　しかし、新しく事業を始めようとする人、これから資金調達をしようかという段階の人、また今まで資金調達せずに事業を行ってきたけれど第三者から投資を受けてみようかと検討している人などは、上場するような段階まで成功した企業になるイメージは、まったくわいていないことがほとんどではないでしょうか？
　本来、起業したら成功するはずの人が、正しい情報がないばかりに起業という選択肢を考えもしないとか、起業で絶対やってはいけないことを知識がないばかりにやってしまって、その後の人生を棒に振るとしたら、やはり社会としてはすごい損失です。
　そうしたことを考えて、遅ればせながら、この本を書くことにした次第であります。

　普通はこうしたビジネス書は、専門家が自分のターゲット顧客層に向けた宣伝の意味合いも込めて書かれることが多いのではないかと思います。しかし、日本のベンチャー市場では、起業して間もないベンチャーにアドバイスをしても、（大変失礼ですが正直に申し上げて）ちゃんとした報酬をいただくことが難しいことが非常に多いです。もっと平たく言うとまったく儲かりません。[3]

＊3　この本の第一版にあたる『起業のファイナンス』を書いた後、「起業して間もないベンチャーからは報酬をもらってアドバイスするより、逆に資金を出して無料でアドバイスするほうが自然なのだ」と遅ればせながら気づきました。2012年1月にフェムト・スタートアップ、2013年4月にフェムトグロースキャピタルというベンチャーキャピタルを始めました。

ただ、（わたしはやっていないのですが）たとえば多くの中小企業の会計や税務を指導されている会計事務所や、中小企業の登記を担当されている司法書士事務所の方などにこの本を読んでいただいて、上場や買収に至るまでの企業の成長や失敗のイメージをつかんだうえでベンチャーにアドバイスをしていただければ、そうした事務所にもシナジーがあるかもしれません。そうなれば日本のベンチャーが成功する確率はうんと上がるのではないかと思います。

　シリコンバレーでは、ベンチャーキャピタル（Venture Capital＝VC）が1社当たりに投資する金額が大きいので、弁護士も1時間500ドルとか800ドルといった単価の報酬をチャージできているようです。現在の日本ではちょっと考えにくいですが、できる起業家がたくさん現れる社会になり、ベンチャーへの投資量が増えていけば、優秀な専門家の方々に、もっとベンチャーの世界で仕事をしていただける時代が来るかもしれません。
　また、同じパターンのファイナンスが多数発生していけば、よく考えられた書類も「ひな型」化して、非常に低コストで作れるようになります。

　結局、「イケてる」[4]起業を増やし、投資を増やし、ベンチャーを取り巻く生態系全体を大きくしていくことが必要なのです。

「成功しないこと」は「失敗」ではない

　最近、セミナーやネットなどで、いろいろな方の起業に関する考え方

---

*4　くだけた表現で恐縮ですが、本書では、優秀でやる気があって成功の可能性が高そうなベンチャーのことを「イケてる」と表現させてもらいます。

020

を伺うと、

「日本人は、失敗した人に冷たい」

「日本では会社を失敗させたら、敗残者。すべてを失う」

「事業に失敗したら首をくくらないといけない」

「失敗したら、一家離散。浮浪者になるしかない」

といった考えの人が多いようです。

しかし、よく考えると「冷たい」というのは計測不能で意味不明な概念ですし、事業に失敗したら必ず悲惨なことになるというのは大きな誤解です。

確かに、一昔前までの経営者は、資金調達と言えば銀行から資金を借り入れるしかなく、銀行から借り入れると個人保証をさせられることがほとんどだったので、会社が潰れると悲惨なことになるケースも少なくありませんでした。

しかし、最近の事情は確実に変わってきています。

2000年ころを境にして、それまでであれば大企業でも出世したであろう若者が、ベンチャーの経営に参画するケースが増えてきました。現在では、東大、早稲田、慶応といった大学にも、ベンチャーで成功した先達がパネラーで登場する「起業セミナー」のポスターが貼ってある時代になりました。

経営者は会社が潰れても（経営者個人が銀行の借入金の保証をしていないなどで、きれいな会社のたたみ方をすれば）、そこで経営者として培ったノウハウが評価されて、「ぜひうちに来てくれ」ということになる例が増えています。

「そんなことはない。ベンチャーを経営した経験は、大企業ではまっ

たく評価されないよ」
というご意見もいただきます。

　確かに大企業はそうかもしれません。

　大企業で「経営者」になれるのは入社から30年くらい働いたあとでしょうから、基本的には若い人にはあまり「経営者」のノウハウは求められないはずです。
　営業や財務や人事といった個別の機能ではなく、それらすべてを統合し考え合わせて意思決定することを経営というなら、日本の大企業では老人にならないうちに「経営」ができるチャンスは決して多いとは言えないわけです。

　しかし、資金や人や技術や営業を総合的に考え、スピーディに意思決定をしなければならないベンチャーの環境で培われたセンスは、形式にこだわらない企業では引く手あまたです。

　もちろん、だからといって「失敗してもいいや」という考えのベンチャーが成功するわけはありません。しかし、わたしは、優秀な人が全力で事業をやった場合で、事業がうまくいかなくて不幸になったベンチャー経営者や従業員というのは、ほとんど見たことがありません。

　この場合も多くは「ファイナンスの知識」が、明暗を分けているのです。

00 なぜ今「ベンチャー」なのか？

日本は起業する人に冷たい国か？

「日本では、起業する人に資金を供給する風土が存在しない」
「日本にはまともなエンジェルがいない」
ということをおっしゃる人もいます。

　これも大きな誤解だと思います。
　実際、成功者によるスタートアップへの投資はかなり行われてきています。ただしそれは広く一般には伝わらないのです。
　なぜでしょうか？

　自分でちゃんとビジネスの目利きができる投資家は、自分がどこに投資しているといったことを大声で言っても何の得にもならないからです。世の中、「金が足りない」と思っている人はたくさんいますが、成功する人はあまりいません。
　つまり、イケてないベンチャーがほとんどなわけです。ですから、「わたしはベンチャーにカネを出しますよ」といったことを言って、起業する人が大挙して押し寄せても、時間ばかりかかって実りは少ないわけです。イケてるベンチャーの情報は、イケてるルートを通じてイケてる投資家のところに必ず伝わってきます。

　イケてないベンチャーがほとんどなのに全ベンチャーからサンプリングしてアンケートしてしまうと、「日本はアーリーステージの企業に金を出す文化がない」といった印象にもなるかもしれません。
　しかし、よく考えてください。金融というのは「お金が返ってきてナンボ」なわけです。
　つまり、貸付金なら、利息をつけて元本が全部返ってくるかどうか？

023

株式なら、将来の株式の売却額が、投資した金額以上になりそうかどうか？　リターンが見込めない人に、お金が出るわけもないし、出してはいけないわけです。[*5]

　逆に、将来成功が見込めそうなベンチャーには資金を出したい人が群れをなして待っています。だから資金調達したいベンチャーの人が「お金が集まらない」「ビジネスを理解してくれない」「国はもっとベンチャーを振興すべきだ」などと文句を言っているとしたら、そのベンチャーがイケてない証拠かもしれません。

　次の第1章でも見ていきますが、**日本はどちらかというとベンチャーに甘い国なのではないか**と思います。

ベンチャーの「生態系」を作り上げることが必要

　ベンチャーをサポートするコンサルタントや税理士、弁護士なども、資本市場を支える重要な参加者です。
　しかし、じつは、ベンチャー、それも上場企業になるような企業のサポートをしたことがある人というのは、あまり多くないわけです。
　この層を厚くしていかないと、日本の起業は盛んになりません。

　シリコンバレーでは、ベンチャーはWSGR（Wilson Sonsini Goodrich

---

*5　これは、「中小企業を助ける」ということを旗印として掲げて設立した新銀行東京や日本振興銀行がどういうことになったかを考えれば、わかりやすいかと思います。金融機関が「困っているベンチャーにお金を出しますよ」などということを公言するのは、結果として金融機関の経営効率の悪化や不良債権の増大を招いてしまうわけです。

& Rosati）のようなベンチャーに強い大手の法律事務所を活用するものだという認識が浸透しているかと思います。しかし、日本では、創業期のベンチャーが大手法律事務所を使うなんて発想はほとんどないでしょうし、実際多くは、大手法律事務所等のリーガル・フィー（法律の専門家の報酬）を支払えるお金もないかと思います。

しかし、シリコンバレーのように、ベンチャーが数十億円から数千億円の資金を調達しあっという間に大企業をも倒すような巨大企業に急成長するのであれば、そのベンチャーは専門家の将来の優良顧客にもなりえます。

シリコンバレーでは恐らく、エンジェル投資家やベンチャーキャピタルが一種の「格付機関」として機能していると思います。

「あの会社の元CTOが投資してるんだから技術的センスはありそうだ」「あのベンチャーキャピタルが投資してる先はスジがいい」と思われれば、誰もがそのベンチャーの仕事をやりたがるようになるでしょう。

ベンチャーキャピタルだけではなく、法律事務所やエンジェルなどもそうした格付機能を持つようになるでしょう。

しかし（そうでないベンチャーキャピタルも増えつつありますが）日本では長らく、広く浅く少額を多数の企業に投資するベンチャーキャピタルが主流でした。

そうした分散投資型のベンチャーキャピタルについては、「あのベンチャーキャピタルが投資している先はスジがいい」というブランディングや「格付け」は行われにくいことになります。

ベンチャーが活動する「生態系」全体に信用形成の道筋（投資家等による「格付け」）ができあがってくると、ベンチャーが毎回、「当社がなぜイケてるかというとですねー」と一から説明をする必要もなくなり、

図表0-3　ベンチャー関連の生態系成長

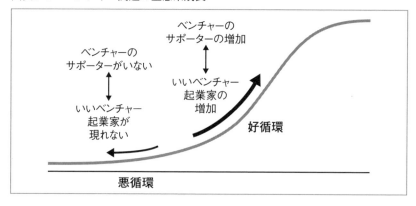

説明コストも下がるわけです（自分で自分のことを「すごいです」と言うことほど怪しいことはありませんので）。

　信用できる第三者が「あいつらはすごい」と言ったり、その企業に投資をしていたりすれば、信用力も増すはずです。**商売で最も重要なのは信用**であり、ゼロからスタートするベンチャーは何より、「信用」を得ることが難しいのですから。

　そういう「生態系」が育つことで起業がますます盛んになります。
　逆に、ベンチャーが増えないと、そういうことも起こらないのです。
　なぜかというと、社会全体のベンチャーのボリュームが少なく、イケてる会社だけ選り好みしてもいられない状況下では、「彼らが関わった会社はイケている」といったことにはならないからです。

　つまり、こうした生態系を育てるのは「**卵とニワトリ**」なところがあり、一朝一夕に理想的な状況にたどり着くわけではありません。しかし、2000年ころからの蓄積で、ベンチャーに関わる主体も増え、好循環まで「あとちょっと」というところまで来ているのではないかと思いま

す。[6]

　好循環は、一度回り出せば、うまく機能するはずなのです。

　「日本全体がベンチャーになるなんて不可能だろ」と言う人も多いです。そのとおりです。日本全体がベンチャーになる必要なんてまったくないと思います。

　しかし、恐らくイケてるベンチャーがあと10社も大成功したら（たとえば時価総額1,000億円以上のベンチャーの上場が10社以上行われたら）、「おれも（わたしも）やってみよう」という人が続出するはずです。

　日本は大企業や既存企業がダメなわけではなくて、逆にかなり優秀だからこそ、ベンチャーが入る隙間はまだ米国ほど多いわけでないと考えられます。だから、あまりベンチャーブームになって、新卒の大学生の全員が（ベンチャー向きの能力を持っていない人まで含めて）ベンチャー経営者を目指したりしても、それはそれで困るわけです。やる気のあるデキる人が徐々にベンチャーを目指すのがよろしいのではないかと思います。

　ただ、人間の神経は、刺激を一定の「しきい値」以上に受けないと、反応しません。

　1人のベンチャー経営者の話を聞いて「よしおれも」と思っても、しばらくすると熱は冷めてしまいます。しかし周りの人間が、どいつもこいつもみんなベンチャーをやろうとしていたら、「あいつにできるんだったらおれだって」と思うようになるわけです。

　米国のシリコンバレーやボストンなどで起こっているのは、そういう刺激の連鎖ではないかと思います。

---

[6]　増補改訂版を執筆している2014年12月時点では、この好循環は（少なくともネット系ベンチャーなどの領域については）完全に回り出した感があります！

また日本でも、株式会社ミクシィの笠原健治会長、グリー株式会社の田中良和社長、株式会社はてなの近藤淳也会長、Fringe81株式会社の田中弦社長など、1976年生まれを中心とする「ナナロク世代」と呼ばれる世代の人たちは、そうして相互に刺激を与えながら起業を志し事業を推進することになったのではないかと思います。

この本は、ベンチャーをやってみたい人だけでなく、そうしたベンチャーを支える人達、これからベンチャーを支えてみたい人達、ベンチャーを取り巻く政策を決める政治家や官僚、各種団体の方々にも、読んでいただければ幸いと考えています。

必要なのは、経済原則に合わないベンチャーを甘やかしたり保護したりすることではありません。

ベンチャーが少ないから、消去法で変な企業が上場して不祥事を起こし、新興企業のイメージが悪くなるという悪循環が発生しています。

しかし、あとからあとからイケてるベンチャーが現れたら、そうした志の低い企業はそもそも上場できなくなるはずです。

また、既存の大企業だけで競争がなければ、仕事のやり方を大きく変化させて生産性を向上させることもできません。つまり、本当に成功するベンチャーはわずかでも、ベンチャーが既存企業にアタックをかけるような社会にすることこそが、日本の成長戦略に寄与するはずなのです。

そのためには、以上で述べてきたようなベンチャーの「生態系」を育て、次々にベンチャーが現れるような好循環を生み出すことが、何より重要なのです。

本書の内容と構成

　第1章「ベンチャーファイナンスの全体像」では、まずベンチャーとは何か、なぜ株式で資金調達をするのか、日本のベンチャーの資金に関連する全体像、などを見ていただきます。

　第2章「会社の始め方」では、起業をするのにスタート時の設計が最も重要であること、どんなゴールを目指すかを考えること、など会社設立の基本的な話をしたあと、会社設立の実際や現物出資などについて話します。

　第3章「事業計画の作り方」では、事業計画がどういうものかということについて説明します。事業計画は分厚いものを作れば作るほどいいわけではありません。また、事業計画を通じて、ベンチャーが成功するというのは、そもそもどういうことか、についても考えてみます。

　第4章「企業価値とは何か？」では、ベンチャーファイナンスにおいて核となる概念「企業価値」について考えます。「企業価値とは何か？」についてイメージが持てれば、ベンチャーのファイナンスもわかるし、ファイナンス全体が理解できるといってもいいかもしれません。

　第5章「ストックオプションを活用する」では、ベンチャーの最大の武器の1つである「ストックオプション」について勉強します。
　ストックオプションとは何なのか、ストックオプションをどう使えば効果的なのか、ストックオプションで陥りやすいミスは何か、などについて考えます。

第6章は「資本政策の作り方」です。

ベンチャーは、資本政策で失敗する例が多いので、非常にもったいないのです。ベンチャーにおける資本政策がなぜ重要なのか、資本政策はどうやって策定すればいいのか、どういう失敗が多いのか、いい資本政策とはどのようなものか、などについて考えてみましょう。

第7章は「投資契約と投資家との交渉」です。

投資家は、株主となって一緒に会社を経営する「仲間」になる人ですが、投資してもらう過程では利益が相反しますので、交渉が必要になります。投資を受けるまでのプロセスがどのようになっているか、投資契約のどんなところに気をつけなければならないか、などについて考えます。

第8章「優先株式のすすめ」では、米国では「Preferred Stock」としてベンチャー投資の常識になっているのに、日本ではまだ活用が進んでいない「優先株式」について、どういった場合に役に立つのか、なぜそれが必要になるのか、について考えてみます。

第9章「ベンチャーのコーポレートガバナンス」では、コーポレートガバナンスとは何か、ベンチャーが設立して成長し、巨大な企業になっていくまでの間に、制度や投資家との契約によって、どのようなコーポレートガバナンスが求められていくことになるのかを考えてみました。

第1章
ベンチャーファイナンスの全体像

VENTURE FINANCE
THE ESSENTIAL GUIDE FOR ENTREPRENEURS

ベンチャービジネスとは何か？

「ベンチャービジネス」や「ベンチャー企業」といった用語は、人によって使い方がさまざまなので、まず「ベンチャー」という用語のイメージを明確にしておきましょう。

じつは、ベンチャービジネスとかベンチャー企業という用語は「和製英語」です。アメリカなどでは、日本で言うベンチャー企業のことを「Start-Up（スタートアップ）」と呼んでいるのですが[1]、本書では日本で耳慣れた「ベンチャービジネス」「ベンチャー企業」のことを「ベンチャー」と呼んでいきたいと思います。

序章ではベンチャーを「資金調達が必要なベンチャー」と「必要でないベンチャー」に分けました。

別の分け方として、

「（単に）起業して自分で事業をやっている中堅・中小企業」

と、

「今までとまったく違った（イノベーティブな）ビジネスのやり方を志向する企業」

に分ける方法も考えられます。

本書では、「ベンチャー」という用語を、基本的に後者の意味で使いたいと思います。

つまり、単に「自分で経営者として事業を行っている」だけでなく、「今までに比べてコストが何分の1にもなるサービス」とか、「今までになかったニーズの新製品」を売るなど、「**イノベーション**」[2]を志向する企業を「ベンチャー」と呼ぶことにしたいと思います。

図表1-1　中堅・中小企業と「ベンチャー」の関係

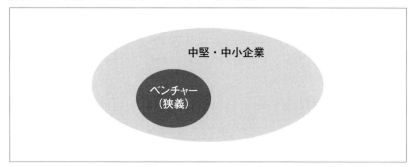

「ベンチャーのサポート役」も重要

　しかし、イノベーティブなことをする「ベンチャー」がエラくて、「単に起業しただけ」の人はエラくないかというと、そんなことはありません。

　アル・ゴア元副大統領のスピーチライターだったダニエル・ピンク氏が書いた『フリーエージェント社会の到来』という本がありますが、この本の中で、アメリカ社会においては、企業に雇用されず、大人数の従業員を抱えているわけでもない「フリーエージェント」というタイプの人達が増えているとあります。この「フリーエージェント」を日本風に平たく言うと、「専門性のある個人事業的な人」といった感じになるでしょうか。
　シリコンバレーで起業した企業の話を聞くと、特に、起業した初期の

*1　「ベンチャーキャピタル（Venture Capital）」というのは「英語」です。
*2　日本だと「イノベーション（Innovation）」という用語は「（自然科学的な）技術の革新」のことだと思っている人が多いですが、「販売のやり方」や「事務のやり方」などを変えるのもイノベーションです。

段階でこうした「フリーエージェント」的な人がベンチャーを助けてくれているケースが多いようです。

　ベンチャーはリスクがあるので、正社員を募集するのは骨が折れますが、経験と専門性がある「フリーエージェント」が、人事、会計、営業、広報、法務といった機能を担当してくれれば、ベンチャーの成長には非常に心強い味方となります。

　日本は人材の流動性が低く、優秀な人材は大企業や役所で、終身雇用的に働いているケースが多い。そうすると、そうした優秀な人が身につけるのは、特定の企業でしか通用しない能力（企業特殊的能力）の比重が高くなります。そうした人材は、その企業の中で最も力が発揮できるようにチューンされていますので、たとえ転職したとしても、すぐに他の企業の中でうまくコミュニケーションできたり、能力を発揮したりできるかというと、必ずしもそうとはいえません。

　一方、独立してさまざまな企業のやり方を見てきた人は、ベンチャーともコミュニケーションを取りやすいですし、何より、多数の企業の例を見て経験豊富なので、的確なアドバイスができることも多くなります。

　ベンチャーを取り巻く社会というのは、特定の資源や取引先を囲い込むクローズドな社会ではなく、上記のように**さまざまな主体が関与するオープンな生態系**です。起業が盛んな社会というのは、他の会社の中でも活用できるオープンな能力を持つ人やオープンな企業が多いほどうまくいくわけです。

　しかし、日本の労働市場の流動性は、まだまだ高くありません。

　転職が少ないと、企業は転職者に期待するより、企業特殊的な能力を身につけた人を優遇するほうが効率的になりますし、転職を希望する人も、転職先がオープンな社風でなければ、不利になることも多くなって

しまうという悪循環に陥ってしまいます。

しかし、日本でも2000年ころのベンチャーブーム以降、こうしたフリーエージェント的な役割を果たす人達は、確実に増えてきています。

サラリーマンを辞めてコンサルタントになった人もいますし、新しい考え方を持った弁護士、司法書士や税理士・公認会計士なども増えてきています。こうした人達が増えると起業をしやすくなるし、起業が増えればそうした人達も活躍しやすくなる、というポジティブ・フィードバック（好循環）が働きます。

しかし、ベンチャーの数はまだまだ少ない。

とにかく「イケてる起業を増やす」ことが最も重要です。ベンチャーの数が少ないと、好循環のサイクルもうまく回り出しません。

資本市場は「オープン」でないと成立しない

ベンチャーの資金調達は、銀行からの借入ではなく、株式での資金調達が中心になります。

日本では政治家から一般庶民まで、戦後何十年と続いた「銀行から資金を借りて商売を行う」というやり方に慣れていますから、社会全体が銀行的なノリを中心としたしくみになっています。

ベンチャーでは、この従来からの「銀行」的なやり方と「資本市場[*3]」的なやり方のノリの違いを理解することが重要です。

銀行の融資というのは、基本的に**銀行1行だけですべてを完結させる**

ことが可能です。

　銀行ビジネスは巨大ですし、統率が取れていて政策で動かしやすいように見えるので、不景気の時には「銀行がもっと貸出を増やせ」「債務の返済を猶予してやれ」といった期待が政治からかかりがちです。しかし一方で、銀行も世界の金融市場で戦っており、自己資本比率規制や株価や検査などを気にしながら、不良債権を出さないように、貸出について慎重に審査する必要があります。1つ1つの案件に対して銀行が取れるリスクは限られており、いくらお上が旗を振っても、おいそれと貸出額が増えてくれるわけではありません。

　今までの「銀行的」な中央集権的やり方だけでは、日本の成長分野に資金を送り込むのは無理なのです。即効性がなく回り道に見えても、ベンチャーを含む起業全体を増やし、資本市場から資金が回るようにしていかないといけません。

　しかし、資本市場から資金の供給を受けるというのは、そう容易ではありません。

　資本市場というのは、企業と証券会社だけでなく、機関投資家や個人投資家、社外役員、監査法人、弁護士、税理士、司法書士、格付機関などいろいろな参加者が集まって形成されている生態系（エコシステム）なので、そうした参加者が全体として協調して1つの市場として機能するようになるのは、一朝一夕には難しいのです。

　序章で挙げた例のように、イケてる企業の目利きができて企業を育て

＊3　資本を調達したり、その資本が流通する場のことを「資本市場」と呼びます。
市場（しじょう）というのは、証券取引所や市場（いちば）のように、「特定の取引場所」があるものだけを指すわけではありません。電子ネットワークの中や店舗など、取引の場所に関わらず、「取引が行われること」を総称して「市場（しじょう）」と呼んでいます。

036

られるベンチャーキャピタリストがたくさんいないと、起業した会社がそうしたベンチャーキャピタリストに出会う確率も低くなってしまいます。しかし逆に、イケてるベンチャーがたくさんいないと、ベンチャーキャピタリストも商売が成り立ちません。

このように、資本市場をうまくいかせるためには、あちこちに「卵とニワトリ」的な難関が待ち構えています。

こうした株式で資金を調達する企業や証券会社、機関投資家などは、それぞれが独立したまったく別の存在で、それぞれの思惑や利害があります。ですから、ベンチャーの生態系がうまくいくノリというのは、監督官庁や企画部が号令をかければ全銀行員が一斉にそれに従う銀行のビジネスのノリとはまったく異なります。

共産主義がうまくいかなかったのと同様、役所や少数の銀行だけが「いい事業、悪い事業」を決めて資金を流すのでは、これほど複雑化した現代社会では、うまくいかないのは確実です。

コンピュータも、それまではIBMや富士通といった大メーカーだけがコンピュータを作っていたのが、CPU、メモリ、ハードディスク、ディスプレイ、ビデオボードなどのメーカーがそれぞれ競争し合うようになって急速な発展を遂げました。

インターネットも、キャリア（固定電話や携帯電話会社）、プロバイダ、ホスティング・サービスをする会社など、いろいろな会社でなりたっています。通信会社がNTT1社しかなかったら、今のインターネットの発達はなかったでしょう。

このため、社会をオープン化し、お金の流れを「貯蓄（銀行）から投資（株式）」へシフトさせるという流れは、基本的な考え方としては間

違っていません。しかし、規制緩和や税制を変えれば一夜にして新しい市場経済ができるかというと、そうではないわけです。

こうした「卵とニワトリ」に対しては、焦らずに1つ1つ成功例を積み上げていくしかありません。

生態系全体の体制が整わないのに資金だけが流れ込むと、バブルが発生します。バブルは人々の注目を喚起し、ベンチャーにチャレンジしたり、ベンチャーに協力してみようという人を増やしますので、わたしは、バブル自体は必ずしも悪いことではないと思います。資本市場は基本的には自己責任の世界ですし、第8章で解説する「優先株式」を用いれば、バブル時のダウンサイドリスクを小さくすることができます。

しかし変化があまりに急速に起こると、説明の不十分さや誤解が増大します。不祥事を起こす企業などが出てくると、不平や不満が一気に噴出し、「やっぱり株式市場とかベンチャーってダメじゃん」という失望感も広がってしまいます。自己責任で損した人が文句を言っているだけなら言わせておけばいい話ですが、株式市場やベンチャー全体の信用が損なわれたり、そうした「失敗」を避けるために規制が厳しくなって企業活動が締め付けられるだけの結果に終わったりするようだと、マクロ的に見てもバブルの影響はマイナスになってしまいますので、注意が必要です。

ベンチャーの「生態系」が機能しはじめるためには、**カネだけでなく、デキる「人」が流れ込まないといけません。**

こうしたベンチャーの生態系を作り、日本が成長できる体質に改善されるためには、政権が変わって、まったく逆方向の政策を取ったりする

のではだめで、10年単位の長期的持続的な取り組みが必要です。

　市場は「期待」や「予想」で動いています。政策がコロコロ変わると、予想の立てようがなくて、投資も人の流れも萎縮してしまうのです。**「これからはベンチャーが活躍する時代に変化していく」という期待を広く形成させることこそが重要**なのです。

ベンチャーが株式で資金調達をする理由

　イノベーションを起こすような「ベンチャー」の資金調達の基本は、株式です。

　ベンチャーはなぜ株式を使うのでしょうか？

　借入で調達しても株式で調達しても、お金はお金です。ですから、たとえば1千万円が必要なら、別に株式ではなくて、銀行から借り入れてもいいのではないでしょうか？

　ダメです。

　イノベーティブなことをやる場合に、銀行からの借入をあてにしてしまってはいけません。

　なぜ株式で資金調達をするかというと、それはベンチャーのリスクが高いからです。

　たとえば賃貸需要が十分ある地域で不動産を買って、アパートを建てて不動産経営をするという場合は、（もちろんリスクはゼロではありませんけれども）比較的リスクは小さいということになるかと思います。失敗しても土地は残るのだから、不動産を担保に銀行から資金を借りれ

039

ばいい。

　また、戦後の高度成長時代のように、経済全体が成長していて、どう考えても儲かりそうだということをやるなら、銀行借入でもよかったわけです。経済が成長すれば不動産の収益力も上昇するので、担保の土地の価格も必ず上がる。銀行も土地を担保に取っておけば、マクロで見れば間違いなかったわけです。

　しかし、経済全体があまり成長しない時代だと、そういう単純なしくみで貸付をすると非常にリスクがあることになってしまいます。

　たとえば利鞘が仮に２％取れたとしても、同じ金額を貸した50社のうち１社が倒産しただけで銀行の金利収入はすべて吹っ飛んでしまいますので、銀行業というのは、本当に堅く堅く考えて「絶対潰れない（潰れても確実な担保や保証人がある）」先にしか、お金を貸せないわけです。

　また実際、普通に起業して、銀行からポンとお金が借りられるということはほとんど期待できません。[*4]

　仮に銀行や貸金業者が貸してくれるということになったとしても、ベンチャー側が借りるべきかどうかは極めて慎重に判断すべきです。

　例外を無視してあえてシンプルに言えば、**ベンチャーはお金を借りるべきではありません。**

　ベンチャーが儲かるかどうかわからない段階で仮に誰かがお金を貸してくれたとしても、収入が不安定な（または収入がない）中で、毎月必

[*4]　わたしも、2001年に独立した時に、日本公認会計士協会関係のあっせんで某大手都銀にコピー機などを買うお金を借りに行きましたが、慇懃無礼に断られました（その時はムッとしましたが、今では、貸してくれなかったことを感謝しています）。

01 ベンチャーファイナンスの全体像

図表1-2 銀行借入と株式投資の違い

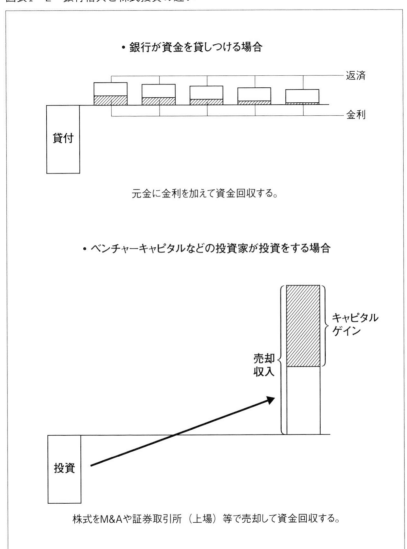

ず元利を返済しなければならないというのは非常にキツいのです。

　銀行からの借入金には「期限の利益喪失」という条項が付いているのが普通ですので、１回でも元利の支払ができなければ、基本的には全額を即時返済しなければいけません。

　また、借入をする場合には、社長が個人保証をさせられるのが普通でしょうから、会社が潰れても有限責任だから大丈夫、ということにもならないわけです。

　一方、株式で調達した資金は、企業から見て、金利を払う必要もなければ、返済する必要もありません[5]（図表1-2）。

　（もちろん、企業がお金を返済しなくてよくても、株主に報いなくていいというわけではありませんので、念のため。）

投資家は何を求めているか？

　では、銀行員や貸金業者はケチで陰湿で血も涙もなくて、投資家は何も見返りを求めない神様のような人だ、ということなのでしょうか？

　それはまったく違います。

　じつは、投資家は銀行よりもリスクを負っている分、より大きなリターン（儲け）を求めているのです。

　もちろん、投資家といってもいろいろな投資家がいますので、ケースバイケースですが、ざっくり言えば、ベンチャーキャピタルなどのプロ

---

[5]　第8章で説明する種類株式では、一定の事象が発生した時に、発行した企業がその種類株式を取得して（つまり買い戻して）お金を支払うという条件が設定できないわけではないですが、普通の株式には返済をいつまでにしろ、とか、配当を必ず毎年支払え、といった条件は付いていません。

042

の投資家は、投資した金額が最低でも3倍から5倍くらいになって返ってくることが期待できないと、投資をしてくれないと思います。

あえて金利に換算すれば、合計400％くらいの金利を望んでいるということになります。[6][7]

だからみなさんの会社が、たとえば将来200億円くらいの企業価値になれそうなら、10億円の企業価値と評価して投資してもらっても20倍になりそうなわけですから、投資してもらえる可能性が出てきますが、たとえば将来、50億円くらいの時価総額で上場するのがせいぜいなビジネスモデルなのに、設立したばかりで20億円の価値で投資してくださいと言っても、「ちょっとそれは高すぎるよ」と言われると思います。

また、リスクとリターン（儲け）は、大まかに言えば比例的な関係になります。

銀行には金利5％なら5％だけ金利を払って返済をきちんとすれば文句は言われませんが、お金を借りた企業側も、リスクを抑えて堅く堅くビジネスをしないといけないことにもなります。

一方、投資家はリスクを負ってくれますが、その分リターンも求めるわけです。

また、株式には議決権があります[8]。議決権があるということは「口

＊6 これはあくまで「あえて金利に換算すれば」の話です。株式の儲けは「金利」ではありません。貸金業などで高利が禁止されているのは、平たく言うと「儲かるか儲からないかに関わらず金利の支払を行わなければならず、お金を借りた人が悲惨なことになりうるから」ですが、株式の場合には、実際に企業が成長することで株主に利益がもたらされるので、だいたいは株主が儲かった時は企業もハッピーなわけです。

＊7 この場合の「400％」というのは「年利」ではなく「合計」です。1年後に5倍で売れれば年利回り400％ですが、5年後に5倍で売れた場合には、年平均約38％の利回り相当になります。

043

出し」もされるということです。

さらに、投資を受けた時に投資契約*9を締結した場合、その制約を受けることになります。たとえば、会社法上は議決権を20％しか持っていなければ合併に反対することはできませんが、投資契約において、「合併や株式交換はその投資家の了承を得ないとできない」といった条項が盛り込まれることもあります。

「口出し」されるというのは、悪いことばかりではありません。「口出し」をきれいな言い方で言うと「ハンズオン（Hands-On）」ということになりますが、たとえばいいCTO（最高技術責任者）を紹介してくれたり、いい提携先を紹介してくれたり、戦略を一緒に考えてくれたりすることもあります。

しかし、その投資家のアドバイスなるものがまったくピントがズレていて、ただウザいだけ、ということも非常によくあります。提携先を紹介してくれるのはいいけど、当社が求めている提携先とは違う方向性の相手ばっかり……投資家の顔も立てなきゃいけないけど、ただでさえ忙しいのに紹介先と会う時間もバカにならないなあ……といったことにもなりかねません。会社や経営者と投資家の「相性」というのは、すごく重要になるわけです。

ベンチャーが投資家を決めるのは、**恋愛や結婚にも似ている**と思います。

---

*8　第8章で検討する種類株式では、議決権がない株式を設計することが可能です。ただし、一般に用いられる「普通株式」には議決権がありますし、ベンチャー投資で用いられる種類株式（優先株式）も、通常は議決権があります。
*9　投資契約については、第7章で説明します。

出会って３ヶ月で結婚してうまくいくカップルもいれば、５年付き合ったけど結婚したらうまくいかなかった、ということもあります。

慎重の上にも慎重に考えて結婚相手を決めたほうがいいですよ、と言いたいところですが、第一印象でビビッときて結婚してうまくいっているカップルもあります。

「相性」はすごく大事です。

そして、結婚するのは簡単ですが、離婚はしばしば惨劇になります。

しかし、投資というのは結婚よりもはるかに経済合理的な行為です。いくら相性がよく思えても、この本で説明するファイナンスの基本からはずれるような投資契約や株式の内容で投資を受けることは、やめたほうがいいと思います。

キャピタルゲインはどのように 生み出されるか？：（その１）上場

株式からのリターン（儲け）は、インカムゲインとキャピタルゲインに分けられます。

株式の「インカムゲイン」とは配当のことで、「キャピタルゲイン」というのは、株式（元本）自体を売却した時に、株式の価値が上がっていた場合の元本との差額から生まれる利益のことです。

しかし、イノベーションを引き起こすことが期待されるようなベンチャーに投資をする投資家は、インカムゲインを期待して投資するということはあまりありません。

ベンチャーの配当の額は、リスクの見合いとしては、あまりに小さい（ゼロの）ことが多いからです。

というわけで、**ベンチャー投資で期待されるリターンは、基本的には**
キャピタルゲインであるという図式になるわけです。

また、こうした株式の売却を行うことを、投資の世界では「EXIT（エ
クジット、イグジット＝出口）」と呼びます。

普通の商品やサービスは、最初に商品やサービスを売るところが一番
難しいわけですが、金融というのは逆さまです。

世の中、お金をほしい人はたくさんいるので、（お金があれば）出資
するだけなら誰でもできます。**金融を考える際に最も重要なのは、「ど**
うやってお金を取り戻すか」であり、ベンチャー投資の場合は、それが
「EXIT」と呼ばれているわけです。

未上場企業に投資をして株式をEXITし、キャピタルゲインを得るた
めには、大きく３通りの方法があります。

１つは、会社の株式を証券取引所に上場する方法です。

証券取引所に上場すると、機関投資家や一般投資家も含めた、いろい
ろな企業や個人等が、自由に株式を売買できるようになります。

未上場のうちに投資を行った投資家は、上場後に株式を売却し、自分
が買った値段より高く売れればキャピタルゲインを得られます。

たとえば、投資家が株式１株５万円×１千株投資すると、５千万円の
資金が会社に投下されることになります。それが将来上場して、１株50
万円になると、この投資家が持っていた１千株５千万円の価値が５億円
になるわけですから、差額の４億５千万円がキャピタルゲインになるわ
けです。

図表1-3　キャピタルゲインの発生

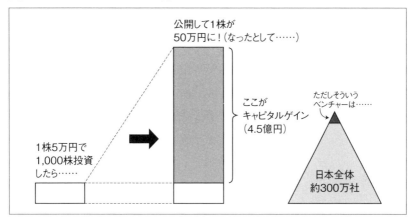

キャピタルゲインはどのように生み出されるか？：（その2）M&A

　第二は、**会社がM&A（バイアウト、Buy-Out）されること**です。

　昔、日本では、会社を売買する「M&A」[*10]は良くないイメージだった時代もありました。しかし、今は上場企業においても、M&Aは最も重要な戦略の1つであり、M&Aについての悪いイメージは薄れてきていると思います。

　しかし、自分の会社が買収されると聞くと、「会社を乗っ取られる！」というイメージでネガティブにとらえる人はまだまだ多いのではないでしょうか？

---

*10　Mergers and Acquisitions：企業の合併や買収のこと。

特に日本人にとって会社は「家庭」みたいなもので、それを「売買の対象」にするということには、強い抵抗感があるかもしれません。

　しかし、第2章で詳しく説明しますが、「会社」というのは、そもそも、**何かの目的のために法人格を与えられている**ものなのです。

　こう言うと、「目的のためなら従業員はどうなってもいいと言うのか！」と怒りだす人がいますが、そんなことを言っているわけではまったくありませんので念のため。一般論としては、永遠に存続することだけが会社の目的ではないということです。

　従業員にも、

　「この会社はベンチャーなので、リスクはある。会社は上場するかもしれないし、潰れるかもしれないし、どこかの企業に売却されて、そこの従業員として働くことになるかもしれない（でも、それを超えるワクワク感や、やりがいが得られるんじゃないかと思う）」

といったことをきちんと理解してもらって就職してもらったのなら、それはそれでいいのではないかと思います。

　（少なくともわたしは、これからベンチャーに勤めようという人には、そういうことを説明しています。[11]）

　シリコンバレーなどでは、最初から「あの会社にM&Aされることを目指そう」と計画して設立される会社も多いと聞きます。

　YouTubeだって、Googleに買収された企業です。

---

[11]　もちろん「一生この会社に骨を埋めるつもりで就職してくれ。おれ（社長）もこの会社に一生を捧げる」などと言って従業員を採用したのに、とっとと会社を売っぱらって社長だけが儲かって、従業員には何の見返りもない、というのは「ちょっと何それ？」と思われますよね？　そのへんについては、第5章のストックオプションの解説もご参照ください。

設立から１年半で16.5億ドル（当時のレートで２千億円近い金額）で買収されれば、創業者やベンチャーキャピタルだけでなく、ストックオプションをもらっていた役員も従業員も多くはハッピーだったはずです。

では、Ｍ＆Ａする側の企業は、なぜベンチャーを買うのでしょうか？

１つは「時間を買う」ということがあります。

企業間の勝負でスピードが重要な場合、自社でやってできないこともないが買ったほうが早かったり安かったりする時には、買収したほうがいいことになります。

また、「イノベーションのジレンマ」を乗り越えるためという目的もあります。

優れた製品やサービスを供給している大企業は、その品質や売上を確保するために、「破壊的イノベーション」を伴うようなまったく新しい製品やサービスに目を向けたくないなどの場合があります。

そうした場合に、既存のしがらみがないベンチャーがまったく新しい製品やサービスを成長させ、その会社自体を大企業が買収するというのは、大企業は自分ではできなかったことができるわけですし、それは社会全体のためにもなりうるわけです。

加えて、ベンチャーの体制は完璧からはほど遠いことが多いので、「モノはいいんだけど、販売体制はやっぱり既存の大企業のほうが優れているよなあ」といった場合には、ベンチャーと大企業がお互いに潰し合うよりは、ベンチャーが大企業に買収されたほうが、顧客も大企業もベンチャーもハッピーということがありえます。

つまり、こうしたＭ＆Ａをもっと増やすことが、日本のイノベーショ

ンを活性化させ、成長させる源になります。

　企業は全国に約300万社ありますが、上場している企業は、そのうち4千社未満です。新規上場する企業は一時期、1年間に200社前後にまでのぼっていましたが、2009年に上場した企業は、なんと19社にまで減り回復したものの2014年でもまだ77社程度です。

　これから上場を目指していこうという方の意欲に水を差すようで恐縮ですが、上場のハードルは上がっています。

　たとえば正しく意思決定が行われたり財務諸表が作成されているかという内部統制をきちんと整備したり、内部監査室を作って、規程のとおり従業員が仕事をしているかどうかをチェックしないと、上場できなくなっています。これが、上場を目指す企業の大きな負担になっています。

　他方、上場している企業でもMBO[12]して非上場化するケースが増えています。それだけ上場しているメリットがなくなったと考える企業が増えてきているということです。

　このため、ベンチャーを起業して上場だけを唯一の目標にするという時代ではなくなっています。もちろん上場するという選択肢もありますが、未上場のうちに買収されるという選択肢も重要になってきます。

　しかし、日本ではこのベンチャーのM&Aの市場が大きいとは決して言えません。前述のとおり、日本の既存企業は一般的に、外から異質な従業員や企業丸ごとを受け入れて、それを活用するということが、あまりうまくないのです。

　シリコンバレーなどでは、ベンチャーキャピタルが投資した案件が10

＊12　Management Buyout：経営陣による買収。

社あったとしたら、そのうち5社は倒産し（つまり投資家には何も返ってこず）、1社が上場など「ホームラン」になり、残りの4社は買収される、と言われます。リスクの高い企業に投資しないと意味がないので、5社潰れるのは仕方ないとして、1社のホームランだけですべてを取り返すのは辛いので、残りの4社をいかに高く売却するかということが、ベンチャーキャピタルのパフォーマンス（投資利回り）を上げる腕の見せ所だと言われます。

　つまり、この1社のホームラン（上場）の門戸を広げるのも重要ですが、それは限界があるので、この4社のM&Aの市場を広げるということが、日本におけるベンチャー投資の利回り期待を大きく上げることになりうるわけです。

　クオリティの高いベンチャーがもっと出現するようにして、日本でもM&A市場が、もっと活性化するようになることを祈りたいです。

キャピタルゲインはどのように
生み出されるか?：（その3）その他

　投資家がキャピタルゲインを得る方法の第3は、その他の株式の売却です。

　つまり、上場もしないし会社全体がM&Aもされないけれど、一部の株主が途中で株式の譲渡などを行ったら、結果としてキャピタルゲインが出たというケースです。

　これは、全株主の足並みがそろわず、何らかの仲間割れや紛争があったケース、ベンチャーキャピタルのファンドの期限が来て仕方なしに、といったケースが多いと思います。

しかし、この種の株式の売却は、ベンチャー側として目指すべき目標とはしにくいので、基本的には「１．上場を目指す」「２．買収されることを目指す」のが本筋になります。

ベンチャーのライフサイクル

　ベンチャーはどのようなライフサイクルをたどるのでしょうか？　ベンチャーのライフサイクルを描いた模式図、図表1-4をご覧ください。

図表1-4　ベンチャーのライフサイクル

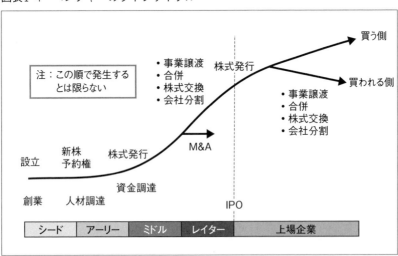

　創業して生まれたての企業は「シード」（種）とか「アーリー」と呼ばれ、その後「ミドル」とか、上場直前になると「レイター」ステージというような呼ばれ方をします。
　（もちろん、どの段階に達したら「シード」が「アーリー」になる、といった明確な基準があるわけではありません。）

01 ベンチャーファイナンスの全体像

　上場までの間に、会社設立、ストックオプションの発行、増資（株式の発行）による資金調達、株式の譲渡・合併・買収（M&A）といったファイナンス関係のアクションが発生します。

　また、上場したあとも他の上場企業を買収したり、買収されたりします。1999年ころより以前の日本のベンチャーキャピタルは、上場直前の「レイター」ステージにあるベンチャーに投資することが多かったと言われています。
　それまでの日本では、上場のハードルは非常に高かったので、上場する企業は創業20年とか30年くらい社歴の長い会社が多かったわけです。しかし、上場できるまでに30年かかるということは、創業したばかりの企業に投資したら、資金回収できるまでに30年もかかってしまうことになるわけです。

　みなさんもベンチャーから「わたしに30年、金を預けてくれませんか」と言われたら、いくらそのベンチャーを応援したいと思っても、お金を出すのは躊躇しますよね？
　ベンチャーキャピタルのファンドは、通常7年から10年程度の期間を設定して投資家から資金を集めますので、設立から上場まで30年もかかるような環境では、アーリーステージのベンチャーに投資することをビジネスとして成立させることが難しかったのです。

　ところが、1999年の証券自由化以降、ナスダック・ジャパンや東証マザーズ[13]といった新興市場が創設され、上場のハードルが大きく下がりました。
　このため、会社設立から年数が少なく、まだ売上規模や利益が安定していない企業でも上場できるようになり[14]、シードやアーリーステージの企業に投資しても、数年で投資が回収できる可能性が増加して、そ

053

うした企業への投資も行われるようになったのです。

図表1-5　投資先分布構成比・ステージ分析（金額比率）

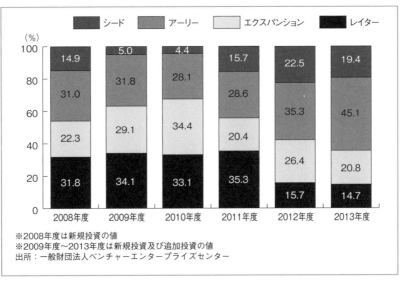

現在では、「ネットバブル」の崩壊や、その後の景気悪化、内部統制などに関する上場審査や上場のハードルが上がっていることなどから、ネットバブルのころほどは安易な創業期ベンチャーへの投資は行われていないと思います。

* 13　その後、ナスダック・ジャパンは大阪証券取引所の「ヘラクレス」市場となり、平成22年10月にJASDAQと統合されました。マザーズは東京証券取引所が開設する新興企業向け市場です。
* 14　新興市場の登場や証券市場のレギュレーションの緩和で、スキャンダルも発生したため、「市場経済」という用語自体のイメージが悪くなってしまった面もなきにしもあらずです。しかし、市場は多数の参加者によって形成されるものなので、やってみないと事前にどんな問題点が出てくるかを予測することは困難です。一度は通らねばならない道だったかもしれません。

しかし、ベンチャーキャピタルも証券会社も証券取引所も、ベンチャーに対する興味を失ったわけではありません。ベンチャーキャピタルは今でも活きのいいベンチャーには投資したくてたまらないし、証券会社も証券取引所も意地悪で審査を厳しくしているわけではなく、内心はベンチャーを上場させたくてたまらないはずなのです。

つまり、創業期に株式で資金調達できる可能性は、1999年以前の日本に比べれば格段に上がっており、基本的にはその状況は現在でも変わってはいません。

イケてるベンチャーが出てくれば「卵とニワトリ」で、状況は大いに改善していくはずです。

上場とはどういうことか?

上場のハードルは低くはありませんが、ベンチャーにとって、証券取引所への上場が大きな目標であることは間違いありません。上場準備について本書で詳しく解説するには紙数が足りません。事業に勢いがついて「もしかしたら3年後くらいに上場できるかも」という状況になってきたところで、上場準備の専門書などに目を通したり、上場準備ができるCFOなどを雇う準備を考えてください。

ここでは、イメージを持ってもらうために、簡単に上場について説明したいと思います。

上場に関わるプレイヤー① 監査法人

前述のとおり、資本市場は非常に多彩なプレイヤーによって支えられています。

ベンチャーが上場するためには、ベンチャーの財務諸表を監査法人[15]に監査してもらう必要があります。上場するためには、2期分の

監査証明が必要になりますので、上場する直前の決算期の2年以上前から計画的に会計監査を始める必要があります。

上場に関わるプレイヤー②　証券会社

また、上場の際には、株式の募集（株式を新たに発行して、会社自身が資金調達をすること）や売出（創業者や投資家がすでに保有していた持株を売却すること〈会社自身には資金は入らない〉）を行います。

上場をIPO（Initial Public Offering）、それ以降の募集を単に「公募」やPO（Public Offering）と呼びますが、上場後は、次にたとえば東証1部に上場替えになる時などでないと、なかなか公募をするのは難しいことが多いので、IPO時の資金調達は重要です。

この募集や売出を行うためには、証券会社に引受を依頼することになります。

通常は、この引受をする幹事証券会社は1社ではなく、複数の会社が参加することになります。どの幹事証券も、顧客に株式を売るわけですから、証券の中身（つまり、そのベンチャー自身）を理解する必要があります。しかし、上場時に上場審査を行うのは主幹事証券となる証券会社が中心になりますので、この主幹事にコンサルティングを受け、引受部門や審査部門とよく相談しながら上場準備を進めることになります。

この主幹事証券会社の決定は、あまり焦って早くから行う必要はありません。

上場を申請する決算期を「**申請期**」、その前の期を「**直前期**」、さらにその前の年を「**直前々期**」と呼びますが、直前期になって決めても遅く

---

*15　個人の公認会計士や中小監査法人が監査することも可能ではありますが、通常は大手や中堅の監査法人に会計監査を依頼します。

はないと思います。

上場に関わるプレイヤー③　証券取引所

　株式を上場する取引所です。上場審査をして、上場を承認してくれます。

上場に関わるプレイヤー④　証券代行会社（信託銀行など）

　上場する会社は、株主が数千人以上になりますので、株主名簿を自分で管理するのではなく「株主名簿管理人」を置かないといけません。

　この株主名簿管理人になってくれるのが、信託銀行などの証券代行会社です。

　この証券代行会社は、株主名簿の管理をしてくれるだけでなく、特殊株主（いわゆる総会屋など）が新たに株主になったのを教えてくれたり、株主総会の招集通知のチェックや、株主総会の運営などを指導してくれる機能もあります。

上場に関わるプレイヤー⑤　証券印刷会社

　昔は上場時には偽造が困難な株券を印刷することが必要だったのですが、今は上場会社の株券は電子化されてしまいました。しかし、証券印刷会社は、「Iの部」や「有価証券届出書」「目論見書」など、財務局に提出したり投資家に配ったりする非常に分厚い資料を専門的にチェックし、コンサルティングしてくれるという重要な機能があります。

　上場後も有価証券報告書などのチェックでお世話になります。

上場に関わるプレイヤー⑥　弁護士

　上場審査の過程で、幹事証券会社のデューデリジェンス（Due Diligence、第 7 章参照）として、会社が今まで作成してきた議事録や契約書などのチェックにやってきます。

また、会社の顧問弁護士と、有価証券届出書などに記載する内容（たとえばリスク情報）などが適切かどうかなどを、よく打ち合わせする必要があります。

　上場するということは、一般の（個人や機関投資家、日本人・外国人を問わない、見ず知らずの）株主を受け入れるということであり、株主というのはその会社の（部分的）オーナーであり、強い権限を持っています。わかりやすい説明をして会社の性質を理解してもらい、訴訟されるリスクを減らす必要があり、そうしたリスク管理のために弁護士と打ち合わせをすることは非常に重要です。

上場時のモデルスケジュール

　以上のようなさまざまな人が関与する上場準備をスケジュール表にすると、図表1-6のようになります。

　上場準備において、一番早くから準備しなければならないのは会計監査でしょう。

　昔は遡って2期分の監査をしてくれたりもしたのですが、今どきは監査法人内でのチェックも厳しくなっていますので、直前々期の開始時（さらにその前の期の期末残高）の残高確認が行えるようにしておく必要があります。

上場時のチェック

　上場の際には、その企業の全般が隅々まで調べられることになります。

　成長性等に問題がないビジネスモデルか、財務諸表をきちっと作っているか（会計監査）や、法令や規則を遵守しているか（取締役会の監督状況や監査役監査などのコーポレートガバナンス、内部統制、内部監査室の内部監査の状況、弁護士のデューデリ等）などが基本ですが、今ど

図表1-6　上場スケジュールの概要

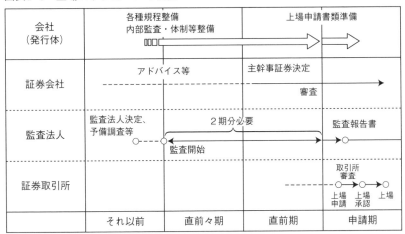

きは、反社会的勢力・反市場的勢力（「反社」「反市」）が会社に関与していないかどうかのチェックも非常に厳格に行われます。

　特別利害関係者として、役員の二親等以内の親族の氏名・住所などを提出したり、株主や株主の関係者も徹底的にチェックされます。そうした中に暴力団関係者などが混ざっていると、上場審査ではねられることになります（はっきり「この人が暴力団関係者だから上場させません」と明言してくれればいいですが、内部統制が弱いなどの他の理由があれば、それを理由に断られ、誰も本当の理由を教えてくれない可能性が高いので怖いです）。

　反社会的勢力といっても、入れ墨をしたり黒い服を着てサングラスをかけたりといったわかりやすい人ばかりではありませんし、いかにも暴力団といった名前の団体が株主になるわけではなく、表面上は一般の企業にしか見えない「フロント企業」を使って株主になろうとしたりしま

す。ですから、**基本的に、素性のよくわからない人を株主や取引先にしてはいけません。**

　プライバシーや人権に配慮しつつも、役員や従業員の採用も、非常に慎重に考えて行うべきです。

　労働関係の法規にも注意が必要です。

　ベンチャーは（仕事がエキサイティングで面白いということもあり）、法令に従って労働時間を守らせたり、きちんと残業代等を支払ったりということが、ついおろそかになりがちです。

　労働債権は時効が2年ですので、そうした残業代の未払がないように、かなり前から勤怠管理や残業代の支払をきっちり行う態勢を作らないといけません。

　とにかく、重要な法令や規則に違反していると、上場できなくなりますので、財務報告やコンプライアンスを含む内部統制がしっかりできていることが重要です。

　優秀な法務担当者を採用したり、専門の弁護士と相談して事業を進めることも求められてきます。

上場のメリット・デメリット

　このように、上場のために必要になる内部統制などが昨今非常に厳しいのですが、規模の小さな会社が事業もまだ軌道に乗らないうちからこうした管理をガチガチにしてしまうと、経営が硬直化して企業の成長自体が抑制され、本末転倒になってしまうかもしれません。

　また、そもそも上場したあとも、短期的な利益を気にしすぎると肝心の事業のダイナミズムがそこなわれたりするかもしれません。

　たとえば、GoogleやFacebookも時価総額が日本円で数兆円の規模に

なるまで上場しませんでした。米国では「最高のタイミング」を見計らって上場するために、なるべく未上場のうちに力を蓄える傾向が強いのです。

逆に日本では、「一刻も早く上場するべき」と考える人がまだまだ多いです。日本では「上場企業」というブランドはまだ効果が大きい場合も多いので、**上場することによって、人・モノ・カネ・情報といった経営資源の調達力を一気に高められる可能性**があります。

しかし、まだ1人歩きもできないような乳児の段階で上場して「あとは勝手にやれ。市場原理にさらされて生きろ」と言われても、それは無理というものです。

上場しても生きていけないことがわかっていながら「早く上場しろ」と急かすようなアホなベンチャーキャピタルや証券会社などの言うことを聞かないですむようにするには、**基本的には事業自体がイケていて、成長力があることが重要**です。

つまり、投資家や証券会社などに引く手あまたのモテモテ状態であれば、ベンチャー側に有利な条件で投資やサポートが受けられますし、その後何か交渉する必要がある場合にもベンチャーが自信を持って交渉に当たれるわけです。

会社を潰すことは悪か？

先に、日本人は会社を「家」と同視しがちですが、会社というのは特定の目的のために設立されたものだから、必ずしもそういう考えにとらわれる必要もない、M&Aといった選択肢もあるよ、といったことを述べました。

「経営者にとって一番大事なのは会社を潰さないこと」
「経営者は従業員の人生を預かっているんだから」
と考えている方は多いと思います。
　そういう考え方の経営者は信頼できると思いますし、逆に
「会社なんて潰れたっていいんだ」
「従業員だってリスクを承知で就職したはず」
なんてことを言う経営者は、少なくとも日本ではうまく経営ができると
は思えません。
　（みなさんだって、そんなことを言う経営者に付いて行きたいとは思
わないですよね？）

　しかし一方で、客観的事実としてベンチャーにはリスクがあります。
潰れるリスクを極限まで小さくしたいなら、資金を国債だけで運用する
会社でも作ったらよろしい。（もちろん、それすらリスクがゼロではあ
りませんし、成長も上場もできるわけがないですが。）

　投資をしたけれど、上場もしないし買収もされない企業のことを、投
資家は「リビング・デッド（Living Dead＝生ける屍・ゾンビ）」という
失礼な名前で呼んだりします。前述のとおり、投資家は「EXITする」
のが最大の目的なので、その目的を達成してくれない企業は、こういっ
た呼び方もされるわけです。

　リビング・デッドにも、文字どおり「本当に息も絶え絶えだけれどま
だ潰れていない企業」と、「安定して利益を生み出しているけれど上場
も買収もされない企業」の２種類があります。
　後者は、名前に反して、企業としてはある意味非常に優秀です。ただ
し、「上場やM&Aを目指します」と言って投資家から資金を集めたのに、
それができていないのなら、投資家との約束が果たせていないわけです。

この場合は、会社や経営者の資金で投資家から株式を買い取るなど、お互いがハッピーになるような解決策を探すべきでしょう。

　しかし、前者の「成長が見込めないどころか、息も絶え絶えでがんばって潰れずに運営している会社」は、本当に企業を続ける必要があるのでしょうか？

　たとえば、メガバンクのように、その銀行が破綻したら一国の経済が大パニックに陥る、といった企業については、絶対潰れるべきではないかもしれません。

　しかし、まだ数十人程度の会社で、もう、将来性がないとわかっているのに、無理して事業を続けていくと、投資家も損失として処理できないし、従業員もまったくやる気がわかなくて、企業を続けることが誰の得にもなっていない、というケースもあります。

　経営者は「潰れてもいいや」などということを考えて経営すべきではないし、そうしたことを口にすべきではないと思いますが、**「絶対潰れないようにがんばる」のと「潰れた時を考えないで投資や借入の契約をしてしまう」**というのはまったく異なります。

　ベンチャーが資金難に陥ったり倒産した時に経営者などが立ち直れないほどのダメージを受けるのは、創業期からのファイナンスがまずかった、ということがほとんどです。逆に、理想的なファイナンスの姿をとることで、失敗を恐れずに新しいことに立ち向かっていける企業になることができます。

　「会社が潰れる」というと暗いイメージだと思いますが、ベンチャーの生態系において会社が潰れることは「超新星爆発」にたとえることができます。

　超新星というのは、名前とは逆に、年老いた星が爆発することです。

しかし、超新星が爆発することで、その中で生成された重い元素を含む物質を周囲にまき散らし、それが次の恒星や惑星を作る素材になるわけです。

　企業の場合も、企業の終焉は、次の会社の始まりでもあるのです。
　たとえば、わたしが昔いた会社の親銀行の日本長期信用銀行は破綻しましたが、それによって多くの人材が外部に放出されることになり、たくさんの新しい事業の「芽」やその芽を成長させる力になっていきました。

　人間は死んでしまったらそれで終わりです（「次の世界」があるかどうかはその人の宗教観によります）が、会社が死んでも、ファイナンスで最悪な選択肢を取っていなければ、そこでの経験やノウハウは、新しい次のビジネスの始まりにつながるわけです。

　多くのベンチャー関係者が「事業計画どおりうまくいったベンチャーなんて見たことがない」と言います。
　事業というのは極めて多くの要素が関連する「カオス」です。誰もやったことがないような画期的なビジネスを、ちっぽけな人間が完全に思いどおりコントロールできるなんて、おこがましいです。
　失敗で反省するところは反省して、使える人材は適所でまた活躍したほうが、社会全体としても有益なわけです。
　「成功しなかったこと」は「失敗」どころか、経験という価値が新たに付加されることなのです。

資金循環から見た
ベンチャーファイナンス

　視点を変えて、今度はマクロ経済的な資金循環からベンチャーファイナンスを考えてみましょう。

　まずは、国全体での資金の流れを俯瞰してみます。

　図表1-7（「資金循環マンダラ」と名付けてみました）をご覧ください。日本全体のお金は、国や企業、個人などの間を複雑に流れていますので、図中の矢印は、主な資金の流れだけを示したものです。しかし、大きく見ると、右側の「家計」から、真ん中の金融機関を経由して、左側の政府や企業に向けて、お金が流れていることがわかります。

　ここで銀行（図の真ん中の預金取扱機関〈郵貯以外の銀行等〉）のバランスシートを見てみましょう。負債（右側）の「預金」で調達した資金を、主に一般事業会社（非金融法人企業）などに対する貸付金として運用していることがわかります。

　前述のとおり、銀行の企業に対する貸付金は利鞘が小さいので、貸倒れるリスクは、本来あまり大きく取ることができません。

　もちろん、個々の企業ごとには、審査能力の善し悪しで貸倒れリスクを減らすことができますが、日本全体をマクロに見ると、400兆円以上もの資金の逃げ場はありません。このため、大きな景気変動があった場合には、銀行全体では確実に大量の不良債権が発生することになります。銀行などの貸付金の1％が不良債権になっても、4兆円もの額になってしまうわけです。

065

図表1-7　日本の資金循環マンダラ

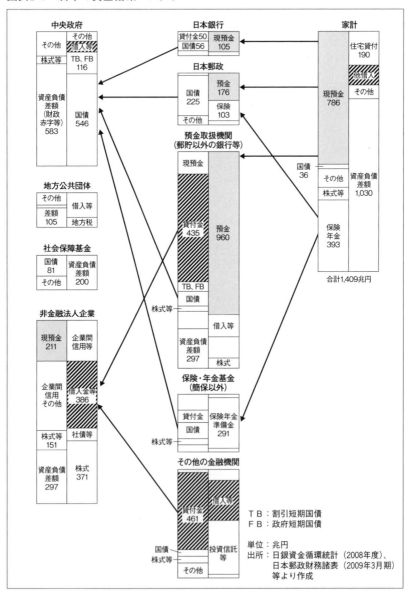

01 ベンチャーファイナンスの全体像

普通の企業なら、まずい経営をする企業（すなわち社会のニーズにうまく応えられない企業）は潰れてしまえばいいわけですが、銀行の場合はそうもいきません。銀行の負債は主に預金（「マネー」そのもの）です。巨大な銀行が倒産して「預金が払戻しできません」ということになると、資金の決済にも支障が出ますし、貸出機能なども麻痺するでしょうから、社会全体が大きな不安に包まれることになります。

結局、日本のように、個人のお金が主に銀行を通じて企業に供給される構造だと、経済変動のリスクは銀行が一手に引き受けることになってしまっているわけです。結果として、大きな経済変動があると、不良債権が積み上がり、銀行の経営危機が必然的に起こることになります。

こうなると、政府が関与せざるをえなくなってきます。

兆円単位の資金を迅速に供給できる主体は他にいないので、仮に資金が必要であれば政府が公的資金を投入せざるをえません。

しかし、国が関与するということは、国会という世の中で最も意思決定が遅い機関での決定を経る必要があるということです。「銀行員の給料が高いのに政府から金をもらうとはナニゴトか？」といった議論にもなるので、なかなか話が進展せず、結果として「失われた10年、20年」といった長期の不況の一因にもなってしまいました。

図表1-8は、家計の資産構成の日米欧比較の図です。

一番左の部分が「現金・預金」で、日本はこの比率が53.1％と個人金融資産の半分を超えているのに対して、米国は13.1％に留まっています。

つまり米国は（逆に極端ですが）、家計が金融資産の大半を、債券や投資信託・株式の形で保有しており、個人が直接、企業のリスクを負う形になっています。

図表1-8　家計の資産構成の日米欧比較

日本	現金・預金（53.1%）／債券（1.8%）／株式・出資金（9.1%）／保険・年金準備金（26.8%）／投資信託（5.0%）／その他計（4.2%）	（1,645兆円）
米国	現金・預金（13.1%）／投資信託（13.1%）／債券（5.0%）／株式・出資金（33.5%）／保険・年金準備金（32.3%）／その他計（2.9%）	（67.0兆ドル）
ユーロエリア	現金・預金（34.5%）／債券（6.0%）／投資信託（7.3%）／株式・出資金（17.7%）／保険・年金準備金（31.6%）／その他計（2.9%）	（21.0兆ユーロ）

金融資産合計に占める割合（%）

出所：日銀、資金循環の日米欧比較（2014年9月26日）
日米は2014年6月末、ユーロエリアは2014年3月末現在

　このため、米国では、良くも悪くも、経済が大きく変動する際のリスクは、銀行ではなく家計を直撃します。

　しかし、間に国会のような意思決定の遅い機関を挟んでいないため、この衝撃の余波は、日本と比べた場合に相対的に短期間で収束しうる構造になっています。つまり、ジワジワネチネチ影響が来るのではなく、ダーンと影響が来て、さっと忘れて次のことを始めるのに適しているわけです。

　欧州は、この米国と日本の中間という感じになっています。

01 ベンチャーファイナンスの全体像

ベンチャーへの投資

　さて、本題のベンチャーへの資金の流れについて考えてみます。

　ベンチャーキャピタルが日本で1年間に投資する金額は2013年度で718億円となっています（図表1-9）。[16]

　これに対して、2014年第3四半期までの1年間に米国で未上場のベンチャーに出資された資金は、42,541百万ドルです（図表1-10）。

　年によってバラつきはありますが、それでもやはり、米国のベンチャーへの投資資金は日本の数十倍あるわけです。

　日本の投資金額（残高）は、個人金融資産の合計額約1,600兆円と比べても1万分の1程度のわずかな量です。**図表1-7に表そうとしても見えるか見えないかの細い横棒にしかならない程度の少ない額**です。

　こういう事実を提示すると、
「たったそれだけしかベンチャーに資金が流れていないのか。
だから日本はベンチャーが出てこないんだな。
じゃあもっとベンチャーに資金が流れ込むような政策にすべきだ」
といったことをおっしゃる方がよくいます。確かに米国に比べると投資金額は見劣りしますし、ベンチャーを応援しようという気持ちはありがたいのですが、それはちょっと違います。

　これは日本のベンチャーに投資される資金が少なすぎる、ということでは必ずしもないのです。ベンチャーにとっては、1社数億円の資金は

---

[16]　一般財団法人ベンチャーエンタープライズセンターのデータによります。

大金で、それだけあれば（業種にもよりますが）それなりのことができます。

　つまり、そうした企業が**仮に100社あったとしても、たった数百億円の資金があれば足りてしまうわけです。**

　実際には「これは上場確実」「これは世界で通用する！」といったイケてる企業なんて、そうたくさんあるわけではありません。

　イケてる企業から見れば、投資してもらえるお金は非常にありあまっているわけです。

　投資する資金を増やすだけで、イケてる企業が増えないのでは意味がないわけです。

　日本はシリコンバレーのようにチャレンジする人があとからあとから押し寄せてくる場所ではないので、良く言えばいいベンチャーについては「売り手市場」です。

　悪く言えば、米国などでは本来投資が受けられない企業でも投資を受けられたり、上場できたりするチャンスがある「ベンチャーが甘やかされた」市場だと思います。

　しかし、ハードルを下げて甘い基準にしても投資対象がなくて困っているわけです。前述のとおり、EXITの見込みがなさそうな企業には投資できないからです。

　つまり、日本に不足しているものはベンチャーのための「お金」ではありません。そのお金を受け取る「イケてるベンチャーの卵」のほうなわけです。

図表1-9 日本のベンチャーキャピタル投資金額・社数の推移

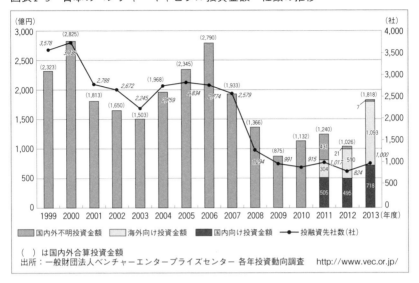

図表1-10 米国における四半期別の投資額・ディール数の推移

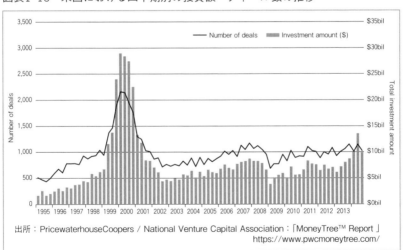

もっと専門家のサポートを！

　ベンチャーのファイナンスというのは、**未上場だから上場している大企業よりテキトーでいいかというと、まったくそうではありません。**ベンチャーというのは将来の株式公開も念頭に置かないといけませんから、将来上場する際の審査にも耐えられるよう、会社法、金融商品取引法、会計、税務など、すべてルールに従ってきちんと処理していかなければならないわけです。[17]

　上場している大企業なら、たとえば会社法については大手の弁護士事務所、会計は監査法人、税務は大手の税理士法人、といったように、それぞれ高額のフィーをかけて一流の専門家に相談することができます。

　しかし、創業したばかりのベンチャーが、何百万円もリーガル・フィーをかけて、きちんと処理するという発想は、日本にはまだ少ないと思います。

　しかし、こうしたプロフェッショナル・サービスを取り巻く環境も、大きく変わりつつあります。昔は弁護士や会計士の資格を取れば、基本的には一生食いっぱぐれがないとも思われていましたが、司法試験や公認会計士試験などの合格者の増加により、全員が就職すらできない状況になってきていますし、一部では価格のダンピング競争も始まっていま

---

[17]　会社法は、株式会社などの設立、株式や株主総会、取締役、監査役といったコーポレートガバナンスなどについて定めた法律、金融商品取引法は、証券市場における有価証券の発行・売買その他の取引について規定した法律です。
　　　会計については、企業会計原則をはじめとする各種の会計基準があり、税務関連としては、法人税法、所得税法、租税特別措置法などの法令の他、各種の通達が実務上非常に重要です。

す。

　こうした大きな環境変化のもとでは、他の事務所と同じことをやっていては生き残れなくなるはずです。今までは見向きもされなかったベンチャーも、昨今では、新たな市場として開拓する人や事務所が増えています。

　また、そうした試験合格者や既存のプロフェッショナルが、ベンチャーに就職して、法務や会計をはじめとするベンチャー経営全般を統括するケースも増えています。ベンチャーの中に入ってそうしたことを体験すれば、プロフェッショナルの世界に戻っても、ひと味違ったサービスが提供できます。また、そうした優秀な人材が流れ込めば、ベンチャーの経営のクオリティも、「行き当たりバッタリ」的なものから、一皮むけたものになると思います。

　ベンチャーの税務や法務の仕事は、現在、税理士や司法書士等を中心に業務が進められているので、ベンチャーは、まずそういう方々に相談に行くはずです。その際に、株式で資金調達をする本格的なベンチャーの経営の全体像のイメージを伝えて指導することができれば、日本のベンチャーの質はぐっと上がるのではないかと思います。

第2章
会社の始め方

VENTURE FINANCE
THE ESSENTIAL GUIDE FOR ENTREPRENEURS

読者の方の中には、

「ビジネスは『会社』を設立することから始まる」

と思っておられる方も多いかと思います。が、必ずしもそうではありません。

　会社でなく「個人」でもビジネスはできるし、個人でビジネスするほうがメリットのあるケースもあります。もちろん、上場するようなビジネスにしようというなら、いつか株式会社に事業を移す必要がありますが、必ずしもあわてる必要はありません。

　本章では、ベンチャーを始めようという人が、どんな決意で、どういったやり方やタイミングで会社を設立したり資金調達したりすればいいか、について考えてみます。

　会社設立の手続きなどのテクニカルなことについては、たくさん本が出版されていますので、本書では技術的なことについては簡単に述べるに留め、ベンチャーを経営するのに、どういう点に配慮しなければならないのか、「イメージ」をつかんでいただけるように説明したいと思います。

「会社」とは何か?

　そもそも「会社」というのは何でしょうか?　なぜ会社が必要なのでしょうか?

　会社というのは「法人」の一種です。法人というのは、その名のとおり、法律で人工的に作られた「人格」、つまり「人の造りしもの」「人造

人間」です。

　ただし、普通の人（個人または自然人）は目に見えますが、法人は目には見えません。

　こう言うと、
「アホか。丸の内にも新宿にも、たくさん『会社』が建っているのが、おまえには見えないのか？」
と思われる方も多いかもしれません。
　しかし、みなさんが見ているのは会社が所有または賃借している「ビル」であって、「法人」そのものではありません。同様に、そのビルに出入りしている人達も、会社が雇っている従業員や取引先の人達であって、「法人そのもの」ではありません。法人は「見えない」のです。

　わざわざ法律を作って、こうしたバーチャルな概念を採用するのは、もちろん、そのほうが社会に有益だからです。
　個人は必ず死ぬけれど法人は破綻しない限り生き続けます。ビルや工場や机や鉛筆も、もし法人がなければ、それを保有している個人事業主が替わるたびに所有者を替えなくてはいけませんが、「会社」を使えば、経営者が変わってもそうしたことをいちいち行わずにすみます。

法人には「公私」を分ける機能がある

　いくつもの企業を立ち上げて大企業にまで育て上げたある経営者の方は、
　「会社を一度作ったら、それは公の器すなわち『公器』として考えなくてはならない。たとえ自分が株式の100％を持っていたとしても、それは『公』のものなのだ」

とおっしゃっていました。そういう心構えは、ベンチャーを始める人にとっては非常に大切だと思います。

会社を作ると、そこが1つの節目になり、「よし、やるぞ！」という気合いが入ったり、公私の区別を明確にしようという気持ちが生まれます。こういったことは、法律や税務の本にはあまり書かれていないのですが、事業を行ううえでは非常に重要です。

世界初の株式会社は1602年設立のオランダの東インド会社だと言われています。この会社は、公的な目的のために特別な免許（特許）を与えられて設立されたものでした。

もちろん今では、一般的には会社を設立するのに国の許認可は必要ありません。しかし、現代においても、特に外部の投資家から資金調達したり、上場することを目指したりするような企業であれば、会社を設立した以降は、自分の欲望のためでなく「法人のため」「株主のため」「社会のため」になるかどうかを考える必要があると思います。

「アニマル・スピリッツ」と起業

これは精神論の話をしているのかというと、ちょっと違います。

一見、前項と矛盾するように聞こえるかもしれませんが、わたしは、ゼロから新しいものを造り上げるベンチャーの経営者には、**ある種の強い「動物的欲望」が必要**だと思います。

しかし、成功する経営者が持っているその「動物的欲望」というのは、単に「自分だけが金持ちになればいい」といった利己的な欲望ではなく、

「自分が作ったサービスを誰もが使うようにしたい」とか「世界を変えてやる」といった、もうちょっと「公的」で「他者に働きかける」欲望です。

創業者の発言から漏れてくる本音からも、そのへんは推察することができます。たとえば、「この事業、儲かるんですよ」といった話ばかりしている人はカネに興味があるのだろうなあ、ということが推測できますし、逆に、「どうしたら社会のためになるか、いつも考えています」といったことしか言わない人は、本当に投資家のためを考えて経営をやってくれるのだろうか、という不安もないではありません。

あくまで個人的な直感にしか過ぎませんが、起業段階の経営者としては、「この事業がいかに面白いか」「このサービスは世界を変えると思う」といった、「事業の面白さ」をトウトウと語るようなタイプが向いているのではないかと思います。

昨今、「行き過ぎた資本主義」とか「企業の経営者は金儲けしか考えていない」といった批判が行われることがありますが、単なる金銭欲とか自分が人並みよりちょっと裕福な暮らしができればいいと思っているだけの人では、上場企業の中でも大きな企業を造り上げるなんてことは難しいです。

「人間の欲望には限りがない」と言いますが、今までボロアパートで暮らしていた兄ちゃんが資産を10億円も持てば、たいていのことは間に合ってしまうはずです。「5億円くらいで十分」という人も多いかもしれません。

たとえば、時価総額50億円の企業というのは、上場企業の中では小ぶりなほうだと思いますが、その企業をゼロから造り上げて、その20%の株式を持っていれば、それで資産は10億円になります。だから単に人よ

りちょっとお金持ちになりたい、というだけが目的の人では、それ以上の高みを目指すインセンティブはわいてこないはずです。

（時価総額50億円の会社の経営者がダメなんてことを言うつもりはまったくありませんので、誤解なきよう。それですら、日本の人口1億人ちょっとの中のほんの限られた人しかできないことなのですから。）

しかし、マクロ経済的に考えると、少なくともそうした規模のベンチャーが何社か出てくるくらいでは、「ベンチャーが日本の成長のために重要だ」とは言いづらいです。時価総額で考えたとしても、そうした企業は日本の500兆円のGDPや1,600兆円を超える個人金融資産の数十万分の1、数百万分の1規模であり、マクロ経済に与える影響が大きいとはちょっと言いにくい。

一方、米国のテック系企業を見てみると、2014年11月13日現在、Appleの時価総額は6,525億ドル、Googleは3,787億ドル、Facebookは2,083億ドルで、どれも10兆円単位の企業価値となっています。

そういうサイズのベンチャー出身の企業がたくさん出てくるようになると、これはもう、ベンチャーが一国の経済にインパクトを与えないなんてことは、誰も言わなくなるはずです。

米国の例だと現実感に乏しいとしたら、ソフトバンク（9.8兆円）、楽天（2.1兆円）などが参考になると思います。「兆」の桁になれば、日本の経済にも影響が出てくる実感がわきますよね。そうしたサイズのベンチャー出身の企業が、あと何社か出てきたら、「日本も変わってきたね！」という感じがするのではないかと思います。

ベンチャーを始めるというのは「未来」に向けたアクションを取ることであり、その未来というのは、本質的に予測不可能で、不確実性のあ

るものです。

　経済学者のケインズは、人間が不確実性のある未来に対して投資を行うのは「アニマル・スピリッツ」のなせる業だとしています。

　これは、「アニマル・スピリッツ」の逆を考えてみればわかりやすいかと思います。

　起業の相談で、

「金融機関に勤めていたので、経営計画を作ることや経営管理の手法には絶対の自信があるのですが、何のビジネスをやったらいいかが思いつかないのです。それはどうやったら見つかるのでしょうか？」

といった質問を受けることがあるのですが、残念ながら、わたしはその質問の答えは見つけて差し上げられません。

　いくら高学歴で頭がいい人でも、演繹的に「自分が何をすべきか」の結論は出ないと思います。自分の人生なので何をやってもいいはずなのです。「これがやりたい！」「できるはず！」という**根拠のない自信**さえあれば。

　誰もやったことがないような革新的な事業であればあるほど、すごいリスクがあるはずですから、**「この事業、絶対成功する！」というのは論理的に間違っています**。だから、頭が良くて合理的で、ファイナンスに詳しい人ほど、

「成功する確率は３割程度、失敗する確率は７割程度と見込まれる」

「成功する確率が高いとは必ずしも言えない」

といった客観的で冷静な答え方をする傾向があります。

　しかし、「きっと失敗するんだろうなー」と思い続けて成功した人というのはあまり聞きません。成功する事業家というのは「成功した状態」

081

「理想的な状態」を思い浮かべ、その状態を「絶対実現させる！」と思える人だと思います。

　そして、その経営者の強い思いこそが、企業価値を向上させるものであり、ベンチャーにおける最も価値がある財産なのではないかと思います。[*1]

　その「スピリッツ」は会社を成長させる最も強力なエンジンになります。しかし、もちろんそれだけではダメです。なぜなら経営の「手法」は合理的でないとうまくいかないからです。

　だから、もしあなたが「どうしてもこれをやりたい！」「世界中の人にこれを使わせたい！」といった強烈な願望が止めようもなく心の底からわき上がってくるタイプではなく、理性的に物事を分析するほうが好きなタイプだと思うなら、もしかすると起業してリーダーになるのは向かないかもしれないですね。

　ただし、リーダーでなくても、起業に関わる方法はいろいろあります。たとえば、そういうすごいスピリッツの持ち主を探してきて、そのサポートに回るというのも１つの手です。

　強力な社長の「ボケ」と、優秀で冷静なCFOの「ツッコミ」のコンビで成功した企業は、ホンダやソニーからはじまって、非常に多いと思います。

　すごく頭が切れて社会的な信用も高く、さまざまな事業のポイントを一瞬にして見抜けるような人であれば、ベンチャーを自分でやるのでは

＊1　成功する経営者が必ず「暑苦しい」「脂ぎった」「人たらし」タイプだということは意味しません。もの静かで冷静なタイプだけれど、内に強い情熱を秘めた経営者というのもいらっしゃいますので。

なく、ベンチャーに投資するファンド側で活躍したほうがいいかもしれません。

　また、リーダーとして社長をやる場合には、冷静に市場を分析して、大企業が買収を持ちかけてくるような会社を作るといった手もあるかもしれません。

　または、上場など目指さず、外部から資金調達もせずに、安定したニッチで収益性の高い事業を営み、非上場で末永く幸せに会社を経営するという選択肢もあります。

　そうした起業でもダメではないですし、それどころか、上場を目指すよりよっぽど幸せな人生が送れるかもしれません。

　もちろん、いろいろ試してみないと自分に何が合っているかなんてわからないわけですが、どんなタイプであれ、自分や一緒に事業を行う仲間の肌に合った方向性を選択するのがいいと思います。

「個人経営」VS「会社」

　本章の冒頭で述べたとおり、ビジネスは会社でなく個人でやってもまったくかまわないし、個人で行うメリットもいろいろ多いのです。

　以下では、個人経営にするか会社にするかの選択をどう行うかについて考えてみます。

資金調達と会社

　将来、上場企業を目指そうといったベンチャーが、株式で資金調達する場合には、株式会社にする必要があります。**株式会社以外の会社や個人事業では、株式を発行できませんので。**

しかし、序章でも述べましたが、「お金のかからない起業」も増えています。資金調達の面からは、最初から必ずしも会社にする必要はないのです。

コスト

会社を作ると、登記や事務などで何十万円かのお金がかかってきます。何百万円、何千万円貯金がある人ならともかく、10万円でも節約したいという人なら、軌道に乗るまでは個人事業でもかまわないと思います。

税務

新しく事業を始めると、当初は費用ばかりかかって売上が立つ見込みがなく「赤字」ということも多いでしょう。

個人の所得にかかる所得税は「総合課税」ですので、サラリーマンとして働いて給与所得があり、同時並行で行っているビジネスが赤字であれば、その給与所得と事業所得の損益通算ができます。

また、個人にかかる所得税等は累進課税ですので、所得の大きさで税率が変わります。何千万円も給料をもらっている人は５割弱の税率ですが、年収300万円の人なら、税率は10数％程度になります。

一方、黒字の法人になると法人税等が約４割かかってきます。

つまり、もし今の年収が300万円程度なら、たとえ兼業する事業で数百万円の利益が出たとしても、個人で事業を行ったほうが、税金的にはお得かもしれません。

有限責任

株式会社のメリットとして、よく「有限責任」があげられます。

つまり、原則としては、株式会社が倒産しても会社の財産だけを債権者に払えばよく、株主が個人財産を注ぎ込んで無限に責任を負う必要は

ありません。

しかし、銀行などから借入をする際には、社長が個人保証させられるのが普通です。

また、個人保証していなくても、仮に会社が潰れた時に、一般の債権者に迷惑をかけるようなことをすれば、次の商売を始める際にも「あいつは信用できない」ということになるでしょう。ですから、有限責任だから何をやってもいいわけではないのは当然です。

個人事業は「無限責任」ですと聞くと恐ろしい気がするかもしれません。しかし、個人事業に毛が生えた程度の段階で有限責任のメリットが生かせるケースはわずかですので、どっちでもいいのです。

最悪のケースでも自己破産という手もありますので、(変なところからお金を借りてしまうなどファイナンス的に不適切なことさえやらなければ)失敗したからといって死を考えるなんてことは、まったくしなくていいのです。

説明コスト

これも、法律や税務の本にはあまり書いていませんが、実務上重要になるのが、「説明コスト」です。

「株式会社」というのは誰でも知っていますので、説明するのに手間がかかりません。しかし、たとえば「合同会社」とか「有限責任事業組合」といったビジネスの入れ物を使う場合、「何それ?」と疑問を持たれた場合には、説明に手間を要します。

これに対して、株式会社なら「株式会社って何ですか?」と質問されることはまずないです。

会社形態を会話の切り出しのネタに使うという手もあるかもしれませんが、取引先は「税務上、こっちのほうが有利なんですよ」といった話

085

を聞きたい人なのでしょうか？　普通、取引先は、そんな豆知識より、商品や仕事がちゃんとしていることを望んでいるはずです。

信用

　「会社にすると信用力がアップする」と思っている人も多いかと思います。確かに「個人でやっています」というより「株式会社○○、代表取締役」というほうがエラそうに聞こえるかと思います。

　しかし、資本金が１千万円ないと株式会社が作れなかった時代ならいざしらず、会社法では会社というのは、資本金の下限はありません（平たく言うと資本金１円［０円］でも会社は設立できます）。

　ですから、本書を読んでいるみなさんは、今や「株式会社」だから信用するなんてことはしちゃダメです。

　前述のとおり、自然人は実在しますが、株式会社などの法人は法律によって作られた一種のフィクションです。株式会社なら信用されて個人だと信用されないなんてことがあるとしたら、一休さんなら、「株式会社の法人格にお経をあげてもらえ！」と登記簿を投げつけて帰ってくるところかもしれません。[2]

どの種類の「入れ物」を選択すべきか？

　ビジネスを行う「入れ物」[3]の話が出ましたので、説明しておきたい

---

[2] しかし、事業家はそんなことをしちゃいけませんよ。顧客や取引先が株式会社のほうを信用するというなら、そういうニーズに応えるのが事業家というものですから。

[3] ビジネスを行う会社や組合などの「入れ物」のことは、英語の「乗り物」という意味の言葉を使って「Vehicle（ビークル、ヴィークル）」と呼ばれます。

図表2-1　ビジネスを行う「入れ物」の種類と特色

	大まかな特徴	ベンチャーでの利用
合名会社	出資者がすべて無限責任	－
合資会社	有限責任の出資者と無限責任の出資者がいる	－
合同会社（LLC）	出資者全員有限責任。設計のフレキシビリティが高い。日本では法人所得課税以外選択できない	△
有限会社	（会社法施行以降新設はできない）	－
株式会社	ビジネスで最も多く使われる組織形態	◎
有限責任事業組合（LLP）	会社ではなく「組合」。法人税はかからないが、出資者に課税される	△

※他にも考えられますが、ベンチャー事業を行う「入れ物」としてはまず使われないので省略します。

と思います。

図表2-1をご覧ください。

上場というのは、株式を証券取引所で売買できるようにすることですので、上記の表の「入れ物」のうち、日本で上場できるのは「株式会社」だけです。

だから、結論からすれば、**将来上場も目指すようなベンチャーであれば、素直に株式会社にしておくのがいい**ということになります。

会社法が施行される2006年以前は、原則として株式会社は資本金が1千万円以上ないと設立できませんでしたので、2000年ころのネットバブルのころには、資本金が数十万円でも設立できる合資会社などでベンチャーを設立する人も多かったです。

しかし、今や株式会社の資本金の下限は撤廃されましたので、将来、上場や買収も視野に入れて会社を設立する人は、合同会社やLLPではなく、株式会社でまったくかまわないと思います。

株式会社というのが人々になじみがあるのと同様、「株式」それ自体も、投資をする人に非常に慣れ親しまれた概念で、多くの人に理解されやすいし、投資の回収もしやすく設計されています。ということは、弁護士・司法書士・税理士などの専門家をはじめとして、その実務に慣れ親しんだ人も多いのです。

　合同会社やLLP、または過去に設立された有限会社を買ってくるなど、いろいろメリットがあるスキームもあるのですが、誰にもわかりやすくて、扱いやすいということは、結局、会社の運営コストを下げると思います。

事業価値評価と法人化のタイミング

　さて、では具体的な法人化のタイミングはいつごろがいいのでしょうか？

　以下、すでに個人で事業を行っていて法人化する場合を考えてみます。ベンチャーキャピタルなどからの資金調達がゆくゆく必要になることが予想される場合には、早めに会社を設立しておくほうがいいと思います。

　なぜかというと、1つには、個人事業では「どこまでが投資対象の事業で、どこまでが家計か」という境界線がわかりにくいからです。特に起業したばかりの人は「公私混同」になっていることが多いかと思います。

　また、ベンチャーキャピタルなどのプロの投資家は（事実上[*4]）個人には出資できないからです。何より株式にはなじみがあるので投資しやすい。

株式というのは「会社の権利を小分けしたもの」ですから、株式で資金調達をするということは、**会社を小口化して販売するのと同じこと**なのです。

つまり、事業を「株式会社」という箱に入れて、売れる「商品」の形にしておくことが非常に重要になるわけです。

それでは、この法人化のタイミングはいつがいいのでしょうか？

結論からいいますと、**増資を受ける半年くらい前に会社にしておいたほうが、余裕があるスケジュールを組める**と思います。[5]

今まで個人が行ってきた事業を法人化する場合[6]、創業者個人から法人への事業譲渡（法人が現金で事業を買う）または現物出資（事業を「出資」して法人が株式を発行する、つまり法人が株式で事業を買う）といった取引を行うことになります。

まだ「事業」と呼べるような段階でなければ、パソコンや書類、システム、特許権などの個別の資産を譲渡するということになるかもしれません。

ここでは例として、個人として創業してプロトタイプ的な事業を作成し、その後法人化を行い、その事業の価値が認められてベンチャーキャピタルから投資を受ける、という場合を考えてみましょう。

---

[4] たとえば個人が営業者になる匿名組合契約を結ぶ、といった方法で、利益の分配に参加するスキームが組めないわけではないですが、ややこしくてコストもかかるわりにメリットは少ないと思います。

[5] 普通株式で投資を受ける場合、とします。優先株式を使った場合は第8章で検討します。

[6] 別の法人や別の子会社として行ってきた事業を経営陣が買いとって新たな法人を作る場合などについては、拙著『起業のエクイティ・ファイナンス』第5章「経営者の持分を是正する」、第6章「スピンオフ・MBOを成功させる」をご覧ください。

図表2-2　法人化のタイミングと事業の価値

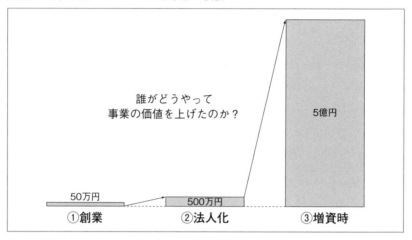

　図表2-2のように、①事業の「もと」を作るのに50万円くらいの経費を使ったとします。②そして次に、500万円の資本金の株式会社を設立して、その事業を50万円で法人に譲渡（または現物出資）したとします。③さらに、この会社がベンチャーキャピタルなどに5億円の価値で評価されて出資を受けられることになったとします。

　50万円しかコストをかけていない事業が億円単位の評価を受けるというのはビックリするかもしれません。しかし、ベンチャーキャピタルから投資を受けるということは（買収を前提としなければ）上場を目指すということであり、上場までに億単位の資金が必要なのであれば、億円単位の評価をしてもらわないと、資本政策上、（特に日本の場合には）上場が難しくなったり上場してから大変になったりすることが多いので、こうした評価をしてもらうことを考えないといけなくなります。
　（もちろん上場を目指しさえすれば、必ずそういう評価を受けられるというわけではありません。念のため。）

02 会社の始め方

　また、上場するとなると、最低でも数十億円程度の企業価値にはなっているはずですので、5億円といった金額で評価しても、投資したベンチャーキャピタルなども儲かるわけです（うまくいけば、ですが）。

　（以上の詳細については、第4章「企業価値とは何か？」、第6章「資本政策の作り方」で解説します。）

　問題は、この「5億円」という価値を「誰が」「いつ」生み出したのか、ということです。
　特に、創業と法人化と増資が時期的に近接している場合には、大きな問題になる可能性があります。

税務と法人化のタイミング

　日本の税法では、個人が法人にモノを低額[*7]で譲渡したり現物出資したりした場合には、たとえ対価としてその分のお金をもらっていなくても、その時の「時価」で譲渡したことになってしまうのです。

　仮に、個人事業を行っている段階でベンチャーキャピタルと増資時の事業価値について相談して5億円と決め、そのあとに法人に事業を譲渡したとしたら、個人で事業を行っている時にすでにその事業の時価は5億円だったとみなされる可能性が出てきます。

---

*7　時価の2分の1未満で譲渡（あるいは現物出資）した場合には、時価で譲渡等したものとみなされます（所得税法第59条、所得税法施行令第169条）。つまりこの例の場合、仮に5億円が時価だとみなされると、50万円ではなく5億円が譲渡額であるとみなされ、差額に所得税が課せられることになってしまうわけです。また法人側も、時価と売買代金の差額は受贈益となり、法人税が課税されることになります（法人税法第22条第2項）。
　平たく言うと「踏んだり蹴ったり」です。

091

本来５億円の価値があったものを、創業者個人が法人にたった50万円で譲ってしまったのだとしたら、譲渡時に創業者個人に約５億円の譲渡所得が発生していたということにもなりえます。前述のとおり、法人は「法的に人格を与えられたもの」ですから、たとえ法人の株式の100％を創業者個人が所有していたとしても、創業者と法人は文字どおり「別人格」になり、別人格間の資産などのやりとりは譲渡だからです。

　約５億円の所得が発生していたとすると課税も億単位になりますが、かけだしのベンチャーや創業者がそんな税金を払えるというケースはまれでしょうし、そうでなくても、まだ売上もあがっていない事業を譲渡して億単位の課税というのは、バカバカしいことになります。

　ただし、こうした創業間もないベンチャーが高い評価で増資を受けたからといって、「創業者から法人への事業譲渡価格はじつは高かった」と課税当局から指摘された例というのはあまり聞きません。

　具体的に話し合いがついていたならともかく、条件がまったく決まっていない段階で法人化を行い、そのあとでベンチャーキャピタルと交渉して増資の株価が決定した場合には、創業者が法人に事業を譲渡した段階での「時価」が５億円だったとは、税務署もなかなか主張しにくいかと思います。

　もちろん、この事業に利益が出ている場合は話が別です。「すでに月間１千万円の利益が出ていて、しかも売上・利益の額が急上昇中」といった場合には、そこそこの額で評価されることになる可能性があります。[8]

　つまり、法人化をするのは、まだ赤字かほとんど利益が出ていない段階で、ベンチャーキャピタルなどの投資家と増資の交渉が始まっていな

---

[8]　具体的には第４章で企業価値の計算方法について学びます。

02　会社の始め方

いような段階が望ましいわけです。

資本金はいくらにすればいいか?

「資本金１億円」などと書いてあると立派な会社だと勘違いする人は
多いので、資本金をデカく見せたがる人がたまにいます。
　しかし、そういう「勘違い」を利用するというのは、あまりフェアで
はないですよね。

　資本金というのは、本来「債権者が資金を回収しやすくするためのバ
ッファ」です。
　資本金が大きいほど、配当できない財産が会社に多く残るので、資本
金が大きいということは債権者には有利です。

　つまり、「資本金が大きいほうがエラい」というのは、**銀行（債権者）
中心の社会におけるマインド**と言ってもいいかもしれません。

　しかし、ベンチャーは「株主」を中心に回る世界を意識する必要があ
ります。じつは、資本金が大きいことで会社や株主の得になることは、
あまりないのです。

　たとえば、登録免許税も資本金が大きくなれば大きくなります。[9]
　消費税や法人税法上も資本金が小さいほうが何かと有利ですし、会社

---

[9]　登記する資本金の額に対して0.7%で、１件につき設立時は15万円、増資時は３万円が最
　　低金額ですから、2,143万円以上の資本金で設立あるいは、429万円以上の増資をすると、
　　その金額×0.7%が登記時に税金として余計にかかります。
　　ご参考：国税庁「登録免許税の税額表」http://www.nta.go.jp/taxanswer/inshi/7191.htm

093

法上も資本金が5億円を超える「大会社」になると会計監査人の設置が義務づけられ、同時に監査役会を置く会社も多くなります。

　設立や増資の際の払込み等の額の2分の1以下の金額は資本金にしなくていい（会社法第445条第2項）ですし、自己株式を持っている場合には簿価と売却額の差額は資本金には入りません（「その他資本剰余金」になります）。
　このため、ベンチャーの設立時においては「なるべく資本金を減らせないか」と考えてみましょう。

　ただし、少なければ少ないほどいいというわけでもありません。
　ベンチャーでは、設立と同時に売上が立つならともかく、設立してしばらくは赤字が続くということも多いかと思います。
　会社を設立すると、登記費用その他もろもろですぐに数十万円のお金が出ていきます。登記費用などを払ったらそれだけで債務超過になる「**資本金10円**」「**資本金1円**」**といった会社の設立はあまりお勧めできません。**また、会社を設立するような志のある人なら、普通は30万や50万円のお金くらいは持っているでしょうから、最低でもそのくらいの資本金にしておいたほうがいいと思います。
　（学生がバイトしても、ちょっとがんばればすぐにそのくらいのお金は貯まるでしょうから。）

現物出資の活用

　普通は株式を発行する時には現金を払い込みます。
　しかし、そういう「カネ」の代わりに「モノ」を出資するということもできます。これを「現物出資」といいます。

02 会社の始め方

現物出資をする際の手続きは、会社法に定められています。

まず、会社を設立する際の現物出資については会社法第33条に書かれており、下記のとおり、現物出資をする際の原則は、裁判所に検査役を選任してもらうことになっています。

> 1．発起人は、定款に第二十八条各号に掲げる事項についての記載又は記録があるときは、第三十条第一項の公証人の認証の後遅滞なく、当該事項を調査させるため、裁判所に対し、検査役の選任の申立てをしなければならない。

ところが、裁判所に検査役を選任してもらうと、延べ数ヶ月の期間とかなりのコストがかかることになりますので、大企業が行う特殊なスキーム等の場合はともかく、これから創業しようという（あまり時間とお金のない）普通のベンチャーの場合には、まず、この「裁判所の検査官」コースはお勧めできないケースがほとんどだと思います。

この裁判所の検査役を頼まなくていい例外が3つ、同条の第10項に書いてあります。

> 10．前各項の規定は、次の各号に掲げる場合には、当該各号に定める事項については、適用しない。
> 　一　第二十八条第一号及び第二号の財産（以下この章において「現物出資財産等」という。）について定款に記載され、又は記録された価額の総額が五百万円を超えない場合　同条第一号及び第二号に掲げる事項
> 　二　（略。上場有価証券などを現物出資する場合）
> 　三　（略。弁護士、公認会計士、税理士等が証明する場合）

このうち、（あまりお金のない）創業ベンチャーが最も使えるのは「一」の「500万円以下のケース」だと思います。

商法時代[10]は、500万円以下で「かつ」株式数の20％以下の部分しか、検査役なしの現物出資が使えませんでしたが、会社法が施行されてからは、設立時には、500万円以下であれば全株式であっても検査役なしで現物出資できるようになったのです。

これなら裁判所の検査役も会計士等の証明も不要で、発起人や取締役だけの責任で現物出資が行えます。

将来の監査、デューデリに気をつけろ

ただし、現物出資は「会社法上は」可能なのですが、次のような点に注意する必要があります。

会社法上の大会社（資本金5億円超など）になったり、投資家から投資を受けたり、IPOや買収を目指す可能性のあるベンチャーであれば、監査法人の会計監査が入る可能性がありますし、IPOの際の上場審査や、買収の際の弁護士・会計士によるデューデリジェンスを受ける可能性があります。

この時に、現物出資価格の妥当性が問われることになります。

「うちは絶対にIPOもしないし買収もされない」という方針を貫くとか、株主も社長など内輪だけといった場合には、すぐに倒産したり、よほど

---

[10] 2006年5月の会社法の施行まで。

02 会社の始め方

ひどい価格設定をしたりしなければ、現物出資の価額が問題になるという可能性は低いかと思います。[11]

　しかし、実際にあったケースなのですが、それまで個人事業でやっていた事業を法人化する際に、少額の現物出資をしたところ、後に上場準備を始めて監査法人が入ってきた時に、
「この現物出資の価格は誰が決めたのか？」
「この価格が相当だという証明は第三者からもらっているのか？」
という問題が持ち上がりました。[12]

　そのケースでは、実際に現物出資する時に、かなりしっかり考えて価格を決定し、算定根拠の資料も残っていたので、きちっとした説明をして事なきをえました。しかし、こういうこともあるので、現物出資でなく現金の出資で設立するか、現物出資をする際には、法律で検査役や調査が不要な場合であっても、きちっとした価格算定根拠を資料として残して、できれば第三者の算定書を取得しておくべきだと思います。
　（会社法上の調査ではなく、証明者も差額を自分が補填する義務はないので、リスクが小さい分、フィーもリーズナブルになるかと思います。）

　法律専門家だけの意見を聞いて、「出資金100万円だったら証明なしで現物出資可能だから、楽勝ですよ」と言われてホイホイ現物出資してしまうと、株式公開を目指すようなことになった時に大変なことになるか

---

[11] もちろん「バレないから、いい加減な価額で資本金を膨らませたら？」なんてことをお勧めしているわけではありませんから、誤解なきよう。不正な価格で現物出資をしていた場合には、ケースによっては刑事罰が科せられる可能性もありえます。

[12] 監査法人はソフトウェアの循環取引等でエライ目に遭っているので、「ソフトウエア」や「事業」といった、「ふわふわ」したものについては、慎重になる気持ちもわかります。
しかし、上場して何百億円以上の価値になる事業の元ネタが数十万円程度なら、それだけの価値があるのは明白過ぎるほど明白ですよね？

097

もしれない、というお話でした。

「エンジェル」の性質と問題点

　個人で事業をやっていて法人化する時に、よくあるのが「知り合いや個人投資家（エンジェル）から資本金を出資してもらう」というパターンです。

　こういう創業時に支援をしてくれる個人投資家は、一般に「エンジェル（Angel=天使）」と呼ばれています。[13]

　Googleは創業時に、サン・マイクロシステムズの共同創業者だったアンディ・ベクトルシャイム氏から10万ドルの資金提供を受けました。そうした、すでに事業家や技術者として大成功した見識や信頼度の高い個人から出資を受けるのは、単なるお金だけの話ではなく、**その事業が「イケている」ことの証明にもなります**ので、事業の信頼性や注目度を高めるのに極めて有効です。

　しかし、「エンジェル」といえば聞こえがいいですが、実際に日本において個人で中堅中小企業に出資している人は「ベンチャーを創業し上場させたことがある元経営者」といった人ばかりでなく、「ただのそこらへんのおっさん（おばさん）」も多いです。もちろん事業の中身を正しく理解して金融の知識もある人も多いでしょうが、プロとして合理的に投資を行うベンチャーキャピタルなどと違って、個人というのはじつにさまざまな人がいて、後々トラブルを引き起こすことも多いのです。

---

[13]　エンジェルを支援する「エンジェル税制」という税制もあります。が、これはエンジェル（個人）側の税金を優遇するもので（それによって資金調達が容易になる効果も考えられますが）、それが直接ベンチャーのためになるわけではありません。

098

もちろん、創業者に金がいくらでもあるということなら問題ないのですが、「創業時に200万円しか出せない」といったケースも多いかと思います。

そんな時に、お金持ちの知り合いが「じゃあ当面必要な資金をおれが出してやる」と800万円出してくれるとしたら、その時は本当にその個人投資家が「天使」にも見えると思います。

しかしよく考えてください。

創業者とその投資家が**同じ普通株式で同時に**出資するとしたら、**創業者と投資家の出資する株価は同じでないとおかしいことになります。**[*14]

つまり、この時点ですでに外部の株主の持株比率が80%で、創業者の持分は20%になってしまっています。

図表2-3　設例のとおり出資した場合の出資比率

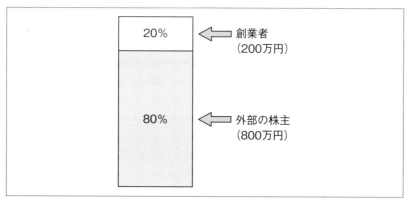

*14　第8章の優先株式を使えば、同時に出資しても、違う株価で出資することができますが、日本ではまだ、すべての投資家が優先株式で投資してくれるわけではありません。

同じ種類の株式で同時に出資したら、当然、お金を持っている人の比率のほうが高くなってしまうわけです。

　この先、事業で数千万円の資金調達が必要だとしたら、その調達で創業者の持分は限りなくゼロに近づいてしまいます。社長や安定株主の持株比率が低いと上場できないというルールがあるわけではありませんが、第6章「資本政策の作り方」で見るとおり、社長や安定株主の持株比率が低いと日本では上場がいろいろな面で難しくなります。つまり、上場してさらに発展していける可能性がこの時点でかなり削がれるかもしれません。

　持分が少なくなってもその後に資金調達できればまだいいほうで、資金調達自体ができなくなる可能性もあります。上場しにくい資本構成になっていたり、創業者の持分が少なくて上場するインセンティブが低そうな会社は、EXITできる可能性が小さいとみなされて、投資してもらえる可能性自体が小さくなってしまうかもしれません。

　つまり、この企業は生まれた瞬間にすでに資本政策で失敗していたわけです。

　この状況を挽回するために、創業者がその株主から株式を買い戻すといったドタバタが、多くのベンチャーで行われることになります。

　もちろん、買い戻しの時に創業者にお金があればいいわけですが、なかなかそうはうまくいきません。
　創業時にお金がないから外部の人から出資してもらったのに買い戻し時にお金があるということは、たいていの場合は会社が儲かっているということであり、そうすると株価も上がっていないとおかしいことにな

ります。

　さらに、すでにベンチャーキャピタルなど他の投資家が創業者より高い株価で投資をしていれば、企業価値が数億円以上になっていることもあります。その企業価値分の何割かを買い戻さないといけないとしたら億円単位の資金が必要になることもあります。[*15]

図表2-4　企業価値が上昇すれば買い取り価格も上昇する

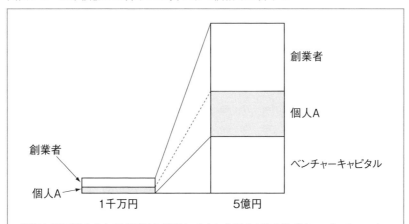

当初1千万円のうち400万円を出資してくれた個人A氏の株式を、ベンチャーキャピタルが出資して企業価値が5億円に上がったあとで買い取ろうとすると、億円単位の資金が必要になる。

　そうした資金を捻出するなどして、持株比率を適度に是正するうまいスキームが組める可能性がないわけではありません。ただ、それは専門

[*15] こうしたことも、第8章の優先株式を用いれば、「ベンチャーキャピタルの投資した株価は高いが、個人A氏が投資した普通株の価値はさほど上がっていない」といったことにもしやすくなります。

家により、会社法・税法などを考慮した高度な「外科手術」が必要なことが多く、フィーもかかるでしょうし、また、うまくいく場合ばかりではありません。[16]

株主は株を売る義務はない

「エンジェル」が親切でものわかりのいい人なら「このままでは公開が難しい」といった合理的な説明をして納得して株式の譲渡に応じてくれるケースもあります。

普通は、上場したほうが株価も上がるので、多少持株比率が下がっても、そのエンジェルにとっても得になることも多いのです。

しかし、株主は株式を売らなければいけない義務があるわけではありません。

理由のいかんを問わず「いやだ」と言われたら、どうしようもありません。

「金」以外の目的で出資してくれるエンジェルは厄介

そうした個人投資家は経済合理性のない行動を取ることも多いわけです。

一般には「金のために行動する」というのは卑しい行動で、「金以外のために行動する」ほうが、清らかなイメージがあるかもしれません。しかし「金以外のために行動する」ということは「経済合理的に行動しない」ということかもしれません。もちろん本当に心の清らかな人も多いかもしれませんが、一般には、そういう投資家は要注意なのです。

---

[16] こうした「外科手術」の例は、先述の拙著『起業のエクイティ・ファイナンス』第5章、第6章をご覧ください。

もちろん、まだ海のものとも山のものともわからない段階で事業に金を出してくれるということは、個人投資家がその創業者の能力や人格をよく知って、それを高く評価してくれているという素直な場合もあります。しかし、投資家が「経済合理的でないから」出資をしてくれる場合も多いわけです。つまり、事業の内容やどのくらいリスクがあるか、どのくらい儲かりそうなのか、などを本質的に勘違いして投資してくれる場合です。

創業者も、多少勘違いしているかな、と思っても、「目先の金に目がくらんで」または「背に腹はかえられず」、勘違いをしているかどうかをよく確認せずに投資してもらうということも多いかと思います。

しかし、そういう場合にこそ、トラブルが発生したり、そのトラブルがこじれたりする原因になるわけです。

日本でも1999年以降、ベンチャーの上場が増えましたので、前述のGoogleに投資したベクトルシャイム氏のように、へたなベンチャーキャピタルよりも目利き能力が高い個人投資家も日本にも増えてきました。

しかし、そうでない「普通の小金持ちのおっさん」が、ベンチャーキャピタルより目利き能力が高いことはまれでしょう。

ベンチャーキャピタルが投資しないのにその人が投資してくれるということは、「経済合理性がないから」という可能性も高いわけです。

また、経済合理的に「この事業に投資すれば儲かりそうだ」と考えて投資してくれるだけならともかく、出資者が創業者に「特別の感情」があることもあります。[17]

そのまますんなり株式公開までいけばいいですが、「株式を買い戻したい」といった利益が相反する局面では、「かわいさ余って憎さ百倍」といったことになるケースは結構多いわけです。

創業者のファイナンス的な観念が希薄だからそういった人に投資して
もらってしまったのだとすると、その創業者が利益相反的な局面で、投
資家の神経を逆撫でせずに交渉を行える可能性というのもかなり低いの
ではないかと思います。

　このように、プロでない個人投資家は行動が読みづらいことが多く、「天
使」が「悪魔」に変貌することもよくあるということは覚えておいたほ
うがいいと思います。

　外部の個人投資家が合計10%程度を保有しているだけ、といったケー
スなら、会社法上の権利もあまりないので、なんとかなる可能性も高い
わけですが、そうした個人投資家が３分の１や半分を超える持分を持っ
ていたりすると大変です。

　創業時に、そうした個人投資家に投資をしてもらう場合には、投資契
約も結んでいないことが多いですから、他の企業と合併をしようとか、
株式を第三者に売却してEXITしようといった時に、個人投資家から思
わぬ（経済合理的でない）反対を食らって、交渉がデッドロックに陥り、
いい話がオジャンになるといったこともありえます。

　こうした個人投資家のデメリットを受けないために投資契約をきちっ
と結んだり優先株式を使ったりするといった方法も考えられますが[18]、

---

*17　たとえば、出資者が創業者に対して恋愛感情がある場合もあります。また、「アレはおれ
　　の女にやらせている会社だ（またはその男女逆バージョン）」ということを触れ回る人も
　　います。そういうことをされると、いくら経営者ががんばっても、その会社がそういう目
　　で見られてしまうかもしれませんよね。
*18　拙著『起業のエクイティ・ファイナンス』の第２章「シード・ラウンドの投資契約」、第
　　４章「優先株式の投資に備える『みなし優先株式』」をご覧ください。

104

お金やリーガルマインドのない創業者がそうした契約書や優先株式の高度なスキームを使うのはなかなか難しいかもしれません。

最もシンプルな方法は、なるべく外部の投資家の比率を低く、人数もごく少数にしておくということです。

また、会社設立時に投資家に金を入れてもらうのでは株価が同じになってしまうので、どうしても創業者に不利になりがちです。

極力、余裕をもって会社を設立し、知的財産権をその会社に蓄積していったり、ある程度の実績を積んだりして、企業価値が高いという根拠を積み上げてから外部の投資家に投資をしてもらうようにするのが、いいでしょう。

以上が個人投資家やエンジェルの悪口に聞こえたらすみません。

リスクの許容範囲が極めて狭い銀行貸付に比べて、株式での資金調達は、そうした「多様な投資家」に投資してもらえる可能性があるところが魅力でもあるわけです。1人の投資家にケチョンケチョンに事業をけなされても、他の投資家に絶賛されることもあります。

神ならぬ人間が未来を完全に予測できない以上、他の誰も見向きもしなかった事業が、必ずしも合理的には見えない投資によって大きく花開くことだって考えられます。

しかし、そうした「運」だけに頼るのであれば、それはバクチと何ら変わりがありません。

イノベーションを起こすべきベンチャーが「常識」に縛られるのは好ましいことではないですし、いろいろなことにチャレンジしてみる必要があります。しかし、ファイナンスの世界は「こうすると後々こうなる」という因果が強く働く世界ですので、一定の「常識」を持つことが、将

105

来の事業の発展を助けるのではないかと思います。

　ベンチャーの場合「投資を増やせばリスクマネーが増えてベンチャーの起業が活発になる」といった単純な話には必ずしもなりません。創業期のベンチャーに必要なのは「足をひっぱるカネ」ではなく、せめて「単なるカネ」、できれば「いいアドバイス（ハンズオン）を伴うカネ」が望ましいことになります。*19

ベンチャーキャピタルとの
交渉上の問題点

　次に、前述の例でベンチャーキャピタルなどの経済合理的に行動する投資家を考えてみます。

　法人化して創業者が事業を50万円で譲渡し、その1ヶ月後に事業を5億円で評価するというのは、投資家は基本的にはあまりうれしくはないわけです。

　「安い時に投資して高く株式を売却したほうが儲かる」わけですので、ちょっとでも企業価値が低いうちに投資をしたくなるのは当然です。

＊19　個人投資家から投資を受けるのはややこしいことになる場合が多い、という話ですが、しかし、だからといって個人投資家からの投資を規制するというのは筋違いだと思います。日本証券業協会は、2010年6月10日に「有価証券の引受け等に関する規則等の一部改正」についてのパブリックコメントを募集しました。この改正案は、近年増加する未公開株式詐欺の防止のために、上場前に個人投資家に募集等を行っていた場合（つまり投資を受けていた場合）原則として上場を禁止するというものですが、そんなことをしたら、ベンチャーの発展が大いに削がれてしまいます。個人投資家の質はバラバラですが、もちろん質の高い投資家もいるのです。ベクトルシャイム氏が出資しなかったら、Googleは存在しなかったかもしれません。

106

前述のとおり、短期間での事業価値の上昇が発生したとしても、税務上は必ずしも問題にならないかもしれません。

　しかし、プロの投資家は、「その1ヶ月間に価値を上昇させる何かがあったのか？」という点を突いてくると思います。[20]

　たとえば、創業者が事業を法人に移した時点でユーザーが1万人しかいなかったサービスが、1ヶ月の間にユーザーが10万人になったとしましょう。そうであれば「この間に、事業が成功する可能性や事業の価値は10倍以上に高まった」といった説明がつきやすくなります。

　しかし、創業者が事業を法人に移した時にユーザーが18万人で、ベンチャーキャピタルが投資を決めた時に20万人にしかなっていなかったなど、事業の規模も売上も利益もあまり変わり映えがしないとすると、ベンチャーキャピタルは「なぜそんな短期で価値が増えるんですか？」「我々も社内で説明がしづらくなっちゃうんですよ」などと、いろいろなことを言ってきます。

　もちろん、投資の交渉は投資家と既存の株主や経営者との利益が相反することですので、ベンチャーキャピタルの言うことを鵜呑みにすることはないわけですが、まだ社会経験の少ない経営者が、適切なアドバイザーもつけないで百戦錬磨のベンチャーキャピタルに理屈で対抗することは極めて難しいと思います。

　また、ベンチャーキャピタルが必ず経済合理的で上場しやすい資本政

---

[20]　これを第8章の優先株式を使えば、普通株式とは株式の中身も価値も異なりますので、企業の価値は1ヶ月の間に、まったく上がっていなかったとしても、普通株式と違う株価をつけることが可能です。

策を客観的に考えて投資をしてくれるとは限りません。担当社数や投資のノルマが多過ぎて個別の企業に最適な投資の形態がどういったものかをじっくり考えてもらえないケースも多いようです。

（つまり、投資の専門家なら「これでは上場が難しくなる」ということはわかるはずなのに、実際には上場が困難な資本政策を前提に投資が行われているケースも散見されるわけです。）

ここでも、そうした創業者ができるシンプルな手段は、ゼロに近い状態から法人で事業を立ち上げておくことです。事業プランも創業者ではなく「法人が」作成し、実績も「法人が」獲得したものであれば、よりケチをつけにくくなります。

また、ベンチャーキャピタルから資金を調達しようというベンチャーは、将来、上場する可能性がありますので、後に上場審査等で質問されても、個々の増資等の条件の決定について、ちゃんと胸を張って答えられるようにしておく必要があります。

そのためのシンプルな方法は、ベンチャーキャピタルの投資が決まりそうになってからあわてて法人化するのではなく、時間的余裕を持って法人化しておくことだと思います。

ベンチャーキャピタルの投資が交渉開始から2週間とか1ヶ月で決まるといったことがないわけではありませんが、**普通は3ヶ月程度は余裕を見ておいたほうがいいと思います。**ですから、将来、資金が必要になるビジネスモデルの事業であれば、それ以上（たとえば半年程度）の余裕を持って法人化しておくことが望ましいのではないかと思います。

02 会社の始め方

「最初」が非常に重要

　上記では、「創業のしょっぱなに事業がうまくいかないことが運命づけられてしまうケース」を見てみました。

　会社がそこそこの規模になって事業経験も積んでくれば、弁護士や会計士や税理士などの専門家に相談する習慣もできてくるわけですが、日本の創業期の企業というのは、専門家に相談しようというマインドすらなかったり、誰が適切な専門家かすらわからなかったりすることが多く、生まれたての赤ん坊が猛獣だらけのジャングルにポンと置かれるようなことになってしまっているわけです。

　（シリコンバレーでは、Start-Up企業が持っている「常識」や専門家へ相談するマインドは、もっと高いと思いますし、そうしたニーズにリーズナブルなフィーで応えてくれる専門家も、日本よりはるかに多いのではないかと思います。）

　日本では「**本当は世界に通用するすごい事業になるはずだったのに、このしょっぱなの資本政策の誤りで、その後の事業展開の芽が断たれた**」といったケースは、表面化はしないけれど、ものすごく多いのではないでしょうか？

　「運も実力のうち。そういったアドバイスを受ける人に巡り会えなかったのは、その創業者がそこまでの人間だったということ。そういう注意力のない経営者は、その時に失敗しなくても、そのあとにまた同じような過ちを繰り返していたに違いない」
といったことをおっしゃる方もいらっしゃいますが、わたしは必ずしもそうではないと思います。

109

その創業者がずっと社長である必要もないわけですし、あとから経営の実績のある人が入ってきて、創業者はCTOや企画担当になるといった展開も考えられるわけです。

　初期段階で取り返しのつかないミスをする可能性の高い環境は、大げさに言えば、日本のイノベーションを減らし、潜在成長率を下げている可能性もあるのではないかと思います。

　ベンチャーがたくさん出現しないと、そうしたアドバイスをする人もビジネス上たくさん出てこられないし経験も蓄積されないので「卵とニワトリ」の関係になってしまうわけです。

　こうした初期の間違いを防ぐためには「事業計画」を作ることが有用です。次章では、最初に考えるべき事業計画の作り方について説明します。

第3章
事業計画の作り方

VENTURE FINANCE
THE ESSENTIAL GUIDE FOR ENTREPRENEURS

成功するベンチャーを「ソーシャルグラフ」から考える

　事業計画とは、**事業がうまくいくように計画を立てること**です。
　つまり、いくら見栄えのいい計画書が作れても、肝心の事業がうまくいかないのでは仕方がありません。
　そこで、事業計画をどう構築するかを見る前に、「ベンチャーの事業がうまくいく」というのはそもそもどういうことか、ということを考えておきたいと思います。

　図表3-1をご覧ください。

図表3-1　ソーシャルグラフと事業の関連

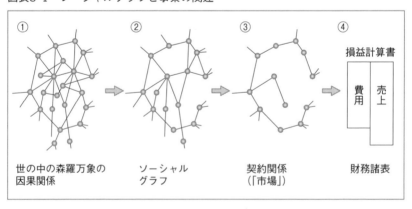

　一般論的に言えば、事業には世の中の森羅万象が影響してきます（図の①）。

　こういった「複雑系」において未来を予測するなどということはそも

そも不可能ですし、また「森羅万象」だとあまりに漠然とし過ぎていて、どこに力を注げばいいかがわかりにくいと思います。当然、事業の性質ごとに、注目すべき点は異なりますが、サービス業に近くなるほど「人と人との関係」が重要になります。今どきの起業は、サービス産業的な事業が多いでしょうし、一次産業、二次産業に属していても「人と人との関係」やネットの活用は非常に重要になると思いますので、ここでは「人と人」のつながりに的を絞って着目してみます。

「ソーシャルグラフ」という言葉をご存知でしょうか？

TwitterやFacebookなどのSNS（ソーシャル・ネットワーキング・サービス）の発達で一般にも耳にすることが多くなってきましたが、「ソーシャルグラフ」というのは、友達や知り合い同士の関係、「友達の輪」のことです。

SNSなどで語られるソーシャルグラフは個人間のものを指すことが多いと思いますが、ここでは「個人」だけでなく「法人」なども含む広い意味での「人と人」の関係を考えてみます。

また、「関係」という用語も「お互いに知り合いである」というのより広めに考えて、「情報の流れ」といった意味で考えておきます。つまり「雑誌で見た」「テレビCMで見た」「その人のブログをいつも読んでいる」「Twitterでその人をフォローしている」といったことを含む、人と人の間の情報の流れのつながり全般、を考えてみます（図の②）。

実際には事業というのは一番右（図の④）の財務諸表に最終的に表示させる「利益」（またはキャッシュフロー）を長期的にいかに大きくするか、という勝負になります。それは直接には、主として、「この会社と取引しよう」「この会社で働こう」といった、人と人との取引関係（契約）の結果が反映されたものです（図の③）。

113

しかし、なぜ人がそうした契約を結ぶか、というと、初歩の経済学のように商品の品質や価格"だけ"を見て決めているというよりは、「友人の誰々がほめていた」「周りの知り合いがほとんど使っている」「好きなタレントがブログで使っていると書いていた」など、「契約」という関係までいかない人と人とのつながりが強く影響することが多いと思います。[*1]

　未だ誰もやったことがないような革新的なことに取り組むベンチャーほど、事業の内容・商品やサービスは理解してもらいにくいですし、最初に計画したとおりに物事が進むわけがありません。このため、そこで必要とされるのは、**「状況に合わせて臨機応変に対処できる能力」**です。そして、**そのためには、こうした「ソーシャルグラフ」、さらにいえば「イケてるソーシャルグラフ」の中にうまく入り込めることが重要**なのです。

　具体的には、たとえばCTO（技術者）を雇うにも、資金を調達するにも、大口顧客を獲得するにも、こうした「人のつながりのネットワーク」の中に入り込み、自社に好意的な情報が、そうしたソーシャルグラフの中に流れるようにすることが重要です。

　技術者が就職する時にも、ベンチャーキャピタルが資金を出す時にも、「あの会社どう？」と聞いて「イケてるよ、なぜなら……」と説明してくれる第三者がいるのといないのとでは、全然、目的達成の可能性が違ってくるでしょう。他人が手をつけていない事業のアイデアを他人より先に思いつく情報感度の高さも、そういうイケてる人のネットワークの

[*1] 経済学的には、実際の取引（市場）の外のこうした要因は、「外部性（externality）」と呼ばれます。

中に入っているのといないのとでは、まったく可能性が異なってきます。

つまり、イケてるベンチャーの要件は、
「イケてるソーシャルグラフの中に潜り込んで、自分の必要をかなえる能力」、たとえば、「資金を出してくれる人にたどり着いたり、人材などを見つけ出したり、営業で成果を上げる能力があること」
ということになります。

投資をする側の人も、単にその経営者の「思いつき」や「計画」がいいかどうかではなく、イケてるソーシャルグラフの中にうまく入り込めているかどうか、入り込む能力があるかどうかを見る必要があると思います。

この「ビジネスに有効なソーシャルグラフ」は、昔は「親戚」や「学生時代の友人」や「仕事を一緒にしたことがある人」など、実際に会ったことがある人と人とのつながりが中心だったわけです。そして対極に、一方的な情報の流れとしてマスコミの記事やCM経由の情報の流れが存在していました。

今でももちろんそうした関係は存在しますが、現在はその両者の中間的なネット経由の情報の流れ、すなわち、Facebookやツイッターやブログなどを経由した人と人とのつながりも非常に重要になっています。

商売の中でも、特に創業時の商売というのはそういう「人のつながりを通じて何かを成し遂げる」要素が大きいのではないかと思います。

ですから、
「当社は技術はあるのに資金が付かない。どいつもこいつも見る目がない」というようなことを言っている経営者は、仮に資金が付いたとしても成

功する確率は低い、と思います。

資金を投資しようというベンチャーキャピタルやエンジェルは、基本的に事業の全部の側面を見ているはずです。もちろん、彼らは全知全能からはほど遠い単なる人間ですので、今までにまったくないような新しいものを一目で理解できたら、そのほうが不思議です。ですから、冷たくあしらわれてもそこでくじけてはダメです。

しかし、「投資家を納得させることはできないけど、取引先や顧客やマスコミなどは納得させられる」という可能性はあるのでしょうか？もしかしたら、「他人を納得させる力」がそもそも低いのかもしれません。

もちろん、科学的真理の追究なら、誰にも理解されずとも、自分だけがわかっていればいいかもしれませんし、事業の種類によっては他人との関わりが低いものもあると思います。しかし、将来、数十億円、数百億円といった売上（取引）を目指す事業であれば、事業を取り巻く多種多様な人達を納得させる力がないと、計画が達成できるとは思えません。

つまり、投資家をはじめとするベンチャーの事業に関わることになる人達は、（ソーシャルグラフという言葉を使うことは少ないと思いますが）「こいつに本当に、この事業計画に必要な資金や人材を持ってこられるのかな？　想定外のことが起こってもそれに対処できるのかな？」というところを見ているはずです。

事業計画がなぜ必要か？

事業計画というのは、こうした周囲の人たちを納得させるツールの1つです。

03 事業計画の作り方

どんな事業計画がいいのかイメージしてみましょう。

まず、事業計画はどのくらいの「厚さ」、ページ数が必要でしょうか?

重要なのはもちろん事業の本質ですので、量は関係ありません。この本に書いてあることをすべて盛り込もうとすると、恐らくA4で50ページから100ページくらいの事業計画書（ビジネスプラン）ができあがることになると思います。しかし、事業計画を何も作っていなくても投資が受けられることもあるし、事業計画を完全に作っていても投資が受けられないこともあります。

「エレベータ・ピッチ」という言葉をご存知でしょうか?
エレベータの中で有名な投資家にビジネスを説明する幸運に巡り会えたとして、そのエレベータに乗っている数十秒の間に、「わたしはこんなビジネスを始めようと考えています!」と説明して、「それは面白そうだね!」と言ってもらえるようなプレゼンテーション、という意味です。

人との出会いもそうですが、事業との「出会い」も第一印象は非常に重要です。
「成功しそうな経営者だ」と感じてもらうためには、事業の本質がイケているとか合理的な計画を持っているというだけでなく、経営者自身の「天性の魅力」のようなものも重要かもしれません。

特に、実績のあるベンチャーキャピタリストの人達は、口々に「計画が思いどおりにいったことなんか1回もない」「うちは『人』を見て投資をする」といったことをおっしゃいます。
前述のとおり、画期的なことほど、計画なんて思いどおりにはいかな

117

いわけですから、もっともらしい計画を立てられるかどうかよりも、計画どおりに物事が進まなかった時にも臨機応変に軌道修正ができるのかどうかのほうが重要なわけです。

　一緒に事業を進める役員や従業員もそうです。
　事業の鍵になる技術者や幹部候補者がその会社に就職する場合にも、経営者は「こいつに付いていって大丈夫か？」というところを見られるわけです。
　将来どんな夢があるのか？　儲かっているのか？　資金難になることはないのか？　とともに、困難に陥った時にも、なんとかそれを立ち直らせるだけの「何か」があるのか？

　しかし、そもそも、「事業計画どおりにいったベンチャーの経営という事例が存在しないのであれば、事業計画なんかいらないじゃん」と思うかもしれません。

　計画など立てずとも、協力者を納得させられる場合というのも当然考えられます。
　たとえば、日本一のイタリアンレストラン・チェーンを作ろうという人が実際に料理を出してみて「これは……スゴい……」とうならせたり、非常に革新的なネットのサービスを思いついた人が、スゴいプロトタイプを見せて「これは……世界が変わる！」と思わせられたりするのであれば、事業計画などなくても、（少なくとも創業当初は）うまくいくかもしれません。

　しかし、実際にはそれほど「誰の目にも成功が明らかな新製品や新サービス」というのは、なかなかありません。これから解説するようなファイナンスの枠組みに沿った事業計画を立て、それを説明して質疑を受

118

けることで、結果として、「説得力がある」とか「将来性がありそうだ」と思ってもらえる確率は高まると思います。

また、何より、事業計画を作ることによって、起業家自身の考えが深まったり、実現可能性が推し量れたりする可能性があります。

今までに「事業を始めるために、資金を調達したいんですが」と相談を受けたことは多数ありますが、
「この事業で顧客は何社くらいになることを想定していますか？」
とか、
「日本でどのくらいのマーケットサイズがあるんですか？　世界では？」
とか、
「この商品を、いくらくらいの単価で売るつもりなんですか？」
といった非常に基本的な質問をさせてもらっても、
「えーと……」
と口ごもってしまう方がいらっしゃいます。つまり、その起業家は、あまり自分のやろうとしている事業について深く考えていないわけです。

「もしここで、期待するほどの需要が得られなかったらどうする？」
「もしここで、ライバルが参入してきたらどうする？」
というような話を、いろいろ頭の中であれこれシミュレーションする時に、事業計画はそのたたき台になると思います。
つまり、きれいな図表や分厚い事業計画書を作るのが重要なのではありません。**事業計画を作ることを通じて考えがまとまっていれば、説得力のある話をできる可能性が高まる**ということです。

また当然、事業の要点がきちんと考えて書いてあれば、投資家の方々にもパラパラと見るだけで、「あ、なるほど。面白そうだ」「しっかり考

えていそうだ」と思ってもらいやすくなるかも、ということです。

　事業計画は、役職員や投資家など、事業に関連する関係者達を、
「これならいける！」
とやる気にさせられる「パワーの源」になるわけです。

センスだけでは経営は続かない

　事業は資金を集めて終わりではありませんので、実際に企業を経営し
ていくためには「数字に落とす」ということが大切です。
　また、詳しくは次の第4章で説明しますが、事業計画は企業価値の算
定にも関連してきます。

　第1章で見たとおり、投資家はキャピタルゲインを求めています。
　キャピタルゲインが出るためには、基本的には将来、利益やキャッシ
ュを生む事業になることが必要です。利益やキャッシュが生まれるため
には、単価や数量や売上や経費といった非常に多くの要素が絡み合って
きます。漠然と考えていた時にはなんとなく儲かりそうだと思っていて
も、ちゃんと整合的に考えたら利益が出ないということもあります。
　他に比べる対象もないほど画期的で競争相手がいない商品やサービス
ならともかく、類似している事業があるような大半のビジネスでは、儲
かる新領域があるなら誰かが先にやっていてもおかしくないはずです。
それでも利益が出るということは、他社より多くの顧客にアプローチで
きるマーケティング手法を持っているとか、単価が少し高くても顧客が
納得するような魅力が商品にあるとか、原価や費用を下げる技術を持っ
ているとか、設備投資がいらない手法を取るとか、いろいろな要素を少
しずつ集めてきた結果であるはずなのです。

120

「根性」や「情熱」だけでお金が集まってしまうこともありますが、それがきちんとお金儲けにつながって企業価値が上がらないと、投資家に報いることはできませんし、顧客、取引先、従業員なども不幸にするかもしれません。事業が始まってしまえば、根性や定性的な話だけではすまないわけです。

　米国との人材の流動性の違いも考えておく必要があるかと思います。たとえば、Googleが創業期に投資を受けたケースを考えてみると、彼らは優秀な学生ではあったけれど、経営の経験があるわけではありませんでした。しかし、エリック・シュミットという経験豊富な経営者を連れてくることができたわけです。

　しかし、日本の場合には、起業した人が途中で社長を変わってもらってうまくいったケースは（ゼロではないですが）まだ非常に少ないと思います。
　日本の大企業などでは若いうちに経営者になれる人はほとんどいませんから、経営者として大成功して次のベンチャーのCEOを務めるという人もまだ少ないわけです。
　たとえば、ユニクロやソフトバンクといった成功したベンチャーの社長クラスの人が40代で退任して、次にITベンチャーの社長に就任したりしたら、そのITベンチャーは、ものすごく世間の注目や資金を集められるでしょうね。資金だけでなく、もちろん、ビジネスで成功する確率も上がりそうです。しかし残念ながら、日本ではまだそうはなっていないわけです。

　つまり、日本では起業する人は、技術やコンセプトだけが天才的であればそれですむかというとそうではなくて、**一度社長を始めたらずっと**

社長をやらなければならない可能性が高いことになります。

「技術開発だけやっていたいのに」とか「営業が好きなのに」と思っても、そうはいきません。仮に幸運に上場できたとして、上場後は社長としてIR*²もすれば営業もする、といったことをしないといけない可能性が高いわけです。

わたしは、日本ももっと経営者層の流動性が増えれば活気ある国になるのに、と思っていますが、実際はやはりまだそうなってはいません。**創業時に「社長」になる人は、「技術や営業だけわかっていればOK」ではなくて、ある程度、「経営」や「数字（ファイナンス）」もわかっていないと長続きしない**可能性が高いということです。

ですから、「事業計画なしでエンジェルから投資してもらえた」といった事例の話を聞いて、「自分も事業計画を作らなくてもOK」と思ったら、そうでない場合のほうが多いと思いますので念のため。

自分が技術開発だけ、営業だけやっていたいのなら、最初から、「社長になるヤツ」を見つけてくるという手もあります。

（誰が社長になるか、経営者をずっと続けるのかそうでないのかは、資本政策にも大きな影響を及ぼします。第6章で検討します。）

新しいビジネスを始めるというのは、従業員の雇用も会社の存続も投資家の損益もかかっている、ものすごく重大なことだということをよくよく考えないといけません。

だから、従業員のモラール維持や外部環境や人材の採用や社内ルール・

---

*2　Investor Relations：企業が投資家に向けて経営や財務の状況を発信する活動のこと。決算発表会でプレゼンしたり、国内や海外の機関投資家やアナリストを回って会社の経営状況などを説明したりします。

内部統制などをよく考えて「計画」を立てることが重要です。

　また計画を作ることで、トップと従業員が企業の目的をよく理解し合って事業リスクに立ち向かっていけることが必要です。

　計画が「いける！」というものになっていれば、それが「勢い」になる。「勢」というのは、すなわち、状況に応じて臨機応変な対応が行えるということです。[*3]

事業計画と
「不確実性に対する世界観」

　「事業計画に何を書けばベンチャーキャピタルから投資を受けられますか？」という質問をよく受けます。

　しかし、投資家から投資を受ける際に何か決まった事業計画書の様式や書式があって、その形式を満たしていれば必ず投資が受けられる、といったものは存在しません。

　役員や従業員はもちろん、投資家に対しても「これならいける！」と思ってもらえる「ワクワク感」のようなものがベンチャーの事業計画には必要だと思います。

　資金調達で事業計画が必要になるようなベンチャービジネスは、他人がやっていないこと、つまり「イノベーション」を行わないといけないのです。誰もやったことがないことに「こうやれば100％成功する」なんて道筋はありません。

[*3]　孫子「計篇」がベンチャーの事業計画の策定に非常に参考になります。

123

だから「状況の変化に応じて臨機応変に対応すること」が重要であって、それはあらかじめ事業計画などで定義することができるわけがないのですね。

　事業計画の中には、びっちり細かくいろいろなことを書き込んでいるものもありますし、そのほうがいい場合も多いと思いますが、ベンチャーの場合には（または大企業が行う新規事業だって）、実際にやってみるまで何が起こるかわかりません。

　だから、事業計画というのは、「会社や経営者を縛るもの」であってはいけないと思います。

　もちろん、どうせそのとおりにはいかないからと、何を書いてもいいというわけではありません。
　事業計画はベンチャーキャピタルなどの投資家に投資してもらう際の前提ですから、事業計画は投資家へのコミットメント（約束）の一部を形成することにもなりえます。
　つまり、事業計画によって、投資家から起業家が縛られる可能性は十分にあります。

　株主は、予測できない未来という大きな不確実性に一緒に立ち向かう仲間です。だからこそ、起業家が投資家を選ぶ際には十分気をつけないといけません。

　周囲の状況が明らかに当初の想定と変わっているのに「計画にこう書いてあるんだから、このとおりやってもらわなければ困るんだよ！」といった、頭が固い投資家にあたってしまったら不幸です。
　もちろん、なんでも「いいよいいよ」と言ってくれる甘い投資家がい

い、とも限りません。

　また、「絶対成功する」事業計画が立てられるわけはないですけれど、
「明らかにダメ」な計画はわかります。
　事業を始める前に事業計画を立てて、外部環境や自分の会社の技術力
などを総合的に考え、利益やキャッシュフローが出る可能性が高そうだ
と合理的に考えられる計画になっていれば、成功する可能性はあるはず
です。しかし、計画段階で、前提が間違っていたりすでに成功の可能性
が低そうな計画になっていたりしたら、成功する確率は低いでしょうし、
成功する可能性がまったくない計画なら問題外、と言えます。*4

　新しく開始するという事業の相談を受けることがよくあるのですが、
外部にコンペティターはいっぱいいるし、社内に技術やノウハウがある
わけでもない、資金力があるわけでもなければ、人材のツテがあるわけ
でもない、おまけに儲かりそうもない……。
　何ゆえその事業が可能だと思ったのかまったく不明なケースも多いの
です。

必要資金の量にも関連する

　序章では、「資金のいらない起業」「資金がいる起業」の話をしました。

　たとえばネットのサービスやソフトウエアなど、開発にほとんどコス
トや設備投資が不要というようなケースで、外部の投資家から資金を調
達する必要もないなら、「好きなようにやってみなはれ」ということに

*4　これも、孫子「計篇」からの引用です。

なります。

　うまくいかなくても誰にも迷惑がかからないのだったら、細かい計画など立てる必要もないわけです。

　しかし、それなりの金額の資金調達が必要という場合には話は別です。

　たとえば、数千億円単位の設備投資が必要な新しい通信会社を作るといった場合には、プロが見ても納得できる具体的で精緻な事業計画がなければ、資金が集まるわけがない。そういう場合は計画がないとマズいことは誰の目にも明らかです。

　一方、数千万円とか数億円程度のそこそこの金額が必要な事業で、素人の個人投資家などが起業家の熱意にほだされて多額の資金を投資してしまったりしたら、あとで経営者も投資家も不幸になってしまうかもしれません。

　そうならないためにも「計画」で、最低限のチェックをする必要があるわけです。

事業計画書の構成

　上記のように、事業計画には「これ」といった決まった形はないし、あると思ったら間違いです。

　しかし、何も参考にするものがなくてゼロから自分で考えるのと、他人のものを参考に自分なりの修正を加えていくのでは、事業計画作成の心理的辛さもスピードも違います。

　そこで、あくまで参考として、例を挙げてみます。

　繰り返しますが、あくまで「参考」ですよ！

03 事業計画の作り方

図表3-2 「縦型」の事業計画書のイメージ
　　　　（Microsoft Wordなどで作成したもの）

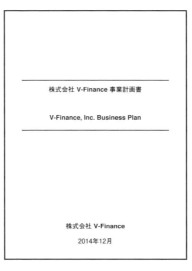

図表3-3 「横型」の事業計画書のイメージ
　　　　（Microsoft PowerPointなどで作成した図版中心のもの）

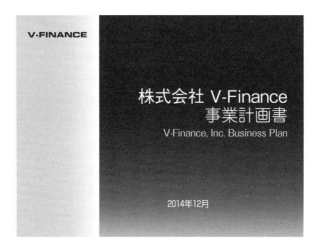

127

まず、体裁ですが、図表3-2のように、「まじめ」っぽい路線でいくか、図表3-3のように「センスありそう」といった風合いを出すか、いろいろ考えられると思います。

　文章での説明が多い事業計画書では、Wordなどで「A4縦」で作成するのが適しています。
　比較的「まじめ」な感じの事業計画書になる一方、文章での説明が多いと、作成や校正などにそれだけ時間もかかります。

　MicrosoftのPowerPointやAppleのKeynoteは、図表3-3のような「A4横」で図を多用した事業計画、ビジュアルで見やすい計画書を効率よく作成するのに適しています。
　ただし、詳細な説明を文書などでするのにはあまり向いていないかもしれないですし、あまりビジュアルなどに凝り過ぎると、（デザインが事業の鍵になる会社はもちろん別ですが）見かけ倒しの会社ではないかとかえって警戒される可能性もなきにしもあらずなので、ご注意を。

　全体の構成は、下記のような感じが、オーソドックスでわかりやすいかと思います。

- EXECUTIVE SUMMARY
- 会社の概要
- 外部環境
- 数値計画（損益や資金などの計画）
- 検討している資金調達の概要や資本政策

　最初に「EXECUTIVE SUMMARY」といった形で要約を付けるのも読みやすくなって親切かもしれません。

前述の「エレベータ・ピッチ」をイメージしてみてください。

全体をA4で2〜3枚程度に要約して、さっと読めて「これは面白い！」と思ってもらえるようなものにならないと、その後の話も聞いてもらえない可能性が高いと思います。

「**会社の概要**」には、

- 会社の資本金などの基本事項
- マネジメントチーム（経営陣）の概要（略歴、職歴、この事業に使えるノウハウなど）
- 組織（図）
- 現在の事業内容の概要
- 顧客
- その他

などが入るかと思います。

「**外部環境**」としては、

- マーケットの概要
- 市場の規模
- 市場の構造（競争環境の現況と競争の要素、KFS［Key Factor for Success：成功の鍵］）

などを入れるといいかもしれません。

「**数値計画**」には、

- 事業の基本的な戦略
- 販売計画
- 人員計画

などをもとに、それを損益に落とし込んだ、

- 損益計画、資金計画

がついてくるはずです。

　こうした数値計画は、直近1年（12ヶ月）くらいは月次で詳細に、その後5年くらいは年次の大ざっぱな数値があるといいかも知れません。

　欲を言えば、貸借対照表も合わせて考えてあると、数値のツジツマが合っているかどうかがチェックしやすいのですが、設備投資その他の資産・負債が重要でなく、「フロー」中心のベンチャーなら、そこまでできていなくても文句を言われることはあまりないのではないかと思います。

　この数値計画には、

- 市場規模や顧客数、シェア、単価などの前提条件
- 売上
- 売上原価（コストや販売数量などから計算）
- 広告費・販売促進費（どういったプロモーションや営業活動を行うか？）
- 人件費（どれくらいの給料の人を何人雇うか？）
- 福利厚生費等

130

03　事業計画の作り方

- 賃料（どんなオフィスや施設を借りるか？　規模とともにどう借り増すか？）
- 減価償却費（固定資産の投資から計算）
- その他経費
- 営業外費用や法人税等（借入れや法人税率等から計算）
- 貸借対照表項目（資産、負債、資本）
- キャッシュフロー（投資など）

といった項目が含まれてくるはずです。

　よくチェックされるポイントは、
「いつ、どのくらい利益が出るか？」や
「いつ、どのくらいの資金が必要になるか？」
などになるかと思います。

　「資金調達の概要や資本政策」 では、

- 「EXIT」をどうするか？（上場を目指すのか？　それとも買収されることを志向するのか？）
- 想定している企業価値の根拠
- 資金調達のスキーム
- 株主構成（資本政策表）

といったあたりを書くといいかと思います。

131

Excelがある幸せ

　現在のベンチャーが、昔のベンチャーと大きく異なるのは「Excel」（スプレッドシート）が存在することだと思います。
（半分冗談ですが、半分本気で言っています。）

　Excelのおかげで、プログラミングの達人でなくても、誰でも簡単に数値シミュレーションを行うことが可能になりました。
　（もちろん今では、Excelでなくても、Googleのスプレッドシートや OpenOfficeでもいいかもしれません。）

　わたしの上の世代の人たちは、事業計画を作る時に「そろばん」で計算していたそうで、「計算だけで一晩徹夜したよ」といった昔話を聞かされました。もちろん今では、昔は一晩かかった計算のやりなおしが、数秒でできるようになっています。*5
　ところが今や、その程度のことはExcelがあれば誰でもできてしまうので、これをノウハウと言うのはちょっとおこがましくなっています。
　今では、掛け算や割り算などの数式もドラッグするだけでコピーできてしまいますし、Σボタン一発で合計も計算できる、マウスで範囲を指定してボタンを押すだけで罫線も引けるという、昔から見れば夢のよう

---

*5　数値計画の数値は相互に関連しています。このため、たとえば費用の額を間違うと→それが利益やキャッシュフローの額に影響→それが借入の額に波及→金利の額が変わってくる、ということになり、あとの決算期の数値が全部異なってきてしまいます。そうなると最初から計算し直しということになります。手計算の時代には、事業の数値計画を作るのは、ものすごい労力を必要としたわけです。
わたしが社会人になった1984年でも、パソコンがやっと出はじめた時期で、当時の数値計画の最先端は、N88-BASICで事業の採算を計算することでした。
今なら笑ってしまいますが、この計算のやり方を知っているのが当時は門外不出の「ノウハウ」でした。

な世界になっています。

　起業するほどのビジネスマンであれば、Excelで簡単な四則演算くらいはできるでしょう。不慣れでも、半日程度を費やすことで、簡単な数値計画は作れますし、それによって、「どのくらい売り上げれば黒字になるのか？」とか、「これじゃまだ上場を目指すには売上が足らないな」とか、「こんなに資金が集められるのか？」といった事業の基本的な課題も整理できるはずです。

　ところが、損益計算書とか貸借対照表などという会計用語が出てくると、途中で頭がこんがらがってしまう人が意外に多いのです。
（単に足し算や掛け算をするだけなのに、「自分に会計の数字なんか作れるわけがない」と思い込んでいる人が多い。）
　しかし、資格でも取ろうというのでなければ、事業計画で検討する程度の会計の知識は簡単ですし、起業する社長ならいずれにせよその程度の知識は必須と言えます。この本で会計の初歩を詳細に解説するのは紙数的に困難ですが、簡単な簿記の本や事業計画の解説本などを見て、勉強していただければと思います。

まずは損益計画を作ってみる

　損益計画は「会社がどのくらい儲かりそうか」を表す計画です。

　決して精緻な計画を作れとは言いません。
　Excelで合計する範囲が間違っていたりするのは困りますが、まずは基本的なことを押さえましょう。

図表3-4　損益計画のイメージ

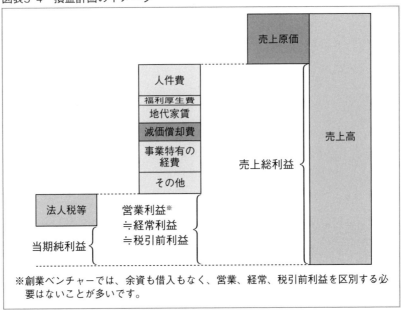

※創業ベンチャーでは、余資も借入もなく、営業、経常、税引前利益を区別する必要はないことが多いです。

たとえば、
- ターゲットとなる顧客が潜在的にどのくらいいるのか？
- そのうち、どのくらいが当事業の顧客になるのか？
- 顧客や商品当たりの単価はいくらくらいに設定するのか？
- 結果として売上がいくらになるのか？
- それに、どのくらい経費がかかるのか？
- 差引、どのくらいの利益が出るのか？

といったことを考えたうえで、ざっくりした最低限の数値計画くらいは作るのがいいと思います。

経営は「数字」だけではできません。しかし、経営の結果は必ず「数

字」になるのです。

　計画を立てるメリットの1つは、抽象的な判断から決別できることです。「いろんな人に聞いて回った結果、需要は**すごく**あるんです！」といった**抽象的・定性的な判断だけで新しい事業を考える人**が多いのですが、「すごく」というのは具体的にどのくらいなのですか？
　国民の10人に1人が使うくらい？　上場企業の60％が採用するくらい？それとも100個くらい？

　前章でも申しましたが、もちろん、経営者の「**野生の勘**」（アニマル・スピリッツ）が、新たな事業の種なので、それは大事にしないといけません。
　しかし一方で、野生の勘だけで行動されてもちょっと困るわけです。具体的に考えてみると、すごく原価がかかったり人件費や経費がかさんだりして、消費者が望むような値段では、その商品やサービスを供給できないこともあります。

　また、「**これ、まだ誰もやってないんです！**」というだけで新事業に取り組もうとする人も多いです。しかし、今はまだ誰もやっていなくても、やりはじめてうまくいっているのを見たら、まねされる可能性だって当然ありますよね？
　だから、他の人があとからまねしようと思ってもまねできないような強力な先行者メリットを築けるのか？　特許や技術的なノウハウで他人が参入できないような障壁が築けるのか？　強力な企業と提携してチャネルを押さえられるのか？　といった「まねされても勝てるのかどうか？」という点を考慮しないといけません。
　完全に同じ商品やサービスが供給されなければいい、というものでもありません。質がはるかに劣っていても、激安な商品が供給されたら、

それにつられて、自分の商品やサービスの割高感が出てしまうことだってあります。

　今は人間しかできない仕事が、数年後にはシステムに代替されたり、ネットを通じて海外で行われたりするようになるかもしれません。

　販売される商品やサービスの単価を、事業開始の年から何年たっても同額で想定していたりする計画は多いですが、競争が厳しくなっても、そんなうまいこといきますか？

　Excelで数字をいじりながらディスカッションすることで、そういった初歩的な点で大きな見落としがないかどうかはチェックできるのではないかと思います。

　成功する事業家というのは、こちらが「この営業を行うのに何人くらいスタッフが必要なの？」「この技術はどうやってクリアするの？」といった質問をぶつけても、たちどころに「なるほど」という答えが返ってくることが多いです。

　逆に、事業の根幹に関わる部分について、「ええと……」と詰まってしまったり、「それは考えてませんでした……ね」といった答えが返ってきたりする場合は、あとから見ても成功していないケースが多い気がします。

　やはり、**成功する人は、事業のことを寝る間も惜しんで考えているので、「こうなったらこうする」といった不測の事態への対応や、成功して活動している事業のイメージも詳細に頭の中に描けているし、成功し**ない人は考えが浅い、ということではないかと思います。

136

損益計画の前提条件

では、損益計画を作成する場合に、その損益計画の前提としては何を考えればいいでしょうか?

売上高の想定

まず「売上高」を考えてみましょう。

これもケースバイケースではありますが、一例として下記のような項目を考えられます。

- 市場の環境
  - 競争の状況(他社のベンチマーキング)
- 販売の方法
  - 直接、ネットで販売
  - 営業マンが説明営業
  - 代理店を使う……etc.
- 売上高=数量×価格
  - 本当にどれだけ売れそうか?(数量)
  - 本当にそれだけの単価で売れるか?(価格)

もちろん、バイオベンチャーなど、当初は売上の見込みが一切立たないベンチャーもありますが、普通のビジネスにおいては、まずは「売上高」として、どんな単価のもの(またはサービス)がいくつ売れるのか、を考えてみるべきかと思います。

売上を「野望」の部分と「常識的」な部分に分けて考えることも必要かもしれませんね。

たとえば、Appleの元CEOの故スティーブ・ジョブズ氏が、Apple創業時に「将来、売上百億ドル（約1兆円）の会社を作る」という計画を思いついたとします。

実際、それは実現しているので、あとから考えればまったく嘘ではなかったわけですが、しかし当時、それをそのまま事業計画にするのがよかったのでしょうか？　ということです。「1兆円」と書いても、ただの大ボラ吹きだと思われるだけだったかもしれないですね。

だから、投資家や他の役員に見せる計画は、もっと実現可能な近未来のものに留めておいたほうがいいかもしれません。

もちろん、本当にそう信じているのなら「1兆円」という純粋な思いが協力者に伝わるほうがいいかもしれませんので、何ともいえませんが。

売上原価

次に売上原価を考えてみましょう。

売上原価というのは、売上（財やサービス）を得るために直接要したコストのことです。[6]

- 販売数量 × 直接的な原材料等の単価
- 直接、その製造やサービスに関わる部門のコスト

などを計上します。

---

[6]　会計を解説する本ではないので、ごく簡単に説明しています。会計上は、運送費など、販売に直接関わる費用（直接費）でも、「販売費及一般管理費」に計上されるものもあります。しかし、売上原価に入るか販管費に入るかを間違えても、最終利益には関係ありませんので、会計に詳しくない人は、たたき台としてはあまり気にする必要はないと思います（もちろん、原材料などの在庫の残高などによっては、会計上は違ってきます。しかし、事業計画の段階では、そこまで細かく計算してもあまり意味がないことが多いと思います）。
　　もちろん、会計士や金融機関出身者などがCFOについているような会社だったら、ちゃんとやってください。

03　事業計画の作り方

　特に、ネットのサービスなどだと、売上原価に入れるか販売管理費（次
の項目）に入れるかは、プロでも迷う（どちらもアリの）ことも多いで
すから、計画段階ではあまり精緻に区分しなくてもいいと思います。

販管費（販売費及び一般管理費）

通常、以下のような項目が検討されます。

- 人件費 ← （その年収で雇えるか？ × その人数で足りるか？）
- 福利厚生費 ← 人件費 × 一定率（14％程度が普通です）
- 地代家賃 ← 人員数、１人当たりオフィススペース（２坪／人〜）、
  座席など
- 減価償却費 ← 償却資産から
- その他業種固有の経費 ← サーバ代、水道光熱費、その他
- その他諸経費 ← 見積もる必要あり

法人税等

　日本の場合、法人税等の実効税率は35％強です。

　また、当初赤字のベンチャーの場合、欠損金の繰越控除[7]についても
考慮する必要があります。つまり、累積損失が消えるまで、法人税等は
払わなくていい、とお考えください。[8]

＊7　青色申告するなどの要件が必要です。
＊8　これも実際にはそこまで単純化できませんので、詳しくは税金の本を読んでください。し
　　かし、これも当初の計画で事業税が損金に算入されるとか、地方税の均等割額が存在する
　　といったことまで考慮しなくていいと思います。というか、そもそも利益が出るんですか？
　　ということです。

139

貸借対照表の計画

　売上や経費が発生するけれど、資産がほとんどないというような会社では、貸借対照表の計画まで立てる必要はないかもしれませんが、大きな設備投資が必要なベンチャーを始める場合には、貸借対照表の計画も立てることが必要になります。

　貸借対照表は、会社の財政状態（資産や負債、資本の状態）を示すものです。損益計画が「フロー」を示すのに対して、貸借対照表は「残高（ストック）」の状態を見るためのものになります。

　下記のような項目が入ってくることになります。

- 手元資金（余裕）
- 設備投資残高
- 資本金
- 資本準備金
- 繰越利益

キャッシュフロー計画

　ざっくり言えば、「利益 ＋ 減価償却費 － 設備投資」がキャッシュフロー（フリーキャッシュフロー）です。
　詳細に計算するには、設備投資計画と、貸借対照表と次の期の貸借対照表の差額などから計算することが必要になります。

図表3-5　キャッシュフロー表と貸借対照表の関係

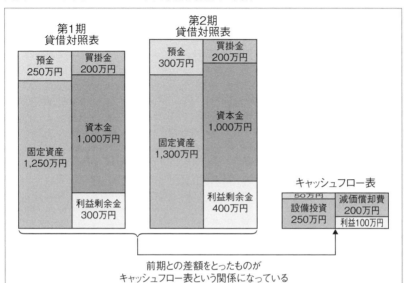

P/L計画表・B/S計画表・C/F計画表の例

　文字で説明してもわかりづらいと思いますので、実例を見てもらいます。

　売上の種類がいくつかある場合には（売上は事業の最も重要な部分の1つですので）、別の明細に分けるより、損益計画の中に表示してしまったほうがわかりやすいかもしれません。
　販売費及び一般管理費も、費目で特徴的なものがあればここに記載してもいいかもしれませんが、重要でないなら、細かい積み上げは販管費

図表3-6　損益（P/L）計画表の例

（単位：千円）

損益計算書	2015/3	2016/3	2017/3	2018/3	2019/3
売上高					
○○収入	XX,XXX	XXX,XXX	XXX,XXX	XXX,XXX	XXX,XXX
その他収入	XX,XXX	XX,XXX	XX,XXX	XX,XXX	XX,XXX
売上高計	XX,XXX	XXX,XXX	XXX,XXX	XXX,XXX	XXX,XXX
売上原価					
△△料	XX,XXX	XX,XXX	XX,XXX	XX,XXX	XX,XXX
その他売上原価	XX,XXX	XX,XXX	XX,XXX	XX,XXX	XX,XXX
売上原価計	XX,XXX	XXX,XXX	XXX,XXX	XXX,XXX	XXX,XXX
売上総利益	XX,XXX	XXX,XXX	XXX,XXX	XXX,XXX	XXX,XXX
販売費及び一般管理費	XX,XXX	XXX,XXX	XXX,XXX	XXX,XXX	XXX,XXX
営業利益	XX,XXX	XX,XXX	XX,XXX	XX,XXX	XXX,XXX
営業外収益	XXX	XXX	XXX	XXX	XXX
営業外費用・特別損失	XXX	XXX	XXX	XXX	XXX
税引前当期純利益	X,XXX	XX,XXX	XX,XXX	XX,XXX	XX,XXX
法人税等	XX,XXX	XX,XXX	XX,XXX	XX,XXX	XX,XXX
当期純利益	XX,XXX	XX,XXX	XX,XXX	XX,XXX	XXX,XXX

の明細表に記載すればいいでしょう。

　ベンチャーは借入を行うことは少ないので、営業外費用に借入金の支払利息が載ることも少ないかと思います。

　また、その他の営業外利益や営業外損失、特別利益、特別損失なども、事前には予測しづらいものも多いので、あまり細かく書かなくていいのではないかと思います。

　貸借対照表（B/S）の計画で重要になるのは、現金の量と固定資産のところです。

　現預金がマイナスになっていないかの検算や、十分に現預金があるか

03　事業計画の作り方

図表3-7　貸借対照表（B/S）計画表の例

（単位：千円）

貸借対照表	2015/3	2016/3	2017/3	2018/3	2019/3
流動資産					
現金・預金	XX,XXX	XX,XXX	XX,XXX	XX,XXX	XX,XXX
未収金	XX,XXX	XX,XXX	XX,XXX	XX,XXX	XX,XXX
その他流動資産	XX,XXX	XX,XXX	XX,XXX	XX,XXX	XX,XXX
流動資産計	XX,XXX	XXX,XXX	XXX,XXX	XXX,XXX	XXX,XXX
固定資産					
建物付属設備	X,XXX	X,XXX	X,XXX	X,XXX	X,XXX
工具器具備品	X,XXX	X,XXX	X,XXX	X,XXX	X,XXX
ソフトウエア	X,XXX	X,XXX	X,XXX	X,XXX	X,XXX
その他償却資産	X,XXX	X,XXX	X,XXX	X,XXX	X,XXX
その他固定資産	X,XXX	X,XXX	X,XXX	X,XXX	X,XXX
固定資産計	XX,XXX	XX,XXX	XX,XXX	XX,XXX	XX,XXX
資産合計	XX,XXX	XXX,XXX	XXX,XXX	XXX,XXX	XXX,XXX
負債					
営業債務	X,XXX	X,XXX	X,XXX	X,XXX	X,XXX
未払法人税等	X,XXX	X,XXX	X,XXX	X,XXX	X,XXX
その他負債	X,XXX	X,XXX	X,XXX	X,XXX	X,XXX
負債合計	XX,XXX	XX,XXX	XX,XXX	XX,XXX	XX,XXX
純資産					
資本金	X,XXX	XX,XXX	XX,XXX	XX,XXX	XX,XXX
利益剰余金	X,XXX	X,XXX	X,XXX	X,XXX	X,XXX
純資産合計	XX,XXX	XX,XXX	XX,XXX	XX,XXX	XX,XXX
負債・純資産合計	XX,XXX	XXX,XXX	XXX,XXX	XXX,XXX	XXX,XXX

（いつもあまりカツカツだと事業運営にも支障を来します）、資本金や資本準備金の額がちゃんと増資の結果の累積と一致するか、同様の一般的企業に比べて全体のバランスが大きく崩れていないかなど、をチェックするのに用いることもできます。

　ここで重要なのは、投資計画です。毎年、どのくらい投資を行ってい

143

図表3-8　キャッシュフロー（C/S）計画表の例

					（単位：千円）
キャッシュフロー表	2015/3	2016/3	2017/3	2018/3	2019/3
当期純利益	XX,XXX	XX,XXX	XX,XXX	XX,XXX	XX,XXX
減価償却費	X,XXX	X,XXX	X,XXX	X,XXX	X,XXX
流動資産の増減額	X,XXX	X,XXX	X,XXX	X,XXX	X,XXX
債務の増減額	X,XXX	X,XXX	X,XXX	X,XXX	X,XXX
営業活動によるC/F	XX,XXX	XX,XXX	XX,XXX	XX,XXX	XX,XXX
投資活動によるC/F	XX,XXX	XX,XXX	XX,XXX	XX,XXX	XX,XXX
計	XX,XXX	XXX,XXX	XXX,XXX	XXX,XXX	XXX,XXX
投資計画明細	2015/3	2016/3	2017/3	2018/3	2019/3
建物付属設備	X,XXX	X,XXX	X,XXX	X,XXX	X,XXX
工具器具備品	X,XXX	X,XXX	X,XXX	X,XXX	X,XXX
ソフトウエア	X,XXX	X,XXX	X,XXX	X,XXX	X,XXX
その他償却資産	X,XXX	X,XXX	X,XXX	X,XXX	X,XXX
その他固定資産	X,XXX	X,XXX	X,XXX	X,XXX	X,XXX
投資額計	X,XXX	X,XXX	X,XXX	X,XXX	X,XXX
減価償却明細					
建物付属設備	X,XXX	X,XXX	X,XXX	X,XXX	X,XXX
工具器具備品	X,XXX	X,XXX	X,XXX	X,XXX	X,XXX
ソフトウエア	X,XXX	X,XXX	X,XXX	X,XXX	X,XXX
その他償却資産	X,XXX	X,XXX	X,XXX	X,XXX	X,XXX
減価償却費計	X,XXX	X,XXX	X,XXX	X,XXX	X,XXX

くかということが主体的に決定されます。

　前述のとおり、（フリー）キャッシュフローは概ね、

　当期純利益＋減価償却費－設備投資額

で計算されますので（その他、営業債権や営業債務の増減などの要因もありますが）、設備投資のイメージが明らかになっていれば、わざわざ

キャッシュフロー表を作らないでもいいかもしれません。損益計画と設備投資の話を聞けば、だいたい必要資金額は推測できますので。

計画のでき栄えは
出資を左右するか？

　2000年ごろのネットバブル時代には、数枚のイメージ図だけで投資してもらえたケースもよく見かけたものの、最近はそこまで甘くないかとは思います。

　しかし、繰り返しになりますが、事業計画を細かく書くほど資金を出してもらえる可能性が高まるということも決してありません。
本当に「こりゃすごい」というベンチャーなら、そうした「体裁」を整える作業は誰かが手伝ってくれることになると思います。

　（そうした人材を引き込む魅力があるかどうかも、ベンチャーが成功する重要な要素です。）

　「おれ、システムはわかるけど、会計とかあまり強くなくて……」と弱みを見せて、CFOに迎えたい人をだんだんその気にさせていくとか、ベンチャーキャピタルの人に相談することで、だんだん情が移ってくるということだってあるわけです（逆に投資家側の「営業」ツールとしてもこうした相談に乗ることが行われます）。

　シリコンバレーだと、ビジネススクールで事業計画の立て方を実習したMBAのスタッフやコンサルタントが手伝ってくれるケースも多いでしょう。また、日本でもたとえば、「社長が米国の有名ビジネススクールを優秀な成績で卒業した」というのであれば、もちろん事業計画はきちんとしていないとまずいかと思います。

ただ一般には、事業計画を初めて作る人が、そういったものを多数見てきたプロのベンチャーキャピタリストを体裁面でうならせることなどできるわけがありません。そこを、ちょっと「事業計画の立て方」といった本を読んで作って「どや顔」をするというのは、プロの投資家としては逆に鼻白むと思います。

　少なくともわたしは「創業者の才能や、構想している事業の内容はすごいが、事業計画の精緻さや体裁がイマイチだったから資金が集まらなかった」というケースは聞いたことがありません。

　むしろ、まだ初々しさがあるほうが、投資家が「磨けば光る原石を発掘した」という喜びを感じることだってあるでしょう。

　Googleなどをはじめとする成功した米国のベンチャーも、すべてがはじめから精緻な事業計画ができていたわけではないはずです。どんなに文章や数字できっちり書いた事業計画よりも、１つの具体的なプロトタイプのほうが投資家の心を打つことだってありえます。

　一方、投資家と言っても非常にいろいろなタイプがいます。
　事業計画は投資家に見せるためだけにあるものではありませんが、投資家は事業計画を重大な関心を持って見てくれる人の１人ですので、事業計画をどう書くかは、「**どういった投資家に投資をしてもらうのか**」、つまり「資本政策」によっても違ってきます。

　「一休さんが袈裟を投げつけた話」ではないですが、豪華な見かけを見て「すごい」と思う投資家もいるかもしれません（そういう人に投資してもらうのをお勧めするわけではないです）。

また、ベンチャーキャピタルのパートナーに直接説明して、そのパートナーが「よし！」と決めたらそこで投資が決まるということもありますが、多くのVCではサラリーマンの担当者が会社に投資案件を持ち帰って、上司に説明したり、パートナーであっても、投資委員会などの機関に説明したりして投資を検討する必要があります。

つまり、自分が直接、投資の意思決定者に説明をするのではなく、第三者であるベンチャーキャピタルの担当者に代わりに説明してもらう必要があるわけです。このため、そうした担当者が資料を作るために必要な情報が盛り込まれ、上司や投資委員会に説明がしやすいような体裁で書いておくに越したことはないと思います。

少なくとも、損益計画と資本政策（第6章で検討）だけはちゃんと考えて、しっかり計算しておいたほうがいいでしょう。

どのくらいの目標を掲げればいいか？

さて、Excelで数字をはじいてみた結果をどう判断すればいいでしょうか？

これもケースバイケースですので、これだけで判断しないでいただきたいのですが、たとえば、毎年の純利益が1億円から3億円といったレベルで頭打ちになることが予想されるビジネスだとしましょう。

これくらいの利益が安定的に出れば、非上場会社としては、かなりハッピーかもしれません。しかし、これ以上の利益が期待できないのであれば、今はもう、上場を目指さないほうが幸せではないかとも思います。

１億円の当期純利益が出ていて、PER*⁹が20倍くらいのビジネスだとすると、時価総額20億円ということになります。このくらいの規模が、上場できる最低ラインだと思いますが、最低ラインで上場して、そのあとそれほど成長しないのでしたら、上場した意味はあまりないと思います。

　昨今は、内部統制や監査にもコストをかける必要がありますので、優秀な人材を数人配置したりその他のコストで、なんだかんだで上場のために年間１億円前後くらいはかかると踏んでおいたほうがいいと思います。数億円の利益しかないのに１億円前後のコストを支払うということは、利益の何割かを上場維持のために取られることになるわけです。非常に効率の悪い話ですよね。

　もちろん、上場のメリットは資金調達だけではないのですが、「上場企業の社長を一生に一度はやってみたい」といった経済合理性のない経営者の欲望などで上場されたら、従業員や投資家はたまったものではありません。

　このため、現在「上場を目指します」と言って投資してもらえるハードルとしては、５年後とか７年後に10億円とか40億円とかの規模の純利益が出て、上場時の時価総額が300億円とか500億円程度になる（可能性がある）事業ということになるのではないかと思います。

　もちろん、すごく成長性がある領域であれば、もっと少ない利益でも投資してもらえるチャンスがあると思いますし、逆に成熟した市場をターゲットにする事業なら、もっと利益を求められるかもしれません。このへんもケースバイケースです。

＊9　株価収益率（Price Earnings Ratio）。株価が１株当たり当期純利益の何倍か、という指標です。

148

日本のベンチャー界でも、十数億円というバリュエーションで評価してもらえるケースもかなり増えてきました。そうした高いバリュエーションで数億～数十億円の投資を受ける場合には、やはりペラ3枚で投資してくださいというわけにはいきません。きちっとした事業計画書を書く必要があるでしょう。

経営者が事業計画書をベンチャーキャピタルの担当者に説明するのを見ていると、担当者は、「このビジネスモデルがなぜすごいか」といった説明はそこそこに、パラパラパラッと事業計画書をめくって、後ろのほうに書いてある損益計画や資本政策で、結局いくらくらい儲かって、いつ上場するのかというあたりしか見ていなかったりします。

投資家に事業計画をプレゼンする場合には、そのツボ（**将来の利益、キャッシュフロー、企業価値**がどれだけ**大きく**なるか、**いつごろEXITできそうか**）を考えながら、事業計画が魅力的に映るかどうか、投資家の気持ちになって再検討してみるのも有意義だと思います。

「いい事業計画」の見分け方

事業計画というのは、基本的には計画の主体となる会社1社だけのことが中心になります。しかし、本章の冒頭で述べたように、実際のビジネスは、業界の中での競争や、経済全体の要因が影響してきます。

作ってみた事業計画を、もう一度、業界やマクロレベルの視点から見直してみるのもいいでしょう。

参入しようとしている業界は、どういう**競争構造**になるでしょうか？当社1社が参入したら、そのまま誰も参入してこないのでしょうか？

それとも、多くの人が参入して多数乱戦状態になるのでしょうか？

　そして、数年後の姿、究極の姿として、業界はどういう構造になって落ち着くのでしょうか？

　もしかしたら、その業界には１社から２社しか生き残れないのではないですか？

　その１社として生き残るために必要なこと（戦略、投資、コストなど）は、事業計画でちゃんと考慮されていますか？

　最終的な均衡状態になったとして、その時の自分の会社の規模は何人くらいになっているでしょうか？　１万人ですか？　300人ですか？

　その人数で、最終的に落ち着いた需要すべてに対応できますか？

　売上は最終的にどのくらいになるでしょうか？　５千億円ですか？30億円でしょうか？

　そして、その事業は、たとえば日本といった地域の中で１位になれば安泰なのでしょうか？　海外の企業が日本進出してきても勝てるのでしょうか？　「日本語の壁は厚いので大丈夫です」といった安易な理由で安心していませんか？

　（特に労働集約的な事業の場合）技術革新が起こって、何分の１のコストで同じことができるようになったりしないでしょうか？　その時にどうしますか？

　最終的に１万人の会社になるためにやるべきこと、採用すべき人材と、50人の会社を作るためにやるべきことや採用すべき人材は（恐らく）異なりますが、そうした組織を作るために必要な適切な人材を集められそうですか？……

150

03 事業計画の作り方

考えてみて答えは出ましたでしょうか?

もちろん未来のことなんか、神ならぬ人間がわかるわけがありません。作った計画も、そのとおりうまくいくなんてことは99%ありえない。

しかし、計画を作ってみたけれど、経営者がそれを見て心配が山のように込み上げてくるとか、あまりうまくいく気がしないというのは、多分、それがいい事業計画ではないからだと思われます。事業計画そのものがいいとか悪いとかではなく、経営者に事業計画がマッチしていないのだと思います。自分が自信を持てない話で、取引先や顧客、投資家などを納得させられるわけがありません。

逆に、計画を作ってみて、上記のようないろいろな角度からの想定問答にもすべて答えられて、「これはイケる!」と自信が持てたら、それはおそらく、作った人にとって「いい事業計画」なのだと思います(実際にうまくいくかどうかはさておき)。

そして、その事業計画を他の役員や取引先や投資家、専門家などに話をしてみて、その人達も同じ気持ちにさせることができれば、それはかなり本当に「いい事業計画」なのでしょう。

ベンチャーの事業計画には、論理的にできるかできないかをチェックできる部分もありますが、「予言の自己成就」的性質もあります。それを聞いた人達も「そうなるに違いない」と思えば、それらの人達の協力が得られ結局、想定した道筋や姿は違っても、最終的に「成功」してしまう面もあるわけです。

(そして、すべての企業がそんなにうまくいくわけがない、ということも〈思い悩まなくてもいいですが〉頭の隅に置いておいていただければと思います。)

151

銀行からの借入は、返せなかったらとんでもないことになりますので、「そのとおりにはならないかも」では困ります。

　しかし、ベンチャーというのは、誰も見たことがないようなことを具体的に形にするのが仕事です。そのためには、周りの人を巻き込まないといけないし、周りの人を巻き込めるのは、事業計画が合理的であることもさることながら、そういう未来像が実現すると信じる力（アニマル・スピリッツ*10）が根源にあることが必要だと思います。

　銀行から資金を借り入れる時に作る事業計画と、銀行から借入をしないベンチャーの事業計画は、この点が大きく異なると思います。

*10　アントレプレナーシップ（Entrepreneurship）とも言います。

第4章
企業価値とは何か？

VENTURE FINANCE
THE ESSENTIAL GUIDE FOR ENTREPRENEURS

企業価値はなぜ重要か?

　ベンチャーにとって「企業価値」は非常に重要です。

　なぜかと言えばそれは、**企業価値で株価が決まる**からです。

　企業の使命は企業価値を上げることです。つまりはカネを稼ぐこと（将来稼げるようになる可能性が高いということを上手に伝えられること）です。

　身も蓋もない言い方に聞こえるかもしれません。「企業の価値はカネだけじゃないよ」と言うほうが一般受けしそうですし、わたしも「結局はカネでんがな」てなことばかり言っているような経営者とお友達になりたいとはあまり思いません。

　しかし逆に、「企業の価値はカネだけじゃないよ」ということばかり言っている経営者も要注意です。もちろんカネも稼いだうえでそれ以上のことを考えている人もいるのですが、自分の会社の企業価値が上がらない「言い訳」をしている人も多い気がします。

　少なくとも投資家の前では「企業の価値はカネじゃない」なんてことは言ってはいけません（「企業の価値はカネだけです」とも言わないほうがいいかと思いますが）。

企業価値と株価の関係

　企業価値で株価が決まるというのはどういうことか、考えてみましょう。

たとえば、5億円の企業価値の会社があるとします。この会社が、株式を1千株発行しているとしたら、5億円÷1千株で、1株50万円の価値があるということになります。もし同じ会社が100万株発行しているなら1株500円ということになります。

株式というのは企業の経済的価値やコントロール権（議決権）を小口化したものなのです。

企業の価値を羊羹の大きさにたとえてみましょう。

「企業（全体の）価値」という羊羹を何個に切り分けているのかで、1つ当たりの羊羹の大きさ（株価）が決まってくるのです。基本的に重要なのは羊羹全体の大きさ（企業価値）であって、切り分けられた一切れ一切れの羊羹の大きさではありません。だから「株価がいくらか？」だけで、その企業の価値が判断できるわけではないことにご注意ください。（経営や経済に結構詳しい人でも、「株価500円の会社より株価700円の会社のほうがスゴい」と思っていたりするので、要注意です。）

株式数をどのくらいにするか（羊羹をどのくらいの厚さに切るか）については、第6章の資本政策に関連します。一言で言うと「投資家が食べやすい大きさに切る」ということになります。

事業価値・企業価値・株主価値の違い

正確に言えば、「事業価値」と「企業価値」と「株主（資本）価値」は異なる概念です。しかし、ベンチャーの場合、さほど厳密に区別する必要はないと思います。

図表4-1をご覧ください。

図表4-1　事業価値・企業価値・株主価値の関係

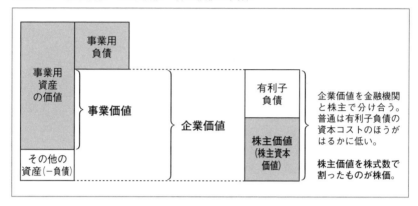

「事業価値」とは、事業用資産の価値から、その事業で発生した買掛金や未払金などの負債を差し引いたものです。

この事業価値に、事業に使っていない資産も加えたものが「企業価値」（Enterprise Value＝EV）です。

この企業価値から、債権者から借り入れている有利子負債を引いたものが「株主価値」（または「株主資本価値」）ということになります。

株式の価値は、正確には「株主資本価値」から計算されることになります。株主資本価値を株式数で割ったものが株価です。

しかし、普通のベンチャーは、事業に使わないような資産を持つ余裕はないでしょう。また、銀行などからお金を借りたくても、貸してもらえないことも多いかと思います。

つまり、創業期のベンチャーにおいては、事業価値≒企業価値≒株主価値であることが多いことになります。

このため、以下本書では、これら3つの概念を区別せずに、最もよく使われる「企業価値」という用語を用いることにします。

帳簿価格と企業価値評価（純資産法）

企業価値評価の方法についてはいろいろあります[1]が、まずは「純資産法」について考えてみます。

まず、あなたが株式会社を資本金1千万円で設立したとしましょう。この会社、まだ何をやるかも決まっていないとします。

設立直後でまだ経費もほとんど使っておらず、預金口座に1千万円入っているだけとすれば、この企業の価値は誰がどう見ても1千万円としか評価しようがないと思います。こういうケースはシンプルでわかりやすいですね。

この企業が、しばらく事業を行っていたところ、将来ものすごい発展をする可能性のあるビジネスの芽が出てきたとしましょう。

この企業が投資家から増資を受けようとする場合に、どういった評価をしてもらえるでしょうか？

---

[1]　企業価値の算出法
　　企業の価値を見るための算出法としてはいろいろありますが、詳細については専門書をお読みください。本書ではエッセンスだけをお伝えしますが、下記のような方法が存在します。
　　・簿価純資産
　　・時価純資産
　　・清算価値
　　・再調達価格
　　・類似業種（企業）比準
　　・収益還元価値（Discounted Cash Flow）
　　・配当還元価値

株式で資金調達をするベンチャーにとって企業価値が重要なのはここ
です。
　企業価値を高く評価してもらえれば評価してもらえるほど、少ない株
式を発行するだけで多くの資金が調達できるわけです。

　たとえば、現在の企業価値が設立時と同じ1千万円しかないと評価さ
れた場合には、すでに発行されているのと同じだけ株式を発行しても1
千万円しか調達できないことになるわけです。
　つまり、既存の株主が株式（議決権）の50％、新しい投資家が50％を
持つことになります。

　ところがたとえば、現在の企業価値を4億円と評価してもらえれば、
現在発行している株式の4分の1相当の数の株式を新たに発行するだけ
で1億円も調達できることになります。
　つまり、既存の株主が80％、新しい投資家が20％を持つことになりま
す。

　企業価値を「純資産」で評価する方法（純資産法）を考えてみます。
図表4−2をご覧ください。

　この企業は、まだ売上もあまり立っておらず、費用は発生して累計で
損失が300万円発生しています。
　つまり、この企業の帳簿上の純資産は資本金1千万円から損失300万
円を引いた700万円ということになります。

　この法人の企業価値を、帳簿上の純資産からだけ考えて「700万円」
と評価するのが「簿価純資産法」による企業価値評価です。[*2]
　「帳簿上の純資産（株主資本）が700万円だから、当社の株主資本価値

158

図表4-2 ベンチャーの貸借対照表

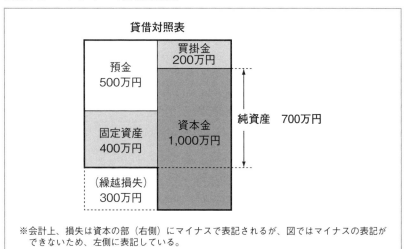

※会計上、損失は資本の部（右側）にマイナスで表記されるが、図ではマイナスの表記ができないため、左側に表記している。

は700万円」というのは、わかりやす過ぎるくらいわかりやすいですよね？　企業価値をこう考えた場合、資金調達にはどういう影響が出るでしょうか？

　仮に、今考えている事業計画を達成するためには今後1億円の資金調達が必要だとします。
　この場合、現在の企業価値が700万円しかないと考えると、仮に1億円が調達できたとしても、創業者などの既存株主の持分は、
700万円／（1億円＋700万円）＝6.5％
にまで下がってしまうわけです。

＊2　個々の資産を時価に置き直した「時価純資産法」もあります。しかし、設立間もないベンチャーの場合、含み利益のある不動産などを持っていることはまずないと思いますので、両者はほぼ一致します。

もちろん、これが絶対悪いというわけではありません。

　問題は、今後の企業価値を増大させる中心人物は誰か？　ということにも関係します。

　投資してくれる人がパートナーとして実質的に今後の会社の価値を大きく上げてくれる人であるとか、その投資家のおかげで今後何もしなくても将来500億円の価値で上場できるかも、といった場合など、これでも投資を受けたほうがいいケースも考えられます。

　しかし、そういうおいしい話が、そうそう転がっているわけではありません。投資してくれる人は単に資金を出すだけで、創業者が引き続き社長としてがんばらなければならないといった場合がほとんどだと思います。

　そうした通常の場合には、初期の段階でこんなに経営者の持分が小さくなってしまうと、（特に日本の場合）資本政策的に後々うまくいかなくなります。

　創業間もない会社は、まだ海のものとも山のものともわからないので、取引先も従業員も不安です。だからベンチャーでは強いリーダーシップが必要になるわけです。

　しかし、投資家の気まぐれで自分が株主総会でいつクビになるかもわからないような状態では、強いリーダーシップを発揮することが難しいでしょう。

　持株比率は、リーダー本人のやる気にも影響します。

　投資家や取引先や従業員などの「他人に感謝する心」はもちろん大切です。しかし、企業を立ち上げてから上場させるまで、ほとんど社長１人のアイデアで企業価値を高めていったのに、株式はほとんど他人が持っており、社長にはわずか数％しか入ってこないというのでは、分け前として低過ぎるでしょう。

（これも企業価値の絶対額［羊羹全体の大きさ］に関係します。企業価値が１千億円になるような企業を作り上げられるのなら、１％でも10億円になるわけです。「おれ、よくやったよなあ」と思えるかもしれません。しかし時価総額が10億円にしかならないとすると、その１％の株式はたった１千万円にしかなりません。これでは、今どき家も買えないので、上場するほどの企業を作り上げたご褒美としては少な過ぎるかもしれませんね。）

　詳細はまた第６章の「資本政策」で説明しますが、特に日本の場合は**簡単に過半数を他人に渡すことを考えないほうがいい**と思います。

　米国でも、Googleの創業者２名は、経済的な持分こそ数％程度しかありませんでしたが、１株当たり普通株式の10倍の議決権を持つ「Class B common stock」を使って、約８割もの議決権比率を押さえて上場しました。[3]

　もちろん、これは高い議決権比率が功を奏した例です。Googleの創業者は経営に関するセンスもよく、エリック・シュミットという経営者も連れてこられたから今のところ独裁者にもならずにうまくいっているわけです。

　しかし、**能力がさほどでもなく頭の固い経営者が、絶対的な議決権比率を持って外部の投資家の言うことをまったく聞かない場合**には、誰も得しない悲劇が発生してしまいます。

　創業者の議決権比率が高いほど必ずうまくいくというわけではありませんので、念のため。

---

[3]　日本でもCYBERDYNE社がこの「dual class」方式で上場しました。拙著『起業のエクイティ・ファイナンス』第７章でこの「dual class」について解説しております。

純資産方式の企業価値評価に話を戻しましょう。

上記のように帳簿価格の純資産で企業価値を見るという方法は、**会社の「過去」に着目した企業価値評価の方法**だと言えます。

つまり「帳簿」は、基本的にはそのベンチャーの過去しか表してくれません。[4]

「過去」（実績）は、動かしようもないからこそ、非常に明快なのです。ですから、うっかりすると、その明快な「過去」に引きずられる可能性は大いにあります。

たとえば、1株5万円で設立した会社があるとしましょう。

設立後半年でまだ黒字も出ていない時に、1株20万円で外部の投資家から資金を集めようとしたとします。

この時に投資家から、

「なんで赤字の会社が、半年前の株価の4倍の1株20万円もするんだ！」

「まだ赤字なんだろ？　企業は利益を出してこそ価値があるんじゃないのか？」

「純資産が30％減っているってことは、本来1株3万5千円のはずだ。それを5万円で評価してやるんだから、ありがたいと思え」

などと言われたら、ファイナンスの知識がない創業者であれば、

「それもそうだよなあ……」

と思って、5万円での増資に応じてしまうかもしれません。

しかし、ちょっと待ってください。

創業したばかりのベンチャーは「過去」の財務的実績なんてほとんど

＊4　現代の会計には、相当程度「未来」が取り込まれてきていますが、創業期のベンチャーにおいては、その影響はあまりないと考えていいかと思います。

ないわけですから、そうした**ベンチャーが「過去」で勝負したら負け**な
のです。

さらに、です。

上記の例では資本金１千万円で設立していましたが、会社法施行後、
会社の資本金の下限は撤廃されましたので、最近は50万円とか100万円
で会社を設立しているケースも多いかと思います。資本金が10分の１だ
と、そのベンチャーの企業価値は10分の１になるでしょうか？

逆に、お金持ちの人が資本金１億円でベンチャーを設立したら、まっ
たく同じ能力がある資本金100万円の企業より100倍すごいのでしょうか？

まったくそうではないわけです。

**ベンチャーの価値は、過去の財務的な実績で見るのではなく、未来の
可能性で見るべきだからです。**

図表4-3　純資産と企業価値と調達額の関係

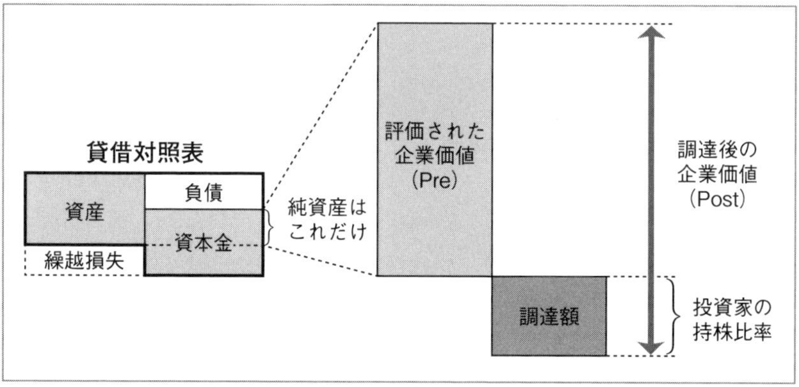

「似た企業」で考える（類似企業比準法）

　「過去」に縛られない方法の例として、「類似企業比準」「類似業種比準」などの方法があります。

　これは、「似ている」企業や業種の、売上や利益、純資産などを参考に企業価値や株価を決める方法です。[*5]

　たとえば、「同じようなビジネスモデルの会社」が、2ヶ月前に投資を受けて、その時の企業価値評価が2億円だったとします。
　先方の売上が1.5億円、こちらの売上が3億円だとしたら、「こちらは倍の4億円で評価してくれてもいいでしょ？」というのが、類似企業比準の基本的な考え方です。

　ただし、この「類似」で考える方法は3つの点で注意する必要があります。

　1つは、「『類似の企業』があるということは『競争』もある」という点です。

　ベンチャーというのは、イノベーティブなことをすることが多いので、比較対象になる「そのものズバリ」の企業が存在しないことも多いわけです。

　もちろん、ベンチャーといっても幅広いので、業種によってまちまちではあります。

164

04 企業価値とは何か？

IT系の場合などには1つのビジネスモデルで1社しか生き残れないので他社が参考にならないことも多いですが、一方で、たとえば飲食店同士のような比較的似たビジネスモデルの場合には「日本にまったくなかったファーストフードのチェーン展開をする」といった事業の場合でも、他のファーストフードチェーンの評価が参考になるかもしれません。

市場や競争の構造でも違ってくるということです。

また、特定の事業が注目を浴びて、複数の企業が参入して壮絶なバトルを繰り広げていることがあります。とにかく資金調達をして人員やシステムなどの体制を先に整えたほうが勝つ可能性が高い、というホットな状態の時には、資金はそこに向かおうとするし、そうすると株価も上がってきます。そういう場合に、「他社の事例でこうだから、当社も……」というのは、説明としては非常にわかりやすいことになります。

競争がないほうが企業としては楽ではあるのですが、楽だとサボってパフォーマンスも落ちる可能性があります。また、激しい競争をしていれば、世間の注目も集まるので、競争があることはベンチャーにとっていいことでもあります（もちろん、競争に勝ち残らないとダメですけれどね）。

もう1つは、**「数値に比例するのか？」** という点。

たとえば、「コミュニケーション」がビジネスモデルの根幹になる事業の場合などでは、「ネットワーク外部性」[6]が強く働く事業が増えて

---

*5 類似業種比準の株価算定では、配当の値も比較対象として用いられますが、配当しているベンチャーというのはあまりありません。

*6 ネットワーク外部性（ネットワーク効果）とは、利用者が増えれば増えるほど、利用者にメリットが発生することです。たとえば、電話やインターネット、SNSなどは、他の利用者がゼロだと使えませんが、ほとんど全員が使っていれば、使うメリットは大きく増大します。

います。この場合、利用者数が多いほど、「利用者が利用者を呼ぶ」ので、トップの企業が有利になることが考えられます。実際、インターネット上のサービスでは、特定の領域で1位の企業しか生き残れないということも多いです。

　その場合に、会員が100万人のトップ企業と20万人の企業があったとして、20万人の会員の会社が100万人の会社の5分の1の価値があるかというと、必ずしもそうではないですよね。

　会員数20万人の企業は、「うちは、会員が100万人のトップ企業と同じビジネスモデルだから、5分の1の価値がある」とダメモトで主張してみるのもいいですが、投資家側としてはそれで「なるほど」と思わないほうがいいかもしれないですし、ベンチャー側も、ビジネス戦略としてまったく別の観点の切り口を考えたほうがいいかもしれません。

　最後に、参考になる企業が存在したとしてもその計数が入手できるかどうか、という点もあります。

　参考にする企業が非上場の場合、増資した際の企業価値や比較の対象になる売上や利益の額が公表されないことも多いです。

　また、上場している類似企業があれば詳細な財務データが公表されていますが、すでに上場している類似の企業がある場合に、今から創業して資金調達して、その会社に追いつき追い越せるのでしょうか？[7]

　一方、事業計画を策定する際などには、上場企業の財務データなどを

＊7　もちろん、市場の構造や戦略によってはありえますので、あきらめる必要はないです。

部分的に活用することは大いに意味があります。全体としては似ていなくても、たとえば、同じような営業のやり方の会社が、1人当たりどのくらい売り上げているのか？　製品の原価のうち経費が占める割合はどの程度か？　など、部分部分の類似点を見て、ベンチマーキングをして、他社に比べて自社の設定が常識はずれな数値になっていないかどうかを検証するといった使い方ができる可能性は大いにありますし、そうした他の企業のパーツを研究して組み立てることで、自社の事業計画が説得力を持つことにもなります。

「未来」に注目した企業価値 （DCF法）

企業価値の最も理論的な評価方法として、**DCF法（Discounted Cash Flow法）** が挙げられることが多いかと思います。

専門家による企業価値や株価の評価の際には必ず使われますし、ビジネスの現場だけでなく、企業価値を巡る裁判例でも、DCF法に重きを置いた評価が採用されるケースが増えてきました。

しかしDCF法も、特に創業期のベンチャーの企業価値評価を行う場合には、かなり注意して用いる必要があります。

DCF法は、「Discounted Cash Flow法（割引キャッシュフロー法）」という名のとおり、その企業に将来入ってくるキャッシュフローを、現在の価値に割り引いたものが、その企業の企業価値だと考える方法です。

でも、「将来のキャッシュフローを現在の価値に割り引く」とはどういうことでしょうか？

この「将来キャッシュフローの現在価値」という考え方は、わかって
しまえば簡単ですし、経営の意思決定や、会計でも随所に取り入れられ
ているので、覚えておいて損はないです。

■数式で考えるDCF法

DCF法を数式で書くと、以下のようになります。
- P：企業価値
- C_n：各年のキャッシュフロー
- r：割引率

$$P = C_0 + \frac{C_1}{(1+r)} + \frac{C_2}{(1+r)^2} + \frac{C_3}{(1+r)^3} + \cdots + \frac{C_n}{(1+r)^n}$$

企業価値を決定する要素は、Cとrの2つだけということがわかります。
　世の中の人は、「単価×数量」といった「整数の掛け算」は、ほぼ全員がで
きますが、金利計算などの「小数が入った掛け算」になると、ちゃんとできる
人の数がとたんに減ります。
　将来のキャッシュフローを割り引くというのは、小数の「割り算」になるの
で、個人的な感触としては、恐らく日本の人の100人に1人もちゃんと理解で
きないのではないでしょうか?
　しかし、小数の割り算って、小学校で習いますよね?　割引キャッシュフロ
ーの考え方は、企業価値算定以外でも、財務や会計など、現代の経営のさまざ
まな局面で使われます。小学生程度の知識で、他の人に大きく差をつけられる
のだから、大きなチャンスだと思います。

以下、DCF法の1つ1つの要素について説明します。

将来キャッシュフロー

　「将来のキャッシュフロー（C）の予測」は、策定した事業計画から
持ってくることになります。つまり、**事業計画を立てておかないと、
DCF法は使えないわけです。**
　「未来」は誰にもわかりませんから、事業計画がしっかりと説得力あ

168

04 企業価値とは何か?

る形で作られていないと、「将来のキャッシュフロー」も眉に唾を付けて見られてしまいますし、ひいてはそれは投資家が投資する際の企業価値や株価にも影響してくるわけです。

割引率

DCF法において、もう1つ重要な要素は「割引率」(r) です。

企業価値評価の本を読むと、「割引率にはWACC[8]を用います」とか、WACCは「リスクフリーレート」「β値」といった数値の組み合わせで計算するといった難しそうなことが書かれています。[9]

しかし、ぶっちゃけていえば、この割引率は、創業して間もないベンチャーの場合、あまり精緻に考えてもしようがありません。

現在、日本の金利水準が低いこともあって、この「リスクフリーレート」「β値」「固有リスクプレミアム」といった数字を積み上げて計算しても、割引率は10%程度にしかならないことがほとんどだと思います。

---

[8] Weighted Average Cost of Capital＝加重平均資本コスト
[9] $Re = Rf + \beta (Rm - Rf) + Rp$
　　Re：自己資本コスト
　　β：個別の株価と市場全体の株価の変動の比の値
　　Rm：市場全体の期待収益率
　　Rf：リスクフリーレート（10年物の国債などの利回りを用いる）
　　Rp：固有リスクプレミアム
　WACC ＝ [Re × E／(D+E)] + [Rd×(1−t) × D／(D+E)]
　　Rd：負債コスト
　　E：株主資本の額の時価
　　D：有利子負債の額の時価
　　t：実効税率
　ベンチャーの場合、有利子負債がないことが多いので、有利子負債（D）＝0を代入すると、WACC＝Re（自己資本コスト）となります。

169

例で考えてみましょう。

仮に5年後のキャッシュフローが20億円出るという事業計画になっているとします。

10％で割り引くということは、その5年後の単年度のキャッシュフロー20億円を割り引くだけで、「この企業には12億円くらいの価値がある」ということになってしまうわけです。[10]

ところが、創業間もないベンチャーの企業価値評価は、かなりイケてる企業でも、せいぜい数億円といった評価のことがほとんどだと思います。

結局、前出の項目でいうと、割引率は10％どころではなく、合計で**40％とか50％**で見ているのと同等といったことが多くなってきます。

つまり、その差額は「固有リスクプレミアム」を30％とか40％といった高い率で設定し、さらに、まだ上場しておらず株式が自由に売却できないことによる「流動性ディスカウント」などを数十％見込む、といったことで調整していることが多いと思います。

仮に40％でディスカウントすると、図表4−4のようになります。

残余価値（Terminal Value）

DCFを計算する際の基本的な要素は上記の2点だけです。

しかし、この延長線上で、「残余価値（Terminal Value）」というちょっとしたテクニックを理解しておくことが必要です。

---

[10] 1/（1＋10％）^5＝0.62、20億円×0.62＝12.4億円、なので。
キャッシュフローはその年だけではなくて、ずっと続くわけですから、他の年度のキャッシュフローも考えると、もっと大きな金額になります。

04 企業価値とは何か?

図表4-4　キャッシュフローとキャッシュフローを割り引いた現在価値

(単位：千円)

キャッシュフロー	2015	2016	2017	2018	2019	残余価値	
強気ケース	-5,000	10,000	76,000	218,000	369,000	1,353,000	
基本ケース	-10,000	0	53,000	183,000	232,000	850,667	
需要減ケース	-15,000	-10,000	21,000	100,000	145,000	531,667	
割引率	1.400	1.960	2.744	3.842	5.378	5.378	
キャッシュフロー	2015	2016	2017	2018	2019	残余価値	合　計
強気ケース	-3,571	5,102	27,697	56,747	68,610	251,569	406,154
基本ケース	-7,143	0	19,315	47,636	43,137	158,168	261,113
需要減ケース	-10,714	-5,102	7,653	26,031	26,960	98,855	143,683

※割引率は40%で計算しています。
※残余価値：2020年以降は、一定の率（10%）で成長するとして計算しています。

「来年のことを言うと鬼が笑う」と言われるのは、「将来は不確実だから、あまり先のことを言ってもしょうがない」という意味があるかと思います。

来年のことを言っても笑われるのに、上記の計画でも5年も先のことまで予測しているので鬼は大爆笑であります。ましてや、創業したばかりのベンチャーでその先を考えるなんてことは、ほとんど意味がなくなってきます。

このため、事業計画は3年とか5年で区切って、その先は、一定のペースでキャッシュフローが成長していくと仮定して、「その時点での（つまり未来における）」事業の価値を算出します。

その3年とか5年先の時点での事業の価値が、「残余価値」です。

計画の最終年度のキャッシュフローが一定の率で成長していくと仮定して、DCF法の延長線上の考え方で計算できます。

数学が得意な方は、無限級数の和の計算を思い出していただければと思いますが、この極限を計算すると、最終年度（m年目、ここでは2020

171

年度）のキャッシュフロー（C_m）を「割引率（r）－成長率（g）」で割るというシンプルな式で表せるわけです。

$$P = \lim_{n \to \infty} \left\{ \frac{C_m}{(1+r)} + \frac{C_m(1+g)}{(1+r)^2} + \frac{C_m(1+g)^2}{(1+r)^3} + \frac{C_m(1+g)^3}{(1+r)^4} + \cdots + \frac{C_m(1+g)^n}{(1+r)^{n+1}} \right\}$$

$$= \frac{C_m}{(r-g)}$$

注：前掲の図表4－4においては、C_mは2019年のキャッシュフローの10％増（1+gを掛けた値）としています。この無限級数が正の値で収束するためには、r＞g でなければなりません。

この式をよく見ていただければおわかりのとおり、残余価値は、

- 最終年度のキャッシュフロー（C_m）が大きければ大きいほど、
- また、割引率と成長率の差が小さければ小さいほど（つまり割引率が低く、成長率が高いほど）

大きくなります。

特に、分母はrとgが接近すればゼロに近づきますので、全体の値は無限に大きくなっていきます。

ですから、この残余価値は数字をちょっといじるだけで大きく変化します。このため、残余価値を計算したら、必ず、別の観点から妥当性をチェックするべきです。いくら合理的な前提で計算して、将来の残余価値が500億円になったとしても、その時点で上場できたとした場合の時価総額がよくても300億円くらいしか見込めない、とか、同業で成功している会社でもそんなに高い企業価値が付いている会社がまったくない、ということであれば、500億円という数字は説得力を持たなくなります。（もちろん、その会社が真に画期的で確実なものを持っていれば、ありえない話とは言い切れませんけれど。）

DCF法のまとめ

以上のとおり、DCF法の数式を構成するものは、大きく、

Cn：各年のキャッシュフロー

r：割引率

の2つだけです。

つまり、

- 将来のキャッシュフローが大きいほど企業価値は高く、小さいほど企業価値は低い
- 将来のキャッシュフローの確実性が高いほど企業価値は高く、確実性が低いほど企業価値は低い

ということになります。

図表4-5　将来キャッシュフローとその現在価値のイメージ

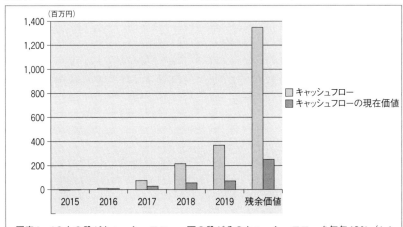

図表4-4の上の段がキャッシュフロー、下の段がそのキャッシュフローを毎年40%（1.4の累乗）で割ったもの、ということになります。図表4-5は、それをグラフのイメージにしたものです。

図表4-4、4-5で示した強気ケースの場合、4.06億円くらいの現在価値が考えられることになります。
　しかし、この例で用いたような非常に大きい割引率を導き出すためには、この事業の固有のリスクプレミアムを30％とか40％とかいう非常に大きな値と考える必要があります。しかし、その設定根拠はあまり理論的には決まってきません。

　他の事業計画の数値や、「リスクフリーレート」「β値」「固有リスクプレミアム」といった数値は、根拠を明確に示すことができますが、その数値の精緻さも、この「その他」のリスクで掻き消されてしまうわけです。

　こうなってくると、「DCF法なんて一見精緻に見えるけど、『えいや！』で決めているのと同じじゃん」と思われるかもしれません。確かに、DCF法を使えば、その価値が1円単位でピタっと1つに定まる、なんてことがあるわけもありません。
　（もしそんな、「絶対的に企業価値を計算できる方法」があるのだとしたら、株式市場での株価のグラフはいつも横這いで、毎秒株価が動くなんてことも起こらないはずですしね。）

　しかし、このDCF法が創業期のベンチャーにとってまったく意味がないか？　と言えばそうではなく、企業価値や株価を投資家と交渉する際に大いに参考になるはずです。

　つまり、

- 将来のキャッシュフローが大きいほど企業価値は高く、小さいほど企業価値は低い

174

- 将来のキャッシュフローの確実性が高いほど企業価値は高く、確実性が低いほど企業価値は低い

わけですから、たとえば、創業者が「うちの企業の価値は10億円はある」と考えていても、事業計画の将来キャッシュフローが、5年後で5千万円しか出ない計画で、しかも実現の確実性もよくわからないということになれば、10億円というのはちょっと説明がつかない、とわかります。

また、将来得られるであろうキャッシュフローについては投資家と合意しているのに、提示された株価から割引率を逆算すると、100％といった高率になっていたら、「評価低過ぎ（割り引き過ぎ）じゃないの？」と文句を言ってもいいかもしれません。

前述のとおり、特に創業期のベンチャーの割引率は積み上げなどで精緻に決まってくるものではありませんが、何も目安がないと困るでしょうから、恥を忍んで、あまり理論的根拠のない目安を申し上げます。

創業期でまだ黒字化も見えていないような企業の場合、割引率は、4割から6割くらいに（結果として）なることが多いのではないかと思いますし、上場が確実視されるような状態になってきた企業は、割引率が（結果として）十数％から二十数％程度になっていることが多いのではないかと思います。

これは、あくまで「結果として」そうなっているというだけで、「このステージだから、この割引率が当然」といったことにならないことは、重ねてご注意申し上げます。

投資家はEXITから逆算する

　今まで何回か述べてきたように、日本の人が考える会社のイメージは、「従業員の生活の場」であり「一生をささげる場所」であり、その会社を売買するなんてことはフシダラもいいところだ、という人もまだまだ多いと思います。

　しかし、少なくとも投資を行うプロの投資家の方々にとっては、投資の対象である「株式」とは、まさにその「会社」の権利を細かく分けたものであり、その「株式」を売却（EXIT）するというのは、投資の最大の目的になっているわけです。

　このため、投資家は、上記のDCF法のように詳細な事業計画から企業価値を考える方法ではなく、もっと直感的に、投資家のEXITの価格から逆算する考え方も併用しているはずです。

　理屈はどうあれ、結論として「儲かる可能性が高そうだ」ということになれば、（良くも悪くも）投資してもらえる可能性が増えるわけですし、「儲からなさそうだ」ということになれば投資してもらえる可能性は減ります。

　たとえば、5年後までに500億円の企業価値で上場する可能性が極めて高そうなビジネスがあるとします。

　もしかなりの確率でそうした上場をしそうだとしたら、この企業は1億円とか2億円といったケチな価値ではなく、10億円くらいで評価して投資しても、十分利益が出ると思ってもらえるであろうことがおわかりいただけるかと思います。

04 企業価値とは何か?

設立して間もなかったり、まだ売上がほとんど立っていないような企業が、そういった高い評価を受ける可能性があるのかと言えば、可能性は必ずしも高くないと思っておいていただいたほうがいいと思います。

しかし、個別に見れば、最近でもイカしたベンチャーが高値で投資を受けているケースは多々ありますから、最初からあきらめる必要はありません。[11]

ただし、何の根拠もなしに「他の企業が10億円の評価がついたそうだからうちも10億円で評価してください」と言っても、頭がバブったアホな経営者だと思われるだけかもしれませんのでご注意を。

DCF法で見たように、「将来のビジネス規模」と「その実現の確実性」が鍵なのです。

そして、「ビジネス規模」を説得力をもって語るには、第3章で見た事業計画をきちっと作るのが有益です。

未来を確実に予測する方法なんか存在しない

また、「確実性」を示す方法は千差万別です。

---

[11] 独断と偏見で言えば、「マクロ経済動向がこういう状況だから投資してもらえない」などと一般論を言っているベンチャー経営者はアカンと思います。創業期のベンチャーなんて、マクロ経済が関係あるほどの大きさではないわけで。アリさんは角砂糖1個落ちていれば「うひょー!」なのであって、「今年は全世界的にサトウキビが不作だ」などという話は関係ないのであります。

そもそも、人が何かを信用するのはなぜでしょうか?

よく考えていただければおわかりになると思いますが、何を信用するか、どういう未来のイメージを持っているかというのは人によって極めてさまざまです。

「何をどう信用するか」は、その人の人格そのものだと言っても過言ではないと思います。

銀行が融資してくれる事業のリスクが非常に狭い範囲に限定されるのと違って、投資家にはいろいろなタイプの人がおり、将来の可能性についてのマインドが極めて広範に分布しているところが面白いところであります。しかし、説明も聞かずにいいことしか耳に入っていかず、あとでトラブルになったりする人もいるので、怖いところでもあります。*12

そのベンチャーですでに売上や利益の実績があればもちろんそれに越したことはないですし、その企業を設立する前に経営陣が過去に行ったことの実績（トラックレコード）も評価される可能性があります。

また、売上にはまだ結びついていなくても、「これは!」というプロトタイプが存在したり、利用者がすでに何十万人といて、そこからキャッシュを生み出す（「マネタイズ」する）術が描けたりしているということでもいいかもしれません。

また、「目利き能力やハンズオン能力に定評のあるベンチャーキャピタルが投資を検討している」という点も、他の投資家の投資判断に大きな影響を与える可能性が高いです。有力な利用者がネット上などで多数「あれはいい!」と評価している、といったことも効くかもしれません。

---

*12　だから、残念なことに未公開株詐欺も非常に多数発生しています。みなさんも経営者やビジネスモデルをよく知らないような未公開企業に投資なんかしたらダメですし、よく知らない人（特にプロでない個人や法人）から投資を受けてはいけません。

04　企業価値とは何か?

　実際に投資家と話をしてみて、「おまえの考えている事業には価値がない」なんてことを言われたら、非常に落ち込むはずです。心が折れそうになるかもしれません。

　しかし、基本的に人間は未来がどうなるかなんて完全に予測することは不可能なわけです。そりゃ、理解できないこともありますわな。

　とにかく、投資家というのは、人によってまったく考え方やツボが異なるので、ベンチャーキャピタルなど投資家１社に断られたからといってあきらめずに、いろいろな投資家にぶつかってみることが重要かと思います。**１回の増資で会うべき投資家の数は、数十は普通です。**[13]

　また、こうした成長の確実性を高める努力に時間をかけることと「旬」のタイミングを逃さないことのバランスも重要です。

　たとえば、日本では受託開発などの安定収入を得られる事業で売上を立て、その合間に成長性の高い事業を立ち上げて実績を積み重ねるという手法を取っている企業も多く見られます。

　シリコンバレーのように競争が激しい市場では、一瞬でもライバルより早く成長しないと競争に負けてしまうので、受託開発といったのんびりとしたことをやっているヒマはないかもしれませんが、日本でライバルが他に出てくる気配が当面ない市場で、投資家にもあまり興味を示し

---

[13]　ただし、50以上の投資家に募集したりネット等で一般にアナウンスしたりすると、「公募」に該当し、有価証券届出書の提出が必要になります。有価証券届出書を作るには会計監査も必要になりますし、リーガルフィーもかかりますから、最低でも数百万円程度のコストがかかります。募集の人数は、実際に出資した人の数ではなく「声をかけて説明した人」の数です。会場に70人集めて説明会を行ったりしたらそれだけで公募になりえますので、やっちゃだめです。適法性をいいかげんに考えていると、あとで株式公開ができなくもなりますので、ご注意ください。

179

てもらえないということであれば、日銭を稼ぎながらじっくり「確実性」を高める手を取る方法も現実的かもしれません。[*14]

企業価値は「需給」で決まる

　創業期のベンチャーは、まだ体制も整っていなければ、売上もほとんど立っていないことも多いかと思います。

　こうした段階では、いくら立派な事業計画を作っても「絵に描いた餅」かもしれないですし、また、「こういう風にすれば、必ず資金調達ができる」といった方法が存在すると思われても困ります。

　この章では、いろいろな観点からの企業価値評価を概観してみましたが、どれも創業期の企業の企業価値評価にピタっと当てはまるわけではなさそうだ、ということがおわかりいただけたかと思います。

　つまり、こうした創業期の会社の企業価値評価が何で決まるのか、と言えば、最終的には資金を求める側と投資をする側の「需給」のバランスとしか説明のしようがない、ということになります。

　すなわち、投資家が殺到するような引く手あまたな会社は高い企業価値がつくし、誰も投資してくれなくて頼み込んで投資してもらう場合には低い企業価値しかつかないということです。

[*14]　海外のベンチャー投資を知っている人に、こういうのんびりしたやり方を話すと、「シリコンバレーじゃ受託開発なんかするベンチャーはいないよ」など、しばしばバカにされます。でも、実際に企業を運営する人は、自分の置かれた環境をよく考えて行動すべきです。ただし、あまりよく考え過ぎると革新的なことが何もできなくなって「ベンチャー」じゃなくなりますので、逆も要注意です。

ただし、以上説明してきた理論的な観点からはまったく説明がつかないような企業価値で投資が行われる可能性は低いですし、説明がつかないような高い株価での投資は、その場ではラッキーに思える場合でも受けないほうがいいかもしれません。

たとえば、大風呂敷を広げた事業計画を書いて、高い企業価値（株価）で投資を受けられたとします。
しかし、その後その事業計画が実際に達成できなければ、結局、経営者が責められてあとで苦しむことになります。

また、第7章や第8章で見るように、投資契約や優先株式で、企業の調子が思わしくない時にもうまく調整できればいいですが、単に普通株式で投資されている場合には、投資家は自分が投資した時より安い株価でファイナンスするのを嫌がりますし、その投資家が増資に関して拒否権を持っていればファイナンス自体が暗礁に乗り上げることもあります。
同様に、事業を手仕舞うために他の企業に買収されることを考えても、高値で投資を受けた投資家に買収に関する拒否権があると、買収提案を拒否されることがあるわけです。

「企業価値が安くて得になる」ということがあまりないのも事実ですが、「企業価値評価が高ければ高いほど得」とも限らない、ということも覚えておいていただければと思います。

第5章
ストックオプションを活用する

VENTURE FINANCE
THE ESSENTIAL GUIDE FOR ENTREPRENEURS

なぜストックオプションが
重要なのか？

　ストックオプションは、役員や従業員（場合によっては取引先や外部のアドバイザーなど）に「**将来、ある一定の条件（株価）で株式を購入できる権利**」を与えるものです。

　一定の条件（株価）で株式を購入できる権利なわけですから、将来、株価が上がれば、株価が上昇した分、キャピタルゲインが発生します。
　つまり、そのストックオプションを付与された人が、企業価値（株価）を上げる努力をすれば、それがその人にメリットとなって返ってくるわけです。

　なぜベンチャーでは、ストックオプションがよく用いられるのでしょうか？
　それは、1つには、ベンチャーが「企業価値（株価）」の向上を目指しているので、役職員も株式の価値を向上させることがインセンティブになるようなしくみこそが、全員のベクトルをそろえるのに役立つ、ということがあります。

　また、役職員が全員お金持ちなら、株式で出資してもらうという手もあるわけですが[*1]、ベンチャーの役職員はさほど資産を持っていないことも多い。「なけなしの300万円を自分の勤務先に出資したら直後に会社が潰れちゃった」なんてことになったら、職も財産も失って踏んだり蹴ったりです。
　しかしストックオプションは通常は会社が役職員等に「タダで」配るもので、もらう役職員側には基本的にはリスクがありません。[*2]

184

05　ストックオプションを活用する

　株価が下がった場合にストックオプションを行使すると、高い金を払って安くしか売れないので損をするわけですが、ストックオプションは基本的に「権利」であって「義務」ではないので、もし株価が下がっているのなら行使しなければいいだけのことです。

　一般論として、オプションには「価値」があります。価値があるので、市場ではお金を払って株価指数や個別上場企業のオプションが取引されているわけです。
　一方、未公開のベンチャーが発行するストックオプションは、通常は譲渡を行えず、無償で従業員等に付与されます。タダでもらえるわけですから、少なくとも会社の株式を高いお金を出して買わせるよりは、はるかにリスクが小さくてすみます。

　ベンチャーは一般に、カネもなければ人材も少なくノウハウも限られます。**あるのは「将来に向けた可能性」**だけ。そんなベンチャーが、すでに一定の地位を確立した既存の企業の中で生き残り、成長していくというのは大変なことです。

　ストックオプションは、「将来の可能性」をベンチャーの推進力に変

＊1　後述のとおり、ストックオプションは発行済株式数に対して総計10％程度に抑えたほうがいいので、２％とか３％分の株を渡さないと来てくれない「大物」を雇う場合には、このストックオプションのプール（枠）を使うと、将来の他の役職員に出す分が大きく減ってしまいます。
　　　このため、生の株式を渡して、「途中で辞めたら、株の全部又は一部を返す」と契約で定めておく方法があります。この「創業株主間契約」については、拙著『起業のエクイティ・ファイナンス』の第１章をご覧ください。
＊2　ただし、「ストックオプションがもらえるから」ということで勤めた会社の仕事と、給料や無償でもらったストックオプションの価値が見合うかどうかは、また別問題です。
　　　また、ストックオプションを行使する時期と売却する時期のズレが発生する場合、税制非適格なストックオプションの場合には、思ったほどの利益が得られなかったり、損失が発生したりすることもありますので、ご注意ください。

185

換するしくみとも言えます。

　ストックオプションは、この「将来の可能性しか持っていない」ベンチャーが、既存企業と対抗していくための数少ない武器の1つです。

　ベンチャー成功の最大の鍵は、「人」です。

　「うちはベンチャーだから、どうせしょーもない人材しか来ないだろう」と思っているような経営者の会社は、成長にも限界があると思います。

　逆に、「え？　彼（彼女）なら、既存の一流企業でも十分エースとして活躍できるのに、何でベンチャーなんかに？」というような人が来てくれる企業は、既存の一流企業と競争しても成長していける可能性がありそうです。

　「卵とニワトリ」ですが、成長する会社は将来の可能性を感じさせる「何か」があるから人を引きつけるわけですし、キラキラした人材が入ってくれば、投資家、顧客、取引先、銀行などからも、会社自体がキラキラして見えてくるので、取引やファイナンスなど、すべてがうまいほうに転がり出すわけです。

　ベンチャーに転職するのは、一般に考えられているほど怖いことではありませんが、転職する際には、やはり、その会社で働いてメリットがあるのか、その会社が将来どうなるかというのは真剣に考えるはずです。優秀な人材が真剣に考えて、その会社に転職を決めて働いているという事実は、その会社自身の格を上げるわけです。そしてキラキラした人材は、さらにまた別のキラキラした人材を引きつけます。

　（逆に、いくら優秀でも「ダークサイド」が強い人が成長期の企業の重要なポジションにつくと、その企業はどんどんダークサイドに転がっていくものなのであります。[3]）

＊3　『スター・ウォーズ』エピソード1〜3あたりを観ると、よくわかると思います。

186

05　ストックオプションを活用する

　創業初期のころは大企業で勤務するには向かないような破天荒な天才タイプが大活躍することもありますし、会社が創業期を過ぎて成長期に入ると、既存の企業でしっかりとした経験を積んだ世間一般で優秀と思われているような人に来てもらうことも重要になってきます。成長のフェーズや局面によっても異なりますが、とにかく「優秀な人」に来てもらうことが大切です。

　ストックオプションは、将来、会社が成功した場合に、何百万円とか何十億円といったお金を得ることができる可能性を秘めたものです（たとえば、ほとんど企業価値がゼロの時代に入社してストックオプションをもらい、会社が１千億円の時価総額になった時に、その0.5％分の株式のストックオプションを行使して売却すれば、約５億円のお金が得られることになるわけです）。
　しかし、自社の役職員にしたい人を口説く際に、「将来カネが儲かるよ」と誘って成功した例はあまり聞いたことがありませんし、「いい人材」は、カネだけでは動いてくれないことが多い気がします。

　どちらかというと「仕事に夢がある」「やりがいがある」「ワクワクする！」「わたしに大きな仕事を任せてくれる」「人生を賭ける意味を感じた」といった、カネ以外の要因でベンチャーに志願する人が多いのではないかと思います。

　正直なところ、ストックオプションのしくみや意味を理解している人は、日本ではまだまだ少ないです。このため、従業員に「今度、ストックオプションをみんなに付与することになりました」と説明会を開いて、大喜びしてくれるかと思いきや「ぽかーん」という反応しか返ってこなくて拍子抜けした、という例も多々あります。

187

しかし、経営側としては「いい人材」が金銭面をまったく考えずに「将来の可能性しかない」会社に転職してくれることを期待するのもどうかと思います。今すぐ大金を払えなくても、成功したらそれなりの報いがあるような「しくみ」が背後にあってこそ、「うちに来てくれ！」とその人材を口説く説明にもパワーがみなぎってくるというものでしょう。

ストックオプションの基本的なしくみ

では、ストックオプションの基本的なしくみを押さえておきましょう。

行使価格

ストックオプションは、「将来、ある一定の条件で（安く）株式を購入できる権利」でしたね？

その、「1株いくらで株式を購入できるのか」の購入できる価格のことを、「**行使価格（Strike Price）**」と呼びます。

図表5−1の例は、行使価格が5万円の場合、将来の株価によって、キャピタルゲインがどう変化するかを示した図です。

まず、グラフの株価（横軸）が5万円以下の部分をご覧ください。この株価が5万円以下の場合には、このストックオプションを行使して得られる利益はゼロです（タダでもらっているので損もゼロです）。

ストックオプションとは株を買う「権利」であって買う「義務」ではありません。株式公開やM&Aなどで、株を売るチャンスが来た時でも、1株当たりの金額が行使価格より低い場合には、行使したら損をするので誰も行使しません。だから利益はゼロということになります。（これがもし、「先物」のように、必ず将来の株価で清算をしないといけない「義

務」だとしたら、株価が行使価格より下がったら、高い株価で買って安くしか売れませんので損失が発生するわけです。しかし、ストックオプションは損になるなら行使しなければいいので、基本的には損になることはありません。[*4]

図表5-1　将来の株価とストックオプション1株当たりの利益

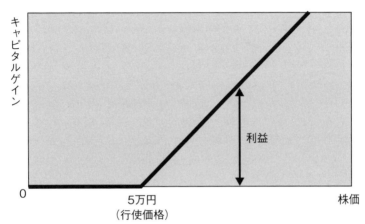

　株価が行使価格を超えると株価と行使価格（図では5万円）の差額だけ利益が出ます。

　たとえば、将来、株価が20万円になったとしましょう。ストックオプションがあれば1株5万円で株式が購入できるのですから、ストックオプションを行使して株式を1株5万円で買って20万円で売れれば、15万円が儲けになります。

[*4] ただし、ストックオプションの事務手続上、行使のタイミングと、行使して得た株式の売却のタイミングがずれることがあるので、その場合には損になることがあります。これは要注意です。

設立したての会社なら、企業価値がまだ低いので、非常に低い行使価格のストックオプションが発行できます。これに対して、すでにベンチャーキャピタルなどからファイナンスを行って企業価値が上がったあとだと、高い行使価格になるのが普通です。このため、一般的には、創業に近い時期にもらったストックオプションのほうが得なことが多いです。

　ただし、ベンチャーキャピタルが投資したあとでも、ストックオプションの魅力がなくなると決まったわけではありません。

　たとえば、資本金100万円で設立した会社が、1年後に企業価値5億円でベンチャーキャピタルから投資を受けたとします。

　もし、この企業が将来、企業価値10億円にしかならないとしたら、設立直後にもらったストックオプションと、ベンチャーキャピタルの投資直後にもらったストックオプションでは、キャピタルゲインは約2倍、違ってくることになります（図表5-2・ケースA）。

　しかしながら、この企業が将来、企業価値1千億円になったら、設立直後もベンチャーキャピタルの投資後も、どちらのストックオプションでもキャピタルゲインはほとんど変わらないことになります（ケースB）。つまり、重要なのはベンチャーキャピタルが投資した前か後かではなく、自分がストックオプションをどのくらいの量もらえるのか、そして、ストックオプションをもらったあとに、どのくらい企業価値が上がるのか？（能動的に言えば、自分がどのくらいその企業の価値を上げられるのか？）にかかってきます。

クリフとベスティング

　ストックオプションに付けられる条件は何種類もあるので、その単純な組み合わせは膨大な数になりますが、一方でストックオプションは、「いい人材に来てもらいたい」「将来、会社が成功した時に、がんばってく

図表5-2　ストックオプションの付与時期とキャピタルゲイン

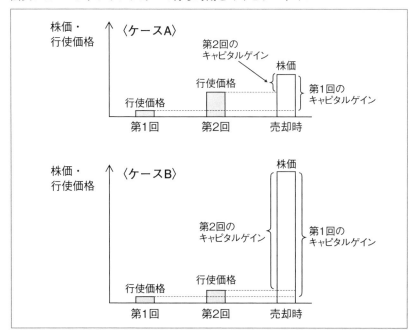

れた役員や職員が経済的にも報われるようにしたい」といったことが目的ですし、税制などの制約もありますので、設計のパターンはそこそこ絞られてきます。

たとえば、「ストックオプションをもらってすぐ行使できる」という設計もテクニック的には可能ですが、通常は、ストックオプションを受け取ってから２年程度は行使することができないように設計されています。[*5]

＊5　米国の場合、１年クリフの例が多いと聞きますが、日本では後述の「税制適格ストックオプション」の要件の１つに「２年間行使できないこと」があるので、ほぼすべて２年以上のクリフになっています。

図表5-3　2年クリフで付与から5年目に全額行使可能になる場合

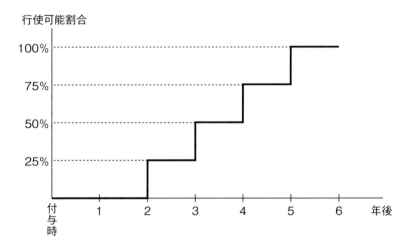

（この行使できない期間、または行使の開始時期のことを、シリコンバレーなどでは、「崖」という意味の「クリフ（Cliff）」という語で呼んでいます。）

　そして、行使できるようになってからも、すぐに100％が行使できるのではなく、何年かに分けて行使できるようになっています。
（これは「ベスティング（Vesting）」と呼ばれます。）

　せっかくベンチャーに勤めてくれた期待の役職員なのに、ストックオプションを付与してすぐに株に換えて、そのままとっとと会社を辞められてしまっては、ストックオプションを付与した意味がなくなってしまいます。このため、こうした縛りを付けることで、仮に企業価値が大幅に上昇しても、役職員が大金を手にしてすぐに会社を辞めてしまわないように配慮しておくわけです。

ストックオプションの発行計画

　業種や企業規模によってケースバイケースですとしか言えませんし、次章の「資本政策」にも関わってきますが、ざっくりした目安として、概ね発行されるストックオプションが上場までの累計で、発行済株式数の10％以内に収まるように考えておけば無難ではないかと思います。

　もちろん、累計で５％とか７％程度に収まるように計画したほうがより安全です。「１回の発行で」ではなく、あくまで「累計で」ですよ。

　つまり、ストックオプションの発行計画は、人員計画と資本政策とを考え合わせて作ることが必要になります。

　第３章で検討した事業計画には人員計画が含まれており、上場までにどういう役職の人を何人採用するか、ということが計画されているはずですし、次の第６章で考える資本政策では、いつ、どのくらいの企業価値になって、いくらの資本が必要かということを計画します。これらを考え合わせれば、誰にどの程度のストックオプションが付与できて、将来企業価値がどのくらいになったら、それぞれの人にどのくらい報いることができるか、ということがシミュレーションできます。

　ストックオプションは、社長の独断と偏見で決めるというよりは、基本的には、

- 付与のタイミング（いつ入社したか？）
- その人の役職・職責

などから、一定のルールを作成し、基本的にそのテーブル（表）に基づいて「誰に何株分付与する」ということを決定すべきです。

　（もちろん、ルールどおりにガチガチにやるのではなく、その他の定性的要因を考えて「メリハリ」をつけるべきだと思います。）

付与した時に全員に何株分付与したかを従業員に開示する必要は必ずしもありませんが、株式公開をする際に開示される「有価証券届出書」という書類に、ストックオプションを受け取った全員の名前と住所（市や区レベルまで）が開示されてしまいますので、上場できた場合には誰にどのくらいストックオプションが付与されたかはバレてしまうわけです。

「なぜあいつがあんなにもらっていて、おれはこれだけ？」
という話は必ず出てきますので、詳細が開示された時にも納得感があるルールに従って決めておくことが重要です。

　具体的には、

①事業計画を構築
②資本政策を構築して、付与できるストックオプションの量を仮定
③役職等別の付与のルール・テーブルを決める
④誰がどのくらいのインセンティブになるかのシミュレーションを行

図表5-4　ストックオプション付与の検討サイクル

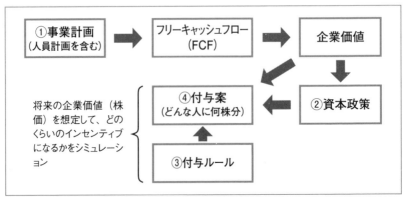

う（将来の時価総額の予想、その時のキャピタルゲインの額など）

⑤これをやってみて、どうしてもうまく整合性が取れないということであれば、①や②を考えなおす。

といったサイクルを回すべきです。

役職員の人生プランを考える

会社のビジネスモデル、企業価値や、役職員の将来の人生プランを想像してみることも大切です。

企業の人材の「新陳代謝」を促すために最も重要なのは、会社の企業価値を上げることでしょう。

たとえば、上場してストックオプションを行使して300万円の利益を手にしたら、年収400万円の人の臨時収入としては確かにうれしいでしょうけど、では、300万円という金が、会社を辞めて遊んで暮らしたり自分で新しいビジネスを始めたりするのに十分な資金かというと、そうではないでしょう。

このため、ほとんどの人がその程度の利益しか手にできないのでは、会社の従業員の「新陳代謝」は促せないかもしれません。

一方で、上場後に5千万円とか1億円またはそれ以上の利益が手に入れば、会社を辞めて田舎に帰るとか、自分で新しいビジネスを始めるといった、新しい人生に移る気になる人も増えるでしょう。

もちろん事業が発展して企業価値が上がるかどうかは運や環境にも左

右され、想定どおりに進むとは限らないので、そこまで考えても仕方がない面もありますが、いつかそういう日が来ることも頭の隅に入れておくべきだと思います。

ストックオプション設計に必要な知識

ストックオプションは、「株価が上がれば儲かる、下がっても損はしない」というシンプルなものですが、じつはきちんといろいろ考えようとすると、ディープな世界が広がっています。

最近では、ストックオプションの契約書や要項の「ひな型」のコピーがベンチャー界にも出回っていますので、知り合いからそうした「ひな型」をもらってきて、そこに数字を書き込み、司法書士に議事録や登記をお願いすれば、発行するだけなら簡単にできます。

ですから、法律や税務などの制度面をあまり過度に心配する必要はありませんが、ストックオプションは、ただ発行すればいいというものでもなく、前述のように「いい従業員を採用したい」といった目的を達成できるように設計しないといけません。

また、第6章で検討する資本政策に与える影響も考える必要があります。

このため、ストックオプションの発行というのは、図表5−5のように、法律、会計、税務など、いろいろな技を使う必要がある「総合格闘技」的なものになっており、深く考えると、ベンチャーファイナンスの実務の中でも技術的に奥が深いものになっています。

以下、どういう制約条件を考えるべきなのか、ストックオプションの

図表5-5 ストックオプションに必要な知識のイメージ

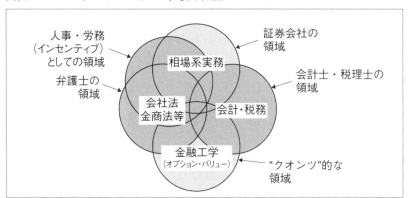

各要素について概観してみましょう。

会社法から見たストックオプション

　現在発行されている日本企業のストックオプションは、会社法上の「新株予約権」という権利です。このため、会社法という法律で新株予約権を発行する際に、どのような規制が設けられているかを知る必要があります。

　ストックオプションのドキュメンテーションは、この会社法に沿っているかどうかが非常に重要です（会社法に沿っていないと、たとえば登記ができなくなる可能性があります）。しかし、ストックオプションの内容は、法律だけから一意に定まってくるものでもありません。法律上は自由度が高いので、いろいろな設計が可能ですが、どういう設計を選択するかは、法律以外の要素を考えないといけないことになります。

このため、法律の専門家であれば誰でもその会社のニーズに合ったストックオプションが設計できるわけではありませんので注意が必要です。つまり、ベンチャー実務に詳しい弁護士や司法書士等に相談することが大切です。

金融工学的に見たストックオプション

ストックオプションの価値である「オプション・バリュー」を計算するには、金融工学的にちょっと難しい計算やシミュレーションが必要です。

じつは、未上場の企業でストックオプションを従業員等に発行する場合には、今まで述べてきたとおり、「無償」で発行されることがほとんどですし、会計上も、そのオプション・バリューを（ほとんどの場合）費用に計上しなくてもいいことになっています。また、税務上も、従業員がストックオプションをタダでもらっても、付与時点では（ほとんどの場合）従業員の給与と考えなくてもいいので、ベンチャーの場合、あまりこの金融工学的な側面は表面に出てきません。[6]

＊6 ただし、ベンチャーが将来上場したあとにストックオプションを発行する場合、ストックオプションの価値を計算して、ストックオプションを費用計上する必要が出てきます。
また、未上場であっても、ゆがんだ資本政策を矯正する場合など、特殊なストックオプションを有償で付与する必要がある時には、この金融工学的なシミュレーションを行い、ストックオプションの価値を計算する必要が出てくることがあります。

■ストックオプションの金融工学的価値とは

たとえば、今5万円の株式を5万円で購入することができるストックオプションがあるとします。つまり、時価5万円の時の行使価格5万円ですが、このストックオプションの価値はいくらでしょうか？

「5万円の株式を5万円で購入できても儲けはゼロだから、価値はゼロだろ？」と思われるかもしれません。

しかし、行使価格と時価が同じでもストックオプションには価値があるのです。そのストックオプションが今後10年間使えるものだとして、他の人から、「タダなんだったら頂戴」と言われたら、あなたはそれをタダであげますか？
「やっぱりタダであげるのはもったいないよなあ」と感じるとしたら、それは、そのストックオプションに価値があるからです。
この権利の価値を計算するのが、オプション・バリューの計算です。
ストックオプションの価値（公正価値＝Fair Value）は、図のように「本源的価値（Intrinsic Value）」と「時間的価値（Time Value）」に分かれます。

「時価5万円の株式を5万円で購入することができるストックオプションに価値はない」と思ったのは、「本源的価値」のことです。

図表5-6　ストックオプションの価値

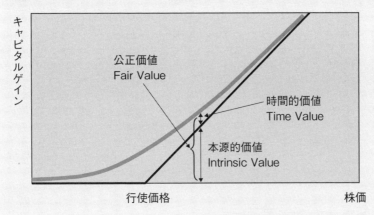

時価20万円の株式が5万円で買えるとしたら、そのストックオプションに少なくとも15万円の（本源的）価値がある、ということはわかりやすいかと思います。

　しかし、「時価5万円の株式を5万円で購入することができるストックオプションでもタダで他人にあげるのはもったいないよなあ」と思ったのは、この本源的価値だけでなく、他の価値もあるということなのです。これが「時間的価値」の部分です。

　オプション価値の計算には、ブラック＝ショールズ式（下記）やモンテカルロ・シミュレーションなどという方法が使われます。

　前述のとおり、未上場のベンチャー企業では、特殊な場合を除いて、この価値を計算する必要はありませんが、このオプション・バリュー分、ベンチャーや付与を受ける役職員は会計的・金融工学的に「おまけ」をもらっているのだ、ということには感謝してもいいかもしれません。

【ご参考：ブラック＝ショールズ式】
$$C = SN(d_1) - Xe^{-rT}N(d_2)$$
ここで
Sは、原資産（たとえば普通株式）の現在価値
$N(d)$は、dの累積正規確率
Xは、行使価格
Tは、満期までの期間
rは、リスクフリーの金利
eは、自然対数の底（ネピア数）
$$d_1 = \frac{\ln(S/X) + rT}{\sigma\sqrt{T}} + \frac{1}{2}\sigma\sqrt{T}$$
$$d_2 = d_1 - \sigma\sqrt{T}$$

上場証券実務とストックオプション

　上場したあとに、ストックオプションを行使して取得した株式を売却する時の実務については、インサイダー取引規制なども考慮して、非常に慎重に対応する必要があります。

　ストックオプションを発行しているたいていの上場企業は、年4回とか年1回など、決算発表後の特定の時期だけ行使・売却可能としているのではないかと思います。

　また、大口の売却をする役員や従業員がいる場合には、ブロックトレード（市場外で行う大口の相対取引のこと）などの手配もする必要があるかもしれません。

　ただし、この点は、上場が見えてきた以降に考えればよく、あまり設立時から気をもむ必要はないかと思います。

人事労務とストックオプション

　そもそもストックオプションというのは、「役員や従業員にがんばってもらいたい」と、インセンティブ目的で付与されるものです。

　ですから、従業員間のバランス、初期に入ってきた人、実力がある人、などバランスも重要になります。

　米国のコーヒーチェーンのスターバックスが、アルバイトにまでストックオプションを付与して話題になったのですが、日本では平社員にまで広く薄く付与するのはわりと普通であり、むしろそちらのほうが違和

感がないかもしれません。

　上場した時に社内の特定の人だけが大金持ちになって、平社員には何もないというのでは、上場してめでたいはずなのに、社内の雰囲気もギクシャクするかもしれません。

　ストックオプションは従業員等の「やる気」のために付与するのですから、それによって社内にいがみ合いが起こってしまうのでは本末転倒です。

　このように、会社がうまくいった時、うまくいかなかった時、いろいろな局面を考えて、どういう局面でもなるべくうまく乗り切れるか、イメージしてみることが非常に大切だと思います。

ストックオプションの会計

　前述のとおり、ストックオプション会計では、上場している企業は、金融工学的に計算したオプション・バリューを費用計上しないといけませんが、上場していないベンチャー企業は、発行時の「時価」以上の行使価格で発行する限り、費用計上しなくていいことになっています。[7]

＊7　日本の会計基準「ストック・オプション等に関する会計基準」（企業会計基準第8号）の原則は「ストックオプションを付与して従業員からサービスを取得」するという考えであり、オプション・バリューの計算をしてそれを費用として処理します。
　上場してすぐのベンチャーはボラティリティが高く、オプション・バリューも大きくなってしまいがちです。未上場のベンチャーについては「13.未公開企業における取扱い」で、「未公開企業については、ストック・オプションの公正な評価単価に代え、ストック・オプションの単位当たりの本源的価値の見積りに基づいて会計処理を行うことができる。」とされています。
　IFRS（国際会計基準）第2号「株式報酬」でも「24.持分金融商品の公正価値が信頼性をもって見積れない場合」が適用できれば同様の扱いとされています。

202

05　ストックオプションを活用する

　逆に、上場したら、ストックオプションを発行する場合には費用計上が必要になります。

　上場企業は、非上場企業にも増して投資家から利益を稼ぐことを期待されていますので、費用計上で利益が圧縮されたり、ストックオプションが発行されて、既存株主が保有する株式の権利の価値が薄まることについて、嫌な顔をされることがよくあります。

　このため、未上場のうちはストックオプションを気前良く発行していたけれど、上場したとたんにストックオプションを発行しなくなるベンチャーが多くなります。

　また、後述のとおり、ストックオプションの価格には株価のボラティリティ（変動性）が影響してきます。ベンチャーの場合、ボラティリティが高いことが多く、ストックオプションの価値が株価に対して非常に大きくなり、費用計上額も馬鹿にならない額になってしまうことも多いのです。[8]

　このため、上場前からいる役職員と上場後に入社した役職員とで、処遇上の大きな「断層」が発生する現象もよく見られます。

---

[8]　昔、商法でストックオプションが規定される前の時代に「成功報酬型ワラント」というスキームがあり、そこでは株価の１％程度の金額でストックオプション（ワラント）のバリューを見積もることが多かったため、ストックオプションというのは株価に対して１％程度の価値しかないと思っている人が意外に多いようです。しかし、金融工学的に妥当な方法で計算すると、上場直後のベンチャーのオプション・バリューは、株価の50％前後になることもあります。たとえば、時価総額500億円の上場企業が発行済株式数の１％に相当するストックオプションを発行して、オプション・バリューが株価の40％だったら、２億円もの費用が２年にわたって計上されることになってしまいます。PERが高く、利益がまだ数億円しか出ていない企業だとしたら、インパクトは大きいですね。

■「四則演算」ができる専門家は少ない!?

　ストックオプションの要項には、株式分割などをした場合に、ストックオプションの内容を修正するための数式を載せているケースがほとんどだと思います。

　ストックオプションの内容は実際に文書化してみると非常にややこしいので、ベンチャーでは、案を作成してくれた弁護士や司法書士に任せっきりということもよくあるわけです。しかし、そういったプロフェッショナルの方が「数式」や「算数」が得意だとは限らないですし、そういった調整式は、会社法や税法の条文には書いていない（加えて、日本のほとんどのロースクール等でも教えていなさそうな）ので、チェックしていないことも多そうです。ですから、会社側でもよくよくチェックしてみる必要があると思います。

　たとえば、新株予約権1個につき1株を取得できる新株予約権が5個付与されており、行使価格が1個につき10万円だとします（新株予約権は「株」ではなく「個」という単位で数えます）。

　この会社の株式が株式分割で2分割されたら、1株の価値は半分になるわけですから、行使価格は半分の5万円にならないとおかしいですよね？
　新株予約権は株式とは別物ですから、ちゃんと調整式を書いておかないと、株式が分割されたからといって自動的に新株予約権を行使して取得できる株数も増えることにはなりません。

　日本のベンチャーは、設立の時には「1株5万円で100株」といったように、非常に少ない株数しか発行していないケースが多いです。このため、そのままでは上場基準の単位数の条件や、1単位の価格（50万円程度）の条件を満たさないことになるので、日本のベンチャーにおいては、ファイナンスや企業価値の状況に合わせて株式分割を繰り返すのが普通で、将来何分割するかというのは、事前に正確には予測できません。

　このため、分割等があった場合にどういう調整をするかが、数式で適切に定義されているのかどうかが非常に重要になります。

05　ストックオプションを活用する

【事例1】

　実際、上場している某大企業のストックオプションの条件を見ていた時に発見したのですが、この会社のストックオプションは、

　調整後行使価格 ＝ 調整前行使価格 ÷ 分割・併合の比率

と、株式分割等をした場合に行使価格が下がる条件になっているのはいいのですが、合わせて株数が分割比率分だけ増えるという条件がいくら探しても見つかりませんでした。

　上場企業だと、株主にはストックオプションのような潜在株式を増やすことはただでさえ嫌がられます。このため、こうした「間違い」を株主総会で修正することはなるべくやりたくないところでしょう。

　このままでは、この会社の従業員は、株式が10分割されたらストックオプションの価値が10分の1になってしまいますし、従業員にそんな損害を与えるわけにはいかないということであれば、株式分割自体が事実上行えないことにもなってしまいかねません。

【事例2】

　これも未上場企業で実際に見かけた例ですが、

　調整後行使価格 ＝ 調整前行使価格 ÷ 分割・併合の比率

というところまではいいとして、その数式に、

　「調整の結果生じる1円未満の端数については、これを切り上げるものとする」

と付記してありました。

　1円未満の端数なんてどうでもいいような気がしますが、この会社の場合、行使により付与する株式数が、

205

調整後付与株式数＝調整前付与株式数×調整前行使価格÷調整後行使価格

という式で、これに、

「調整の結果生じる１株未満の端数については、これを切り捨てるものとする」

と付記してあったわけです。

　もともとの行使価格が10万円、新株予約権が１個（１株分）だったとすると、株式を２分割した場合には、調整後の行使価格は半分の５万円になり、調整後の付与株式数は２倍の２株になるわけで、まったく問題ありません。

　ところが、３分割した場合はどうでしょうか？

　上記の数式に従うと、調整後行使価格は10万円÷３で、33,333.3333…円なので、１円未満の端数を切り上げて33,334円。
　調整後に付与される株式数は、調整前付与株式数１株×10万円÷33,334円で、2.99994株。
　この「１株未満」を切り捨てると、0.99994株が削られて、本来３株もらえてよさそうなところが、２株しかもらえません。
　ストックオプションの価値が３分の２になってしまったわけです。

　この調整式は、
「一　当該新株予約権の目的である株式の数（略）又はその数の算定方法」
「二　当該新株予約権の行使に際して出資される財産の価額又はその算定方法」
（会社法第236条［新株予約権の内容］）
に該当します。

　新株予約権の性質の根幹に関わるところなので、株主総会で「要項」を決議する必要があり、「契約書」側で定められるものではありません。
　上記の例では、株式分割をする前に気づけば、うまく割り切れる数で分割したりして難を逃れることも可能でしょうが、株式分割してしまったあとに気づいた時には、ややこしいことになります。

　上記の数式は四則演算しかしていませんし、「切り上げ」「切り捨て」もすべ

て小学校で習いますので、「理系でないとチェックできない」といったものは
まったくありません。しかし、習っているからチェックしているとは限らない。

　むしろ、理系やIT系のベンチャーであれば、こういった「バグ」潰しは会社
側のほうがお手のものかもしれません。
　「プロにチェックしてもらったから安心」と思わないで、自分の会社でも（特
に依頼したプロが「数式弱そうだなー」と思ったら、数式に関連する部分は慎
重に）チェックしておくことをお勧めします。

ストックオプションの税務の基本

　ストックオプションの税務は複雑ですので、悲惨なドラマを数々生み
出します。
　この項の話はちょっとややこしいので、興味がなければ飛ばして読ん
でいただいて結構です。しかし、**ストックオプションの条件がちょっと
違うだけで、税務上の取扱いが大きく異なり、もらった役職員の間に大
きな不公平が生じたり、地獄を見たりすることがあります**ので、ストッ
クオプションを発行する際には、ここに書かれているような観点からス
トックオプションの条件がどうなっているかチェックする必要があると
いうことは頭の隅にとどめておいていただければと思います。

　まずは、税務上、タダでモノをもらった時の原則、ストックオプショ
ンの場合の例外、そして例外の例外である税制適格ストックオプション
の関係について学んでおきましょう。

法人からもらうものは「時価」が原則
　日本の所得税法の原則では、「モノやサービスをタダで受け取ったら、
受け取った時の時価を所得と考えて課税する」ことになっています。[*9]

ストックオプションは前述のような金融工学的に計算された価値を持つ権利ですから、役職員が会社から無償でストックオプションをもらう場合には、本来は、その時点でのストックオプションの価値が所得に加えられて所得税が計算されるはずです。

ストックオプションなどの例外

　ところが、ストックオプションはこの所得税法の例外になっています。「株式が取得できる権利」の課税は、「もらった時」ではなく、「権利を行使した時」の時価で考えた所得に対して課税されることになっています。[10]

　役職員なら給与所得、外注先の人などは事業所得等になります。

例外の例外：（税制適格ストックオプション）

　そして、この例外にはさらに例外があり、特定の要件を満たすストックオプションについては、付与した時も行使した時も非課税で、売却した時に初めて課税されることになります。[11]

　これは「**税制適格ストックオプション**」と呼ばれます。

　基本的にはどのベンチャーも、まずは、この税制適格ストックオプシ

---

[9]　所得税法第36条（収入金額）
その年分の各種所得の金額の計算上収入金額とすべき金額又は総収入金額に算入すべき金額は、別段の定めがあるものを除き、その年において収入すべき金額（金銭以外の物又は権利その他経済的な利益をもつて収入する場合には、その金銭以外の物又は権利その他経済的な利益の価額）とする。

[10]　所得税法施行令第84条（株式等を取得する権利の価額）
発行法人から次の各号に掲げる権利で当該権利の譲渡についての制限その他特別の条件が付されているものを与えられた場合…における当該権利に係る法第三十六条第二項（収入金額）の価額は、当該権利の行使により取得した株式…のその行使の日…における価額から次の各号に掲げる権利の区分に応じ当該各号に定める金額を控除した金額による。
一～五（略）

ョンに該当するストックオプションが発行できないかどうかを検討しま
すし、ほとんどの役職員へのストックオプションは税制適格ストックオ
プションに当てはめられるはずです。

ただし、税制適格ストックオプションの要件は非常に厳しいので、次
項では、税制適格ストックオプションの要件を見てみましょう。

税制適格ストックオプションの要件

税制適格ストックオプションには、主な要件として以下のようなもの
があります（他にも要件はありますので、専門家への相談等をお勧めし
ます）。

「時価 ≦ 行使価格」でないといけない

税制適格ストックオプションの行使価格は「時価」より下げてはいけ
ません[12]。「時価」とは何かというと、原則としては第4章の企業価値
で考えたような考え方から計算された株価のことになります。

時価以上であれば、いくら高い行使価格でもかまいません。

ただし、たとえば1株500円の時に行使価格5千円とすると、企業価

---

[11] 租税特別措置法第29条の2（特定の取締役等が受ける新株予約権等の行使による株式の取得に係る経済的利益の非課税等）
会社法…第二百三十八条第二項 若しくは…に規定する権利…を与えられる者とされた当該決議…のあつた株式会社又は［子会社］の取締役、執行役又は使用人である個人（…大口株主…を除く…）又は当該取締役等の相続人…が、当該付与決議に基づき当該株式会社と当該取締役等との間に締結された契約により与えられた当該新株予約権…を当該契約に従つて行使することにより当該特定新株予約権等に係る株式の取得をした場合には、当該株式の取得に係る経済的利益については、所得税を課さない。ただし…株式の払込金額…が、千二百万円を超えることとなる場合…（以下略）

[12] オプション用語でいうと「アウト・オブ・ザ・マネー（out of the money）」の状態で発行されるものでないとダメということです。

値が10倍にならないと、ストックオプションを行使して株式を売却しても利益は出ないわけです。従業員も「なんじゃそりゃ？」と思って、インセンティブにもつながらないかもしれません。

「時価より低い行使価格だった」とみなされると税制適格ストックオプションにはならないので、そういうリスクがないようにする必要がありますが、そうした注意をしたうえで、行使価格はなるべく低く抑えて発行されるのが普通だと思います。

未上場企業では、上場企業と違って毎日株価が動くわけではありませんし、赤字が続いていれば税務的には、企業価値が右上がりで上がっているとはみなしにくいと思います。

このため、

- 前回のファイナンス（増資やストックオプションの発行等）
- 企業価値の算定結果
- 投資家等との交渉や合意
- 企業価値を算定する要因（利益、純資産など）が変化しているかどうか？

などを参考に、税務上のリスクが小さい「時価」を考え、従業員のインセンティブにもつながる行使価格を決定すべきかと思います。

未上場ベンチャーの場合は、投資家と次回の増資の株価を合意したり、利益がどんどん出たりするなど、明らかに企業価値が上昇しているケースを除けば、前回の増資時の株価やストックオプションの行使価格と同額以上の行使価格にすれば大丈夫と考えられる場合がほとんどだとは思いますが、企業価値や税務などがからんで大変ややこしい話ですので、他の条件ともども専門家にご相談されることをお勧めします。

「無償」で発行されること

普通は無償で発行されますので、この要件は大抵は大丈夫かと思いま

す。

「取締役、執行役、使用人である個人」に付与されるものであること

つまり、**監査役や外注先は税制適格になりません**。また、法人向けに発行する場合にも、税制適格ストックオプションにはなりません。

「契約により与えられた」ものであること

ストックオプション関係の書類には、株主総会で決議される内容（「要項」）と、会社と従業員等が相対で締結する内容（「付与契約」）があります。

これらの書類できちんと税制適格ストックオプションの要件が定められている必要があります。

行使は２年後から10年後までの間に行うこと

ストックオプションを発行した企業が、10年たっても上場できておらず、潰れてもいない、というケースは少ないので、付与決議の日から10年間という期間はおおむね十分ではないかと思います。

問題は「クリフ」の説明の注にも書きましたが、「２年間行使できない」という制限です。たとえば、この間に会社が買収されたらどうなる？というところが設計上の要考慮点の１つです。

行使価額は年間1,200万円まで

創業すぐのベンチャーには通常あまり関係ないのですが（たとえば企業価値が１億円の会社が発行済株式の１％のストックオプションを発行したとしても、行使価格は100万円程度にしかなりません）、企業価値10億円を超えるようなベンチャーになると、１％で１千万円以上になってきますので、この制約条件に引っかかる可能性が出てきます。

譲渡禁止

　他人に譲渡できる条件では、税制適格ストックオプションになりません。

　以上のように、ストックオプションの税務は非常にややこしいので、専門家にご相談されることを繰り返しお勧めしておきます。

税制適格/非適格で
何が変わるか?

　税制適格になるかならないかは、ストックオプションをもらう側にとっては、非常に大きな違いです。

　たとえば企業価値がまだ非常に小さい時に発行されたストックオプションを持っていて、上場後に企業価値が非常に大きくなった時にストックオプションを行使すると、従業員等が受け取る利益が、何百万円、何千万円、何億円といった金額になることがあります。

　「税制適格ストックオプション」では、その差額に対しては、約2割の税率ですみますが、「税制非適格ストックオプション」だと、「給与」等として高い累進税率で課税されることになります。税率が3割違うと、キャピタルゲインが1億円なら手取額は3千万円近く違ってくることになります。

　さらに、図表5−7のように、税制非適格なストックオプションを行使した人が課税されるのは行使した時点です。しかし、その瞬間に株式を売れるとは限りません。

212

図表5-7　税制非適格なストックオプションを行使して、売却時に株価が下がっていた場合

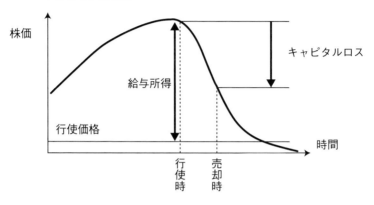

　実際に株式を売却した時の株価が下がっていたりすると、行使時にかかる税金を考慮すると損失が発生して悲惨なことになる可能性もあります。ストックオプションはもらった時にはあまりその価値がピンとこないのですが、ほんのちょっとした条件の違いで将来成功した時に大きな違いが出てしまいます。
　税制適格か非適格かで、従業員と会社や国との間で裁判で争われるケースもあります。

　有名なのは、外資系企業の日本の役員のケースでしょう。[*13]
　また、前述のとおり、監査役や社外の協力者に付与されたストックオプションは税制適格にはなりませんし、入社の1日前に付与されて、まだ取締役や従業員でなかったとしても税制適格ストックオプションにはなりません。

---

*13　ストックオプションのキャピタルゲインが、「一時所得」か「給与所得」かで争われた例が有名です。

そういったことにならないように、ストックオプションの設計はいろいろな角度から慎重に行う必要があります。

設計をミスると、あとで大きな紛争になることがあるだけでなく、税制非適格だと気づかずに売却してお金を使ってしまったら、破産しないといけないことになる可能性も出てきます。

ストックオプションの要項と契約書

それでは、具体的にストックオプションをどう設計するかを考えてみましょう。

以下、ストックオプション（新株予約権）を発行する「ベンチャー」「未上場企業」は、日本の会社法上の株式会社で、すべての株式に譲渡制限が付いている会社、つまり会社法上の「公開会社」に該当しない会社とします。

未上場企業のストックオプションの設計の根幹に関わる文書は、大きく、株主総会を経て決議される「要項」と、会社と役員・従業員との二者間で締結される「契約書（付与契約）」の2つになります。
（もちろん、それらの決議に関わる取締役会、株主総会の議事録や登記関係の書類など、他にもいろいろ文書はあります。）

世の中のストックオプションの書類を見て、この「要項」「契約書」のどちらに何を書くかが、あまり深く考えられていないのではないかと感じることがよくあります。
会社と従業員等との二者間で締結される「契約書」の内容は、取締役

図表5-8 ストックオプションの発行手続き

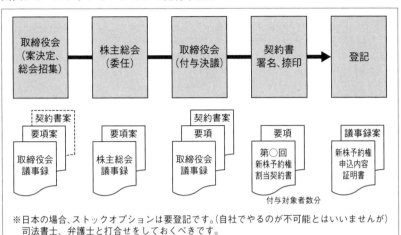

会などで比較的簡単に変更できる可能性があるのに対し、株主総会で承認を得て登記までされた内容は、おいそれとは変更できないからです。

以下、具体的な項目で考えてみましょう。

株の「単位」

　最近の日本では、設立時の1株の発行価格は5万円からせいぜい500円程度が普通ではないかと思います。ストックオプションは、従業員別に若干「差」をつけないといけないので、細かいほどフレキシブルな数量設定はできますが、全体の発行済株式数にも依存してきますし、あまり極端に細かくし過ぎなくても、さほど問題は出ないかと思います。

　むしろ、株式の「細かさ」は、上場時に何単位程度が流通株式数になるかという見込みから逆算して決めてくることになります（くくりが大きい場合については、あとで株式分割を行えばいいだけなので、あまり

神経質になる必要はありません)。

　一方、米国では設立時の1株を1セント程度と非常に小さくするのが通例なので、ストックオプションでも何万株分といった量が付与されることが普通です。日本の会社が米国人を雇っていたり、米国に支店や子会社を作って、そこの役職員にストックオプションを付与したりする場合には、「数株分」というオファーをすると「えっ？（たったそれだけ？）」という顔をされることがよくあります。

　重要なのは、自分が会社全体のその何%を持っているかという「比率」であり、「株数」（個数）で考えるのは基本的にはナンセンスなのですが、シリコンバレーなどでは、「どこそこの企業の誰々は何万株分ストックオプションをもらった」といった「相場観」が形成されているので、それに合わせて、株式を分割したり単元株のくくりを設定したりする必要が出ることもあります。

　日本は、残念ながら、まだ相場観が形成されるほどストックオプションが浸透していません。
　たとえば上場企業については、上場時の目論見書を見れば他の人がどのくらいストックオプションをもらっているかわかりますが、「ベンチャーに知り合いが勤めていて、ストックオプションをもらった」という知り合いを持つ人は、まだ日本では非常に少ないと思います。このため、良くも悪くも、「他の会社で誰がどのくらいもらっていたから、おれもこのくらいほしい」という話が従業員から出たケースは、あまり聞いたことがありません。

ベスティング
　ストックオプションをいつから権利行使できるのか、毎年どのくらい

05 ストックオプションを活用する

使えるのかが、インセンティブとしてのストックオプション設計のキモになります。

　会社は優秀な人にはずっと会社に残って働いてほしいので、付与してすぐに全部権利行使できたり、上場してすぐに株式を全部売却できたりするようにしてしまうと、優秀な人材が上場とともに大金を手にして流出してしまう可能性があります。

　日本では税制適格ストックオプションが付与後2年間は行使できない条件になっているので、最初に権利を行使するまでに2年という設計が多くなっています。その後、毎年3分の1ずつ3年間分割で行使可能にするとか、全部の権利を行使するのに3年から5年の期間を必要とする設定にしていることが多いと思います。

　一方で、ベンチャーは経営が不安定な未上場の時よりも、上場する前後からいい人材が多く入ってくることもよくあります。
　人材を絶対的に「良い」「悪い」に分けることなどできませんが、創業の激動期にゲリラ的な活動をするのは得意だが、上場企業でややこしい規定や規則に縛られながら大組織をまとめあげていく場合にはあまり力を発揮できない、という人はよくいます。[14]

　そういう人は、無理に上場企業に縛りつけておくのではなく、今までの功績に経済的に報いたうえでポストを退いてもらうほうが会社のためになるかもしれません。つまり、企業が成長するのに合わせた人材の「新陳代謝」です。

---

[14]　もちろん、「ポストが人を作る」ということもあるので、やってみたら上場企業でも活躍できた、という人もたくさんいます。

217

古くからいる従業員だというだけで、上場企業の業務に向かない人が重要なポストに居座っていたのでは、会社の成長は望めません。

　このため、ベスティングのスケジュールは株主総会で定める「要項」に入れるのではなく、会社と従業員等との「契約」で定めておいて、いざという時には、取締役会の決議でベスティングのスケジュールを変更できるようにしておくのがいいと考えます。

「上場まで行使できない」条項

　ストックオプションを付与した未上場ベンチャーの従業員等は、もちろん、上場を待たずして辞めてしまうこともあります。

　このため、たとえば、ストックオプションに「2年後から行使して株式を購入することが可能」というシンプルな制限しか付いていないとすると、上場していてもいなくても、付与後2年後以降であれば会社の株式を取得することが可能になりますし、その後に会社に勤め続けることも辞めることも可能なわけです。

　米国では、ストックオプションは「働いた期間に対応してもらえる権利」という感覚が浸透しているようで、一定の期間（1年間以上）働けば、未公開のうちであっても、その期間に応じた分、ストックオプションを行使して株式を取得できることになっているケースがほとんどだと聞いています。

　これに対して、日本のストックオプションというのは、「上場に向けて努力するためのインセンティブ」「上場した際の御祝儀ボーナス」的な感覚が強いと思います。

　そもそも、日本の未上場の株式会社は、ほぼ必ず株式の譲渡制限が付

いていて閉鎖的です。*15

　株主が自由に株式を譲渡できるようにすると、株式がいつの間にか「反社会的勢力」（暴力団やそのフロント企業など）の手に渡って、いやがらせをされたり「高値で買い取れ」なんてことになったりするのも、日本でよく聞かれる現象です。

　このため、譲渡制限は上場まではずさないのが常識になっています。（日本の上場審査では会社が「反社会的勢力」に関係しているかどうかを、かなり入念にチェックされますので、仮に「反社会的勢力」が株主に入っていたりすると、その株をうまく処理しない限り日本で上場するのはまず断念せざるをえないのが現状です。*16）

　こういった風土がある環境下で、ストックオプションを一定期間が経過すれば行使できる条件にしてしまい、上場前にも関わらず株式が多数の株主に分散してしまうと、いろいろややこしいことが起こる可能性が高まります。

　もちろん、譲渡制限は付いているので、行使した株式が知らないうちにアヤシゲな第三者に譲渡されることにはなりにくいわけですが、それでも不都合が起こる可能性は高まります。

＊15　終戦直後の商法では、GHQの指導もあって、株式会社の株式には譲渡制限が付けられないようになっていました。つまり株式会社は「オープン」なものだという位置づけだったわけですが、その後「日刊新聞法」により新聞社だけは特別に譲渡制限が付けられるようになり、その後の商法改正で、すべての株式会社が譲渡制限を付けられるようになりました。
　　　つまり、もともとは「オープン」な法人を志向していた株式会社という制度ですが、未上場企業は、ほとんど譲渡制限が付いて「クローズド」になっています。
＊16　証券取引所は「1株でも入っていたらダメ」という規則にはしていませんが、主幹事となる証券会社の「好み」の問題も公開には大きく作用します。

たとえば、株主が、すぐに連絡を取れる役員やベンチャーキャピタルなど5者くらいしかいなければ機動的に株主総会が開けますが、ストックオプションを行使した従業員が何十人にも増えていたりすると、ただでさえ体制がしっかりしていないベンチャーの総務担当は、連絡を取るだけでひと苦労です。

　（日本の会社法では米国〈ベンチャーの多くが用いるデラウェア州法人〉よりも、取締役会に移譲されている権限が小さいので、未上場のベンチャーは、引越し〈定款の本店所在地の変更〉、役員の採用、増資、ストックオプションの発行などで株主総会を頻繁に開く必要があります。）

　しかも会社を辞めた従業員というのは、会社に対して悪感情を持っていることも少なくなく、居場所が特定できるとも限りません。

　上場企業であれば、連絡がつかない株主については、会社法等に従って淡々と処理するしかないわけですが、これから上場する企業は上場審査があり、株主が何者かというところを厳しくチェックされますので、株主と連絡がつかないとか、今何をやっているかわからないといったことになるのは、上場の足かせになりかねないわけです。

　このため、多くのベンチャーのストックオプションには、「2年間は行使できない」といったクリフの条件の他に、「上場しないと行使できない」という条項が付けられていると思います。

　以上のように、従業員にとってどうかはともかく、日本では「上場しないと行使できない」という条件はそれなりに合理性があるのですが、本体や子会社などで、「働いた期間に応じてストックオプションが行使できるのが当然な国」（たとえばシリコンバレー）の従業員を雇う必要がある場合には、こうした「カルチャーギャップ」が問題になることもありえます。

買収発生時の処理

　そして、この「2年間は行使できない」「上場まで行使できない」といった条項を、株主総会で決議する「要項」に入れているケースもよくあるわけですが、その場合、会社が上場を断念し、会社が買収されることになったら、どうなるでしょうか？

　たとえば、公開を目指してがんばっていたA社が、市場環境などからちょっと公開できそうにもない情勢になってきたところに、ある大企業から「会社を買収させてもらえないか？」という条件のいいオファーがあったとして、「上場まで行使できない」ということが要項に書かれ、登記もされていたとしたら、ストックオプションは行使できません。
　ただでさえ体制が必ずしもしっかりしていないベンチャーのスタッフ部門が、買収の交渉もしながら、このストックオプションの内容を上場前でも行使できるように変更しようと株主の了解を得たり手続きを踏んだり、といったことをするのは、技術的にもスケジュール的にも無理なことが多いかと思います。

　結果として、「株式を持っている社長などの少数の人だけが大金持ちになって、多くの従業員は買収で何のメリットも得られない」といったことになりかねません。

　もちろん、この会社のビジネスモデルが、非常に資本集約的だったり、一部の技術者の天才的な技術や知的財産権に支えられているといった場合には別かもしれません。しかし、多くの従業員の営業力や「やる気」に大きく依存して、「従業員こそが資産だ」というビジネスモデルの会社も多いわけです。
　そうした、従業員のやる気が失われると企業価値が減ってしまいかねないような企業の場合には、このストックオプションの条項が問題にな

りかねないわけですね。

　買収の交渉には直接影響がなくても、「社長だけ金持ちになりやがって」と思われることを望まず、いっしょに仕事をした仲間に報いたいという経営者も多いと思います。

　もちろん、買収する会社が従業員にボーナスを出すとか、社長が自分の株式やお金を贈与するという手も考えられます。

　しかし、株式の売却益に対する課税が未上場会社でも20％の分離課税ですむのに対し、給与や贈与で同じ額の報酬を与えようとすると税率はそれより高くなる場合も考えられます。

　また、従業員が持っている株式の譲渡益であれば、買収する会社・買収される会社の費用には計上されないのに対し、会社から現金でボーナス等を支給すると、P/L（損益計算書）に影響が出ることにもなります。

　決算の都合によっては、「そんなお金は出せない」といったことになる可能性も高くなります。

　すなわち、**行使時期に関わる制限は株主総会決議（「要項」）で決めるのではなく、従業員と会社の間の「契約書」に書いておくほうが、状況に応じてフレキシブルに対応できる**と考えられるわけです。*17

「2年間は行使できない」条項

　日本のストックオプションが「2年間行使できない」という条件になっていることが多いのは、前述のとおり、税制適格ストックオプションにするためにはそういう条件にしないといけないことになっているからです（租税特別措置法第29条の2第1項第1号）。

　この税制適格ストックオプションの条文は、「当該取締役等との間に締結された契約により与えられた当該新株予約権（中略）を当該契約に

従つて行使することにより」と書いてあって、別に「株主総会（要項）で定めないとダメ」とは書いてありません。このため、株主総会では、発行日の翌日などから行使できるようにしておき、2年間の制限は契約書で定めておいたほうが、フレキシブルな対応が可能になると思います。

　もちろん、付与して2年以内にM&Aが発生した場合には、税制適格とはみなされないことになりますが、契約書で定めておけば、選択肢が増えるのは間違いありません。

合併等の場合

　M&Aと言っても、買収する企業が現金で株式を買い取る場合だけでなく、合併や株式交換、株式移転といった組織再編を行って、相手方の株式を手にする場合もあります。

　合併等を行う前にストックオプションを行使して株式を取得していれば、買収する会社の株式を受け取ることにもなりますが、ストックオプションを買収する会社のストックオプションに引き継ぎたいという場合もあります。このために、新株予約権の内容として、このような合併等

---

*17　もちろん、必ず従業員にとって有利なほうを選択することが約束されているような場合は、税制適格ストックオプションにならない可能性が高いと思われます。
　　さらに付与から2年たっていなければ税制適格ストックオプションの要件を満たさないので、時価と行使価格の差が給与として総合課税されることになります。
　　加えて、平成24年4月24日に最高裁判所第三小法廷において、「株主総会決議による委任を受けて新株予約権の行使条件を定めた場合において、新株予約権の発行後に上記行使条件を変更することができる旨の明示の委任がないときは、当該新株予約権の発行後に上記行使条件を変更する取締役会決議は、上記行使条件の細目的な変更をするにとどまるものであるときを除き、無効である。」という判決が出ております。ご注意のうえ、専門家にご相談ください。
　　以上のようなこともあり、昨今の実務では、要項の中に行使の制約条件まで盛り込むことも多く、また実際のM&Aでは、ストックオプションを行使して取得した株式を売却するのではなく、新株予約権のまま買収側に譲渡することが多いようです。

が発生した場合にどうするかということを定めておくことになります（会社法第236条第1項第8号）。

この場合、「新株予約権は必ず買収した会社の新株予約権に置き換えられなければならない」といったフレキシビリティのない定め方だともちろん困るわけです。
買収は交渉ごとですので、相手の事情にも関わってくるからです。

たとえば、買収する側の会社では従業員にストックオプションを発行していないので、買収される側の会社の従業員のストックオプションをすべて現金で買い取ることにしたい、ということもあるでしょうし、逆に、買収される会社の従業員が一時に大金を手にして辞めてほしくないので、引き続きベスティング付きの買収する側の会社のストックオプションを渡したいということもあるでしょうから、それもフレキシブルに対応できるような記載にしておく必要があると思います。

相続・譲渡
「相続の場合、1回限り1人だけが相続して行使することができる」といった条項をストックオプションに付けることもよくあります。

しかし、この相続や譲渡に関する条件も、前述と同様の理由から、要項ではなく付与契約書のほうに入れておいたほうがいい場合が多いと思います。

ストックオプションを付与した従業員が死亡し、「関係者」があとに残される可能性があるわけですが、その「関係者」が法律上の相続権者であるとは限らないわけです（たとえば内縁の妻であるとか、彼女であるとか）。

224

ベンチャーというリスクの高い会社で、安い給料で一所懸命働いてくれた従業員なのに、その人に尽くしてきた関係者に何も残らないというのは、あまりにかわいそう……というケースも考えられます。

上場前や上場後のベンチャーともなると、法令その他のルールで、根拠のないお金を遺された関係者に支払えるとは限りません。

突然亡くなったケースなど、要項でなく付与契約書に書いておけばどんなケースにも対応できるというわけではないでしょうし、あまりに「柔軟」な対応をしすぎると「おれもおれも」と際限がなくなる可能性があるので、フレキシブルな運用も良し悪しですが、契約書のほうに書いておいて選択肢を増やすというのは悪いことではないように思えます。

以上のように、ストックオプションというのは、単なるドライな「金融商品」ではなく、「人のやる気（インセンティブ）」や働いてくれた人に対して報いるためにあるものです。

このため、単なる技術ではなく、「人の気持ち」や、将来展開される「人間ドラマ」を考えて設計する必要があります。

第6章
資本政策の作り方

VENTURE FINANCE
THE ESSENTIAL GUIDE FOR ENTREPRENEURS

資本政策とは

　「資本政策」というのは、資金調達や株式公開などを考慮して、必要な金額が調達できるか、公開時の持株比率は妥当な水準か、などを考慮する戦略や計画のことです。

　平たく言うと、

「どのような株主に、いくらの株価で、何株分の株式やストックオプションを割り当てるか？」

ということになります。

　資本政策表というのは、その計画を表にしたもののことです。

　資本政策は、理論的には、それ単体だけでは作れません。まずは第3章で検討した「事業計画」を立てる必要があります。そこから将来のキャッシュフローの計画が立ち、第4章で見た「企業価値」が算定できるようになります。

　将来の一定時点での企業価値が仮定できれば、「その時点で何株発行して、いくら調達できるか？」が決まってくるわけです。企業価値（株主資本価値）を株式数で割ったものが、株価でしたよね。

　この結果、事業計画で必要になる金額を調達できたとしたら、どの株主がどの程度株式を持つか、という「資本政策」を作成することができるわけです。

　また、そのサイクルは、1回行えばそれで完成ということにはならないかもしれません。

　実際に作成してみて、この結果望ましい株主構成などにならない場合には、もう一度、事業計画全体を見直して、もっと企業価値が高くなる

図表6-1　事業計画と事業価値、資本政策の関係

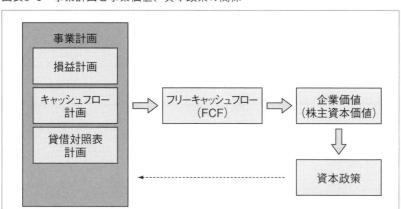

ビジネスモデルはないか？　株式での資金調達量を減らす方法はないか？などの検討を行う必要があります。

　このため、こうしたベンチャーの計画作成に慣れている人なら、いきなり事業計画や資本政策などの細かい数字をExcelで計算し始めるのではなく、まず、全体のざっくりしたバランスを見てみるはずです。
　つまり、ビジネスモデルのコンセプトを話し合い、だいたいの顧客数や単価を想定して、ざっくりしたキャッシュフローや利益を見積り、そこから成長フェーズごとの企業価値を想定して、資本政策がうまく組めるかどうかを考え、うまくいくようであれば細かい計画に落とし込んでいくのではないかと思います。

　「計画なんて初めて作るよ」という人は、最初から要領よくいくはずもありません。途中でうまくいかないと思ったら、ふりだしに戻ってやり直してみてください。
　何日かかろうとも、実際に事業を始めてしまってからやり直すよりは、

ワークシートの上で試行錯誤するほうが、はるかにたやすいはずです。

資本政策の重要性

　創業してこれから成長していこうというベンチャーにとって資本政策を考えることが大事なのは、資本政策の間違いは、**初期の間違いほど、あとになってからの修正がきかない**からです。

　資本政策は株式に関わる戦略です。株式は通常、議決権（会社のコントロール権）を持ちますので、株主というのは会社を共同でコントロールする人達、つまりは「仲間」です。

　銀行などから借入で調達する負債は「他人資本」と呼ばれますが、株式で調達した部分は「自己資本」と呼ばれるように、株主は同じリスクを負う「仲間」なわけです。

　上場を目指すベンチャーは、株主に報いる経営をする気があるかどうかが上場審査などで問われますし、上場を目指さない企業であっても、この「株主の権利」を粗末に扱うなどというのは、もってのほか。

　つまり、一度株主になってもらったら、あとから「出ていってくれ」と言うことは非常に難しいので、どんな株主に何株持ってもらうかという「資本政策」は、設立当初から慎重に考えて策定することが重要です。

　また、ベンチャーの場合、うまく成功すれば、企業価値は急速に上がっていきます。このため、今までの章でも繰り返し述べてきましたが、あとになればなるほど少しの持分を修正したり動かしたりするのにも巨額の資金が必要になります。

　たとえば、50万円の資本金で創業した直後なら、10％の持分を持つ株

230

06 資本政策の作り方

主の株式を譲ってもらう場合に5万円ですむわけですが、これが5億円の企業価値でベンチャーキャピタルに投資をしてもらったあととなると、同じ10%の持分を動かすために5千万円の資金を用意する必要があるわけです。

　また、企業価値や株価が上がるということは、株式を動かすと課税も生ずる可能性があるということです。このため、当事者に税金を払う余裕がないために、資本政策の修正を断念せざるをえないということも多くなってきます。

　何十億円もお金を持っている創業者なら、ベンチャーキャピタルが何億円か出資するのに併せて自分の億円単位の出資をすることも可能かもしれませんが、普通、創業者はお金がないことが多いので、創業者の持分は**一度薄まったら二度と高まることはない**、と考えておいたほうがよろしいかと思います。[1]

　「計画」はあくまで「計画」であって、人間は神ではないので未来を完全に予測することはできません。特にベンチャーは誰もやったことのないことにチャレンジするわけです。ですから失敗を恐れず、いろいろなことに果敢にチャレンジしないといけません。しかし、事業で失敗した場合に比べても、資本政策をやり直すのは非常に難しい。ですから、初期段階から、なるべくうまくいくような計画にしておく、というのが資本政策の場合、非常に重要になるわけです。

---

[1] 『起業のエクイティ・ファイナンス』第5章、第6章では、一度薄まってしまった持株比率を是正する方法についてふれています。

231

図表6-2 資本政策表の例

	2015/1		2015/4		
	設立		第三者割当増資（シード）		
	発行済株式数	比率	増加株式数	発行済株式数	比率
社長A	16,000	80.0%		16,000	68.1%
CTO B	3,000	15.0%		3,000	12.8%
従業員C	1,000	5.0%		1,000	4.3%
（社内持分小計）	20,000	100.0%		20,000	85.1%
エンジェルW			3,500	3,500	14.9%
Xベンチャーキャピタル					
業務提携先Y					
業務提携先Z					
一般株主					
合計	20,000	100.0%	3,500	23,500	100.0%
1株当たり（千円）	0.05		5		
調達額合計（百万円）	1		17.5		
企業価値（post、百万円）	1		118		

資本政策表の実例

　何はともあれ、実物を見ていただいたほうがイメージがわくと思いますので、図表6-2に例を掲げてみました。

　あまり最初からいろいろな要素を書き込んでも頭がこんがらがると思いますので、あえてシンプルな例にしてあります。

　この例では役員や従業員にストックオプションも付与していませんし、資金調達を3回だけ行って上場までこぎ着けています。

　また、資本政策表には、財務諸表のように「こうでなければならない」といった特段のルールもありませんので、株式数や調達金額、出資比率などの必要な要件が盛り込まれていれば、体裁はあまり気にしなくてい

2015/12			2017/2			2019/10		
第三者割当増資（シリーズA）			第三者割当増資（シリーズB）			株式上場		
増加株式数	発行済株式数	比率	増加株式数	発行済株式数	比率	増加株式数	発行済株式数	比率
	16,000	53.3%		16,000	49.1%		16,000	43.2%
	3,000	10.0%		3,000	9.2%		3,000	8.1%
	1,000	3.3%		1,000	3.1%		1,000	2.7%
	20,000	66.7%		20,000	61.4%		20,000	54.0%
	3,500	11.7%		3,500	10.7%		3,500	9.4%
6,500	6,500	21.7%	570	7,070	21.7%		7,070	19.1%
			1,000	1,000	3.1%		1,000	2.7%
			1,000	1,000	3.1%		1,000	2.7%
						4,500	4,500	12.1%
6,500	30,000	100.0%	2,570	32,570	100.0%	4,500	37,070	100.0%
31			200			1,000		
201.500			514			4,500		
930			6,514			37,070		

いと思います。

　この例に従って、どんなことを考慮しながら資本政策表を作るかについて考えてみます。

　上記の設例の資本政策表を左から右に、時系列で見ていきます。

設立（2015年1月）

　まず、この会社は2015年1月に設立されています。

　このとき、この会社の社長のA氏、CTO（技術担当）のB氏、従業員のC氏がそれぞれ16,000株、3,000株、1,000株分ずつ出資しています。

　株価は50円。

　合計は2万株ですから、資本金は百万円。このときの企業価値（株主資本価値）も百万円ということになります。

この設立時をスタート地点として、投資家から株式で資金を調達して、上場を目指すことを考えてみます。

　前述のとおり、資本政策表を作るにはまず、第3章で書いたような事業計画書を、ざっくりとでも先に考えておく必要があります。つまり、事業計画書が作成されていれば、どのくらい投資が必要か、売上やキャッシュフローがどう変化していくか、等が仮定されていますので、差し引き資金がいくら不足するかも見えてくるわけです。

　事業計画を立ててみたら、当初からどんどん儲かって、資金も不足しないし、資金調達も必要ないという場合にはどうしたらいいでしょうか？
　その場合は、まず、自分達が立てた計画が間違っていないかどうか確かめてみてください。もしかすると、誰にでもできそうな事業なのにライバルがまったく現れないといった、甘い前提条件で計画を考えたりしていないでしょうか？　また、Excelのコピーミスで、計算式が間違ったりしていないでしょうか？
　（「事業計画を立てていて、『この事業ものすごく儲かるぞ！』と興奮して椅子から飛び上がるケースの9割以上は、後でExcelの計算式のミスが発見される」という法則があります。）

　もし、計画上はどこにも間違いはなさそうだ、ということであれば、非常にまれなすばらしいビジネスモデルを見つけたということで、喜んでいいのではないかと思います。資金を必要としないビジネスなら、わざわざややこしい株式での資金調達などしなくてもいいし、外部の株主からうるさいことを言われなくても済むわけですから。

　ただし、外部から資本を入れて他人から口を出されないほうが必ず幸せとは限りません。

企業が、経営者だけでなく株主、役員や従業員、取引先、ひいては社会全体を幸せにするには、その企業の企業価値を高めていく必要があります。しかし、まったく外部の株主が入らない企業の経営者は、ともすれば自分達の興味があることばかりを追求して、株主から見た企業価値の増大のほうにはあまり神経がいかなくなりがちです。経営者が創業者として最も株式をたくさん保有していることは多いですが、それでも「株主」と「経営者」との利益が相反し、必ずしも経営者が企業価値の向上を意識しないケースは多々あります。

　世の中にはのんびりやっていても生き残っていける業種や事業もあるでしょうが、IT系のように変化のスピードが速く、勝ち組と負け組がはっきり分かれてしまうような産業では、利益が出るのを待っているのでは遅すぎるかもしれません。

　利益が出るのは、普通は「いいこと」とされていますが、激しい競争にさらされる可能性があるベンチャーにおいては、逆に「悪いこと」の場合もあります。つまり、もっとたくさんの資金を調達して、先行投資的に顧客を増やすことなどが必要かもしれないのです。

　本来はもっと高いステージに登れたのに、そこそこ裕福に暮らせるだけの利益が出て、熱い心が徐々に冷め、小さな会社でまとまってしまうとしたら（もちろん本人たちがそれで満足であればすばらしいことですが）、社会全体から見たら大きな損失ということにもなりえます。

第1回第三者割当増資（エンジェル・ラウンド：2015年4月）

　さて、机上の計画は立ててみましたが、それを見て投資家がすごい資金をいきなり出してくれるとは限りません。

　ベンチャーキャピタルは、第三者である投資家（LP）から資金を募っていますので、ベンチャーキャピタリスト個人の独断で好き勝手に投資を決めるわけではなく、通常「投資委員会」で組織的に意思決定して

投資をします。このため、ある程度きちっとした根拠にもとづいて「この会社に投資したら儲かる」ということを、投資担当者が投資委員会のメンバーに説明する必要があります。設立したばかりの、紙の事業計画しかない段階では、投資を行う直接の担当者も、投資委員会メンバーが納得する合理的根拠を示せないとか、それ以前に、担当者自身が心の底から「この会社がイケる」と思えないことも多いわけです。

この会社の経営メンバー達も、いくつかのベンチャーキャピタルを回ってみて、「夢や構想を語るだけでは今ひとつ具体性に欠けるから、まずはプロトタイプ的なものを作らないと、この事業のすごさがベンチャーキャピタルには理解してもらえないだろう」「プロトタイプ的なものを作るには、1,000万円強の資金が必要だ」ということになりました。

このような段階でも、個人の投資家（エンジェル）であれば、自分の勘やセンスだけで投資をしてくれる可能性があります*2。また、シード・アクセラレーター、インキュベーターや、シード段階のベンチャーにも積極的に投資をしているベンチャーキャピタルなど、組織的に投資をしているところでも、ある程度見込みがあれば、少額を投資するところも増えてきました。このため、こうした「シード」の段階では、そうしたエンジェル、アクセラレーター、インキュベーターなどから出資してもらうことを考えてみるのもいいかもしれません。

この会社でも、エンジェル投資家W氏が1,750万円を投資してくれる

---

*2 個人投資家といっても、個人でお金を持っていれば誰でもベンチャーに投資をしてくれるわけではなく、事業について「面白い！」「これはスゴそうだ」と思ってもらえる必要があります。結果として、ベンチャーに投資をしてくれる個人投資家（エンジェル）は、「先祖代々の土地や財産を持っている」「宝くじが当たった」といった「単なるお金持ち」といった人よりは、今までに自分でもベンチャーを経営した経験があり、かなりの知性やセンスがあって、自分が働いていた会社のEXITや利益などで資産を築いた人、といった人物像が理想です。そういう人は日本でも徐々にですが増えてきていると思います。

ことになりました[3]。１株５千円で3,500株を発行し、発行済株式数が23,500株になりましたので、エンジェルＷ氏は14.9%の株式を保有することになります。

第２回第三者割当増資（シリーズA：2015年12月）

　さて、４月に資金調達して半年弱でプロトタイプを開発し、テスト的に利用してくれる顧客にもかなり好評を博していて、問題点や改善の方向性も見えてきました。今後の事業展開に２億円程度の資金が必要ということになりましたが、マスコミでもいくつか取り上げられたこともあって、ベンチャーキャピタル数社も興味を示してくれはじめています。

　企業価値を計算する方法は第４章で書いたとおりですが、ここでは投資直前で約7.3億円（投資直後で約9.3億円）の企業価値[4]があるということで投資家が説得できるとします。

　この場合、１株の価格（株価）は3.1万円になっています。設立から１年も立たないうちに株価が600倍以上にもなっていることに違和感を覚える方も多いかもしれませんが、この企業の価値が現金の量ではなく、社長やCTOをはじめとする経営陣やプロダクトがイケてることにあるので、別に不思議ではありません。

　昔のように最低資本金が1,000万円ということもありませんから、資本金は１万円でもいいわけですが、同じ事業をやる資本金１万円の会社

---

[3]　シンプルにするために、エンジェル投資家１人が2,000万円弱の資金を出してくれたことにしていますが、実際には数百万円程度を２人から３人程度から集めるというほうが、日本の現状では現実的かもしれません。米国でも、エンジェル・ラウンドの投資家は１人だけから調達ということは少ないかもしれません。

[4]　投資する直前、すなわち投資家が投資を決める前提となる状態における企業価値は、「pre」とか「preマネーで」と呼ばれます。投資して資金が増えた直後の企業価値を「post」の企業価値と呼びます。

と資本金100万円の会社で、100倍企業価値が違うかというとまったくそんなことはありません。企業価値の評価はほぼ同じなわけです。

資本政策表では、Xベンチャーキャピタル1社に、この株価3.1万円で6,500株を発行し、合計2億150万円を出資してもらったことになっています。結果としてXベンチャーキャピタルの持株比率は21.7%ということになり、先に投資してくれたエンジェルW氏の持株比率は11.7%、創業メンバーの持株比率は合計で66.7%になっています。

第3回第三者割当増資（シリーズB：2017年2月）

その約1年後にまた5億円程度の資金調達が必要になるとします。

このケースでは、1株20万円で業務提携先Y社・Z社の2社からそれぞれ1,000株分ずつ調達し、Xベンチャーキャピタルも自分の持株比率21.7%をキープするように570株を追加投資することになりました。

ベンチャーキャピタルが投資をする際の投資契約では、自分の持株比率が薄まらないように追加で投資をできる条項を付けることが多いですが、この条項は優先引受権などと呼ばれます。ただし、通常、追加投資をするのは投資家側の「権利」であって、必ず投資しなければならないという「義務」ではないことに注意しなければなりません。[5]

ここでは、順調に事業が拡大しているので、Xベンチャーキャピタルも追加投資してくれたわけです。

---

[5] 投資家側に増資に応じなければならない義務を課す条項として、マイルストーン条項（一定の目標を達成した時に出資義務が発生）や「Pay to Play」条項（増資に応じない場合に投資家がペナルティを受ける）がありますが、ベンチャー側が強気で交渉できる場合以外は受け入れてもらえない可能性が高いです。

06 資本政策の作り方

　この会社の業績が当初想定していたようには伸びていないとか、上場が見込めないとか、会社の存続が危ぶまれるといった場合には、Xベンチャーキャピタルが必ず追加で資金を投資してくれるとは限りませんので、念のため。

　また、このときの企業価値（pre）は60億円です。１株20万円なので、３者合計で2,570株を発行して合計5.14億円の資金調達ができることになります。

　この時点で社長のA氏の持株比率は50%を切ります。
　ただし、役員のCTO B氏、従業員C氏を合わせると、会社の役職員合計では、まだ６割超の議決権をキープしています。

株式上場（2019年10月）

　この資本政策表では、設立４年目の2019年10月に上場を行うことになっています。

　このとき、１株当たり100万円で4,500株を発行して、45億円を調達（公募増資）、約370億円の時価総額の会社になるという計画です。

　以上がこの資本政策表のざっとした説明です。
　経営計画と同じで、資本政策も最初に立てた計画どおりに実際がいくということは、まずないと思います。実際に事業がうまくいかないと、予定していた企業価値（株価）で予定していた額を集めることもできないかもしれませんし、予想以上に事業がうまくいった場合（または競争が厳しくなった場合）には、予定以上の金額を調達できる可能性（調達する必要）も出てくることになります。

239

ストックオプションが加わった例

図表6-3　資本政策表の例（ストックオプションを発行する場合）

| | 2017/3 | | | | | | | |
| | 新株予約権発行 | | | | | | | |
	増加(株)	発行済(株)	比率	増加(SO)	潜在	比率	潜在込	込比率
社長A		16,000	49.1%			0.0%	16,000	44.7%
CTO B		3,000	9.2%			0.0%	3,000	8.4%
従業員計		1,000	3.1%		3,257	100.0%	4,257	11.9%
（社内持分小計）		20,000	61.4%		3,257	100.0%	23,257	64.9%
エンジェルW		3,500	10.7%				3,500	9.8%
Xベンチャーキャピタル		7,070	21.7%				7,070	19.7%
業務提携先Y		1,000	3.1%				1,000	2.8%
業務提携先Z		1,000	3.1%				1,000	2.8%
一般株主								
合計	0	32,570	100.0%	0	3,257	100.0%	35,827	100.0%

①　②　③

　ストックオプションが加わった場合の資本政策を考えてみましょう。上記の図では、従業員に対して発行済株式数の10％（3,257株分）のストックオプション（新株予約権）を発行しています（ストックオプションは、複数回に分けて発行されるのが普通ですが、ここではシンプルにするため、1回ですべてのストックオプションを付与した形にしています）。

　ストックオプション（新株予約権）の部分は、株式そのものではなく、潜在株式[*6]です。ですから、株式の部分（図の①の部分）と区分して記載してあります（図の②の部分）。

　そして、（図の③の部分）に、発行済株式と潜在株式を合計した株式相当数と合計の比率が記載してあります。

　つまり、この会社の従業員は、株式だけ（創業者C氏分）だと3.1％し

か持っていなかったのが、ストックオプション込みの全体（完全希薄化後）だと11.9%の権利を持っているわけです。別の言い方をすれば、従業員は会社の議決権は3.1%しか持っていませんが、会社の経済的な権利は約[7]11.9%持っているということになります。

つまり、将来、会社が上場するなどして時価総額が100億円になれば、従業員全体で10億円規模、1,000億円になれば従業員全体で100億円規模の資産を持つことになるわけです。

法律面から考える「妥当な」持株比率

「増資をする際に、エンジェルやベンチャーキャピタルに株式を何%渡すのがいいのでしょうか？」という質問をよく受けます。

ベンチャービジネスの性質やステージ、規模にもよりますので、一般論としては「ケースバイケースです」とお答えするしかありません。

資本政策表を作る意味は、まさに、そのケースバイケースを検討するところにあります。

つまり、事業計画も反映させたうえで、

- 必要となる資金がちゃんと調達できるか？（企業価値や株価は適正

---

[6] 新株予約権や新株予約権付社債など、将来、株式に変わる可能性があるものは総称して「潜在株式」と呼ばれます。

[7] 前章で見たとおり、ストックオプションは、行使して株式を取得するために、行使価額分の金額を払い込む必要がありますので、株式と経済的価値がまったく等しいわけではありません。この例では、ストックオプションは3,257株分ですが、行使価格が1万円だとすると、全従業員合計で3,257株の株式を手に入れるために3,257万円を払い込まなければなりません。

か？）

- 上場後も安定した株主構成となるか？
- 創業者や投資家の苦労に報いられるだけのキャピタルゲインは出るか？（逆に言えば、その株主が企業価値の向上に果たす役割をはるかに超える比率になってはいないか？）
- 上場基準は満たしているか？

などの観点を総合的にチェックするためには、資本政策表を作ってみる必要があるわけです。

　以下では、投資家の持株比率によって、会社法や会計基準などからどのような効果が生まれるのか、一般論で話せることについて見てみます。

（以下、発行する株式はすべて議決権がある株式であると想定しています。）

投資家が５割超（50％超）を持つ場合

　１人の投資家が５割を超える株式を持つと、株主総会の普通決議（会社法第309条１項）では、必ず自分の思いどおりにものごとを決めることができるようになります。

　たとえば、取締役や監査役などの役員を選任することができ、会社に役員を送り込んだり、役員全員をその株主の思いどおりに決めたりすることも可能になりますので、会社の日常業務についてほとんどすべてのことを決定することができるようになってしまいます。

　その50％超を持つ株主が法人であれば、その法人の子会社になる、ということです。社長の任期が満了したら、「次期からはあなたはもういらないよ」と言われても（別途、契約等がある場合を除き）基本的には文句も言えません。

だから、1社に対して（または同じ意見になる可能性がある株主の合計で）合計5割を超える比率の株式を渡すというのは、よくよく考えたほうがいいということになります。

もちろん、今回の資金調達では5割を超えなくても、今後資金調達を繰り返していくと5割を超えてしまう可能性が高いという場合も同様です。

資本政策を組む際に、ある投資家について、「この投資家はあまり口を出さずに安定株主になってもらえる人だ」といった想定をしている場合があります。

本当に、その株主が絶対に口を出さずに、経営者の提案に従って議決権を行使してくれるなら、持株比率を計算する際には、その人を経営者側に含めて計算してもいいかもしれません。

しかし投資家は、合理的な理由がある場合には権利を行使しないといけない場合もあります。たとえば、上場会社の経営者は、株主代表訴訟等で訴えられる可能性もありますので、ベンチャーの経営者の提案が自社の利益に反する場合には、ベンチャーの経営者に反対する態度に出る可能性もあります。また、単純にベンチャー側の経営者の考えが甘くて、単なる印象や相手の言葉だけ（たとえば「我々はあなたの味方だから」）で安定株主だと思い込んでいた、ということも多いかもしれません。また、シンプルな「裏切り」もあるでしょう。

ですから、「口出しをしない投資家だと思っていた」のに豹変して、経営者に不利な形で議決権を行使してくるということはもちろんありますので、ご注意を。

「この株主は安定株主だ」と思うとしたら、なぜ安定株主なのか、ということを、一度は理論的に整理して考えてみるべきです。

投資家が3分の1超（33.33…%超）を持つ場合

　この「3分の1」も、持株比率の大きな境目です。

　日本の会社法上、会社の重要な方針、たとえば、

- 定款の変更（第309条2項11号、第466条）
- 募集株式の事項の決定（第309条2項5号、第199条第2項）
- 会社法第5編の規定により総会決議を要する場合（第309条2項12号）
  ：組織変更、合併・会社分割、株式交換、株式移転
- 事業の譲渡や譲受け等（第309条2項11号、第467条1項）
- 資本金の額の減少（第309条2項9号、第447条1項）

などを行う場合には、株主総会の「特別決議」（会社法第309条2項）が
必要になります。

　特別決議は出席した当該株主の議決権の3分の2以上の賛成を必要と
する決議ですので、特別決議を実施する場合に3分の1超を持つ株主が
いると、必ずその株主の了解を得ないと決定できません。つまり、その
株主に「**拒否権**」が発生することになります。

　たとえば、定款記載事項である「社名（商号）」を変えたり、本店所
在地を変えたりといったことから、株式を発行して資金調達するのにも、
その3分の1超を持つ株主の了承が必要になります。

　また、会社が買収されるのに合併や事業譲渡などを使いたい場合でも、
その株主の了承が必要になってくることになります。
　つまり、たとえ別途それに関する投資契約が締結されていなかったと
しても、その株主の意向に沿わない買収だと、拒絶されることになって

244

しまいます。たとえば、事業会社Jがあなたの会社の議決権の3分の1超を持っていて、そのライバル会社Kから買収の申し出があった場合、事業会社Jは（純粋な投資家なら喜びそうな買収の条件であったとしても）、事業上不利になると思えば、それを拒否するかもしれません。

つまり、純粋にキャピタルゲインだけを狙うベンチャーキャピタルのような投資家ではなく、事業会社が3分の1超を保有したり、投資契約で拒否権を持ったりする場合には、買収してくれる相手先は事実上大きく狭まる可能性があります。買収ではなく、単にその大株主のライバルと取引するだけでも議決権を使って何かイヤガラセをされるかもしれません。このため、買収先や取引先になりうる業界の1社に拒否権を持たせるような資本政策を採用する場合には、そうしたデメリットを超えるメリットがあるのかどうか、よくよく考えてみる必要があります。

投資家が3分の2以上（66.66…%以上）を持つ場合

逆に言えば、外部の株主に50%超を持たれていても、会社の創業者などが3分の1超を持っていれば、たとえ取締役は続けられないことになったとしても、株主として社名変更や増資や合併などに対する拒否権はあるわけです。

しかし、特定の投資家に議決権の3分の2以上を持たれてしまうと、そうした拒否権も使えないことになってしまいます。

会計の持株比率への影響

他に、出資者が上場企業などの場合には、40％、20％、15％といった区切りも意味を持ちえます。

連結決算をしなければならない基本は50％超ですが、40％以上でも、

245

役員を送り込んでいたり経営の方針を決定する契約があったりする一定の場合などには、連結する必要が出てきます。

また、20％以上は持分法適用になりますが、役員を送り込んでいたり経営の方針を決定する契約があったりする一定の場合には、15％以上で持分法適用になります。[8]

すなわち、これらはいずれも投資してもらう会社の決算が出資する側の企業の決算に影響するものです。

このため、上場企業等にこれらの境界線を越えた投資をしてもらう場合には、投資を受けるベンチャー側でも、決算のための資料をスピーディに作成して株主に渡すことが求められたり、上場企業に準ずる内部統制が求められたりすることにもなりえます（ベンチャーの急成長期などには、そうしたことが重荷になる可能性があります）。

逆に、投資を受けるベンチャー側がそうした会計に関する体制がほとんどなく、上場企業の決算の足をひっぱる可能性がある場合には、上記のような比率を超えない投資しか受けられないかもしれません。

価値を高めてくれる投資家なら
持分が下がっても得

それでは、創業者の持株比率はどの程度に設定するといいのでしょうか？　創業者の持株比率は多ければ多いほど創業者にとって得でしょう

---

[8]　日本公認会計士協会「連結財務諸表における子会社及び関連会社の範囲の決定に関する監査上の取扱い」等を参照。

図表6-4　創業者と外部の投資家の持株比率（その1）

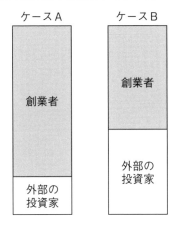

か？

シンプルな設例で見てみましょう。

図表6-4の「ケースA」を見ると、創業者が80％、外部の投資家が20％の持株比率を持っています。
そして、「ケースB」では、創業者が55％、外部の投資家が45％を保有しています。

投資家が同じ金額を出資してくれる場合、「創業者にとってこのどちらが得か？」と聞かれたら、「ケースA」のほうが得に思えるのが普通ではないかと思います。

ところが、**実際の株式の価値や企業価値は、株式数だけでもなく、それに株価を掛けたもの**で決まります。

図表6-5　創業者と外部の投資家の持株比率（その２）

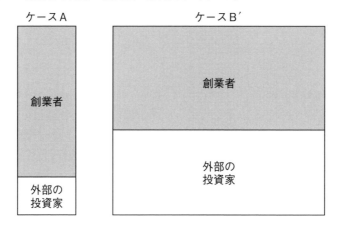

　図表6-5をご覧ください。
　この図の縦軸は図表6-4と同様、持株数ですが、横軸を株価にしています。
　つまり、この面積が企業価値やそれぞれの株主が保有する株式の価値を表しています。

　「ケースA」では創業者が80％持っているのに対し、「ケースB'」では創業者は55％しか持っていません。しかし、株価を掛けた「面積」（資産価値）では「ケースB'」の創業者持分のほうが大きいことがわかります。

　つまり、外部の投資家の出資を受けるということは、その投資家が参加することによって（またはその資金が今手に入ることによって）企業価値が高まるかどうかも重要なのです。

　たとえば、同じ１億円を調達するのに、「持株比率は10％で１億円出

します」という投資家Fと、「1億円出すなら20％ほしい」という投資家Gがいたとしたら、単純に考えれば前者（投資家F）のほうが好条件だと思いますよね？

しかし、投資家Fはただお金を出してくれるだけであとは何もしてくれないが、投資家Gのほうは戦略を考えたり人材や取引先を紹介してくれたり、一緒になって企業価値を上げる努力をしてくれて企業価値が何倍にも上昇する……ということであれば、投資家Gに投資をしてもらったほうが得、ということにもなりえます。

換言すると、「創業者の度量」と「投資家の度量」のバランスによる、と言えるかもしれません。

もちろん、「ある投資家に投資をしてもらったら企業価値が増えるかどうか」なんてことは、事前にはわかりません。

つまり、「うちのファンドが投資すると企業価値が上がるので持株比率は低くなっても結局得ですよ」というのは、ベンチャーキャピタルのセールストークにもなるわけです。

ですから、その投資家が本当にどこまで何をやってくれるのかはよくよく考えたほうがいいと思います。

そういう価値を高めるアドバイスなどをしてくれるのは、結局、「法人」や「ファンド」ではなく「人」です。ですから、「投資家」と「人」がどう対応するのかにもよく注意しないといけません。

ベンチャーキャピタルがファンドの投資家から資金を集める際に、「Key man clause（キーマン条項）」といったものを定めて、特定のパートナーがファンドの運営からはずれることを禁止している場合があります。

249

そういう場合に、そのパートナーが直接担当してくれているのなら、その人が将来にわたってずっと直接・間接に担当してくれる可能性は高いと言えるでしょう。

しかし大手ベンチャーキャピタルのサラリーマンの担当者であれば、「この担当者の人、センスが良くてすごく熱心だから、このベンチャーキャピタルに投資してもらおう」と思っても、その担当者が転勤や異動、退職で担当をはずれてしまうかもしれません。

投資家のブランド効果

また、「いい投資家が出資しているほうが上場時の時価総額が高くなる」とか、「あのベンチャーキャピタルが投資しているんだったら、イケてる企業なんだろう」という期待が働くことも考えられます。特に米国のようにベンチャーキャピタルの個別の投資がすべてオープンに開示される社会では有名ベンチャーキャピタルのブランドで期待が高まる度合いは強いです。

日本では、分散投資型のベンチャーキャピタルが多かったこともあって、まだそこまではいっていないかもしれませんが、実績のあるベンチャーキャピタルやパートナーが投資をして、「あそこが投資しているなら、イケてる会社なのかも」と評価の参考にされるケースは増えてきていると思います。

ストックオプションの適切な発行量

ストックオプションに関わる資本政策の失敗例で多いのが、「ストックオプションを発行し過ぎ」なケースです[9]。重症の場合には、最悪、

06　資本政策の作り方

上場できなくなることもあります。

　ストックオプションの量は、どのくらいが適切なのでしょうか？

　商法の「新株引受権」の時代には、ストックオプションは発行済株式に対して10％までしか発行できませんでしたが、現在の新株予約権は、法律上はいくらでも発行できます。

　このため、発行済株式の30％も40％も発行してしまっているケースを時々見かけるのですが、このように大量のストックオプションをジャブジャブ発行してしまっているケースでは、公開後の株価形成から考えても、そのまま公開できるとは思えません。
　主幹事証券などから、ストックオプションの大部分を行使して株に変えるように指導されることになるか、そもそも上場の俎上に上げてもらえないかもしれません。

ストックオプションの分散度合い
　ストックオプションを誰が持っているかにもよります。長期的に会社の中枢を担う役員など安定株主と考えられる人が保有しているのであれば、未上場のうちに、うまく資金を工面し、ストックオプションを行使して株式に変えればすむかもしれません。
　しかし、ストックオプションが一般の従業員や取引先に広くばらまかれており、合計で30％にも40％にもなっている場合には、上場に待ったがかかる可能性もあります。

＊9　ストックオプションを発行すると、その分、株価も下がります。通常、投資家が投資する際の株価は、企業価値（株主資本価値）を「発行済株式数＋潜在株式」で割った「完全希薄化ベース（fully-diluted basis）」で考えられるためです。

251

いくら「このままでは上場できないので」という理屈をつけても、一度ばらまいてしまったストックオプションを返してもらうのは極めて困難です（特に、上場が見えていて「もうすぐストックオプションがお金になる！」と思われている場合には、なおさらです）。

　そういう意味でも、資本政策は後戻りできないし、最初の段階からよく考えて設計しておく必要があるのです。

行使資金

　未上場の段階で行使すればすむ場合でも、その行使価格がいくらかによっても話は違ってきます。

　たとえば、設立した直後に発行した行使価格が安いストックオプションで、行使に必要な資金がたとえば数百万円程度であれば、知り合いなどから行使資金を調達することも容易でしょう。

　しかし、たとえば、企業価値を10億円と評価して投資家が投資したあとに、ストックオプションを発行済株式の３割発行したとすると、行使資金は約３億円必要になります。公開前のベンチャーの役職員は、蓄えがほとんどないケースがほとんどでしょうから、行使に必要な資金が調達できず、公開自体がうまくいかない可能性も出てきます。

　実際、計画性を欠く資本政策で社長の持株比率が下がり過ぎた場合に、社長向けにストックオプションを発行することを投資家に了承してもらうというケースをよく見かけます。しかし、行使のことまでは考えていないことが多いわけですね。結局、上場前に行使しようと思ったら資金の手当ができず、上場に支障が出た、というケースは非常によく見聞きします。

　また、運良く、多額の行使資金を調達できて、ストックオプションを

行使して上場しても、思ったように株価が上がらず、行使資金を返せないこともあります。うまくいった場合でも、「上場できなかったらどうしよう」と、ものすごくハラハラするわけです。上場というのは、直前になって問題が発覚[*10]して、取りやめにされるケースもよくあるので、実際に上場するまでは何が起こるかわかりません。

業種・ビジネスモデル

業種やビジネスモデルによっても、付与する適切な量というのは変わってきます。

たとえば、非常に資本集約的で多額の投資が必要であり、従業員のがんばり具合にはあまり左右されない事業だとしたら、従業員への付与はさほど大きくしないのが合理的でしょう。

逆に、最先端テクノロジーが勝負でエンジニアの「やる気」にかかっているような場合には、従業員への付与を多めに設定する必要があるかもしれません。

概ね、上場時に発行済株式数の10％以内に収まるようにしておけば、大きな問題にならないことが多いと思います。それ以上でも上場できるケースもありますが、あまりいい顔はされないかもしれません。多くても20％くらいまでが上限ということになると思います。

創業者社長に対してストックオプションが付与される[*11]というのも、そもそも資本政策が失敗していたからという場合が多いです。前述のと

[*10] 会社に恨みがある人やライバルなどが、過去の法令違反等を、証券取引所や主幹事証券会社などに通報するということはよくあるようです。創業の時から、叩かれても大丈夫なようにクリーンな経営をしておく必要がありますね。

[*11] この創業者が発行済株式の総数の3分の1を超える株式を有している場合には、税制適格にならないことにも注意する必要があります。

おり、創業者の持分は一度薄まったら二度ともとには戻らないことがほとんどなので、創業者の持分が適当な比率を保てるように考えて資本政策を組みましょう。

米国の事例を鵜呑みにしない

　世界中を見回しても、ベンチャーやベンチャーキャピタルの投資が飛び抜けて多いのはシリコンバレーであり、日本のベンチャーの実務もシリコンバレーの実務から大きな影響を受けています。

　しかし、そのシリコンバレーの実務をすべてコピーしてくれば日本でも適切なベンチャー実務になるかというと、必ずしもそうではないことに注意する必要があります。

　特に資本政策の場合、創業者・経営者は、米国の平均より高い持株比率を持って上場するほうが、うまくいく可能性が高いと思いますし、善かれ悪しかれ、「社長が過半数の株式を持っていないと」と思っているベンチャー経営者は多いと思います。

　これに対してシリコンバレーでは、創業者といっても公開時には10%を切る株式しか持っていないことも多いと言われます。

　もちろん旧来的な日本の固定観念に縛られる必要はまったくないのですが、創業者の持株比率が低いほうが「シリコンバレー的」で「先進的」で「カッコイイ」かというと、日本ではそこは慎重に考える必要があると思います。

254

資本市場の構造

　第1章で述べたとおり、米国では個人（家計）が、債券、投資信託、株式・出資金といった資産を持って直接大きなリスク負担をしていますし、年金などの機関投資家の層も非常に分厚くなっています。

　これに対して日本は個人金融資産の量だけを見れば1,600兆円超と非常に大きいのですが、その53％は預金として銀行に流れ、そこから産業に資金が供給されています。

　資金の流れ方の構造がまったく異なっているのです。

　銀行は、利鞘が薄く大きなリスクを追えない業態であり、この銀行に資金の過半が集中している日本の場合、社会全体が大きなリスクを扱うのにあまり慣れていない構造になってしまっていると考えられます。

　特に日本ではベンチャーが未公開のうちに巨額の資金を調達して力をつけて、価値を上げるだけ上げておいてから上場するということはあまり行われていません。

　このため、日本の場合、ベンチャーの上場は「早産」的になる傾向があると思います。Googleは2兆円以上もの企業価値になってから上場しましたが、もしGoogleが日本企業だったら、100億円くらいの企業価値になった時点で、株主から「早く上場しろ」とせっつかれたのではないかと思います。

プロ経営者の存在

　もう1つは経営者になりうる人材の層の厚さの違いがあると思います。

　米国は、他の会社を何社も経営してきた経験のある「プロの」経営者の層が非常に厚くなっています。日本でも複数の企業を渡り歩いたプロ

経営者は増えてきてはいますが、まだ流動性は十分ではありません。

つまり、日本の創業者は**一度経営を始めたら、交代要員を探すのが米国より難しく、基本的には一生自分で経営に責任を負うつもりで起業する覚悟が必要**でしょう。

そうなるとやはり、社長が安定した比率の株式を持ち続ける必要性は高くなるはずです。

最近のIT系などの若いベンチャー経営者は、昔の経営者のように「息子に跡を継がせたい」といった考えの人は減っています（昔は「資本政策」というと、息子が株式を引き継ぐのに、いかに税金を少なくできるか、という相続対策を意味することが多かったかと思いますが、今のIT系などのベンチャー企業の資本政策では、そうした要素はまったく考慮されないことがほとんどだと思います）。

しかしそれは、創業者の会社に対する愛情がなくていいということではないと思います。米国のIT系企業ですら、MicrosoftやIntel、Apple、Google、Yahoo!など創業者が長い間、経営に関わっている（いた）会社も多いです。

もちろん米国の場合、持株比率が高いから経営に長期に関与しているというより、厚いプロ経営者の層と競争があるのにもかかわらず、いい業績をあげ株主からの支持もあるから経営に関与できているのだと思います。

企業価値評価は安過ぎないか？

第3章では、事業計画で重要なのは「好循環に乗れることだ」という

お話をしました。資本政策についても「好循環に乗れる資本政策」が必要です。

資本政策において最もよくある失敗例は、会社のフェイズがまだアーリーな段階で外部の株主（投資家等）に株式を渡し過ぎるケースです。

換言すると、調達する必要がある資金量に対して、企業価値評価が低過ぎるケースということになります。

たとえば、100万円の資本金で会社を設立してがんばって会社を運営していたら、半年後にエンジェルなどの投資家から「企業価値（pre）2千万円で評価して資金を1千万円入れたい」という申し出があったとします。

こうなると、（2千万円の評価の会社に1千万円で、投資後の企業価値は3千万円になるわけですから）その段階ですでに33％は外部の株主が持つことになってしまうわけです。

仮に、今後さらに9千万円くらい資金が必要だとしたら、その程度の企業価値評価では、創業者や安定株主の持株比率がさらに薄まり、結局、株式公開が困難な資本構成になってしまう可能性も高いかと思います。

「倍率」で考えてはダメ

上記の例で「100万円で設立した会社が半年で20倍になった！」と思うと、ものすごく儲かった気がして、思わず「投資してください！」と言ってしまう人も多いと思います。

また、「もっと高く評価できませんか？」なんてことを言うと、投資家も、「半年で20倍もの評価をしてるんですよ？　それ以上ほしいなんて言ったら頭がバブった経営者だと思われますよ」というようなことを

257

言うかもしれません。

しかし、このケースでは、まず当初の資本金が非常に小さいということを考えるべきです。

100万円だから20倍、資本金10万円だったら200倍です。しかし、もし上場を目指すのなら、この先、企業価値は何十億円、何百億円……と増やしていかないといけないわけで、その最初の10万円と100万円の差は誤差の範囲ともいえるあまりに小さいものなのです。

ちょっと前の日本の商法では、株式が1株5万円、株式会社の資本金は最低1千万円と決まっていました。

このため、株価が10万円なら「2倍」、20万円なら「4倍」といった言い方がされたり、「このフェーズで5倍は高いなあ」といったことをいうベンチャーキャピタルの方もよくいました。

（20万円だと「4倍は高い！」と言っていた投資家が、株式を3分割して「6万円で」と言ったら、「それなら妥当だ」と投資に応じたというケースも見たことがあります。分割前換算だと3×6＝18万円だからほとんど価格は変わっていないんですけどね。）

会社法になって資本金の下限もなくなり、株式分割も一般化しましたので、さすがに最近ではそういうことはあまりないと思いますが、資本金との倍率で考える人がまだいないとも限らないので、ご注意いただければと思います。

第4章の企業価値でも述べたとおり、特に創業時のベンチャーは過去の価値などほとんどないわけですから、「未来」で勝負するしかありません。

過去の数値に対する「倍率」は、（まったく関係ないとは言いませんが）

258

ます。

創業期のベンチャーの場合あまり本質的ではないと考えるべきだと思い

億単位の資金が必要ではないか？

　資本政策は、上場までに調達する必要がある資金量にもよります。

　もし仮に、1千万円が今どうしてもほしい、1千万円だけ調達すれば、あとは上場まで資金は一銭もいらない、というのであれば、もちろん上述のように2千万円で評価してもらって1千万円投資してもらい、33%の株式を投資家に差し上げてもいいかもしれません。[*12]

　初期投資がほとんど不要なビジネスモデルのベンチャーもいますが、成長する企業に資金が必要になる要因は、実に様々なものが考えられます。

　もし、事業計画を立てても、資金が上場までに1千万円しか要らないといった結果になったら、前述のとおり、計算間違いや考え違いはないかを、一度考え直してみたほうがいいかもしれません。

　ニッチで社長1人が食べていければいい場合には収支は均衡していても、他社との競争などで急成長する必要が生じて従業員を雇ったり宣伝費をかけたりすると、とたんに資金が必要になることもあります。

上場時の時価総額はどのくらい必要か？

　アーリーステージのベンチャーが企業価値を考える場合には「未来（のキャッシュフロー）」を考える必要があると第4章で申しましたが、**資本政策も「未来」から逆算して考える必要**があります。

[*12]　本当に上場まで1千万円ですむ自信があるなら、親戚や公庫から借り入れたほうがいいかもしれません。

創業者も投資家も関係者全員がハッピーになっている未来（たとえば
上場してさらに発展している未来の自社の姿）を想像してみましょう。
その時、時価総額はどのくらいになっているでしょうか？
　また、社長や安定株主は何％くらい持株比率があるべきでしょうか？

・現在、J-SOXや監査コストなど、上場維持コストも上がっています
　ので、それらを支払っても上場してメリットがあるかどうか？
・機関投資家に株式を買ってもらえるかどうか？

などを考え合わせると、（もちろん、数十億円といった企業価値でも上
場ができないというわけではありませんが）上場時の時価総額はできれ
ば最低でも300億円から500億円程度はほしいところです。

　時価総額が300億円から500億円ということは、PER（株価収益率）が
平均より高い「20倍」だとしても、年間の純利益が15億円から25億円必
要ということになります。

　もちろん、上場以降も利益の急成長が見込めるような事業であれば、
もっと高いPERがつくかもしれません。
　そうすれば、その分、利益が小さくても時価総額はつくことになりま
す。また、今後はゆっくりとしか成長しないと思われている事業であれ
ば、PERはもっと低くなります。
　そうすれば、同じ時価総額を獲得するのに、もっと純利益が要求され
ることになります。

「好循環」に乗れる資本構成
　投資家は、自分が株を買った企業には成長してもらいたいわけです。

06 資本政策の作り方

　企業は銀行から借入で資金を調達しても「冒険」はできませんので、リスクが高い領域に果敢に立ち向かっていくためには、株式でファイナンスできる余力が大きいほどいいことになります。

　つまり、時価総額が高く社長や安定株主の持分が高いほど、こうしたリスクの高い領域にチャレンジする余力も大きいということになります。

　逆に、時価総額が低く、社長他の安定株主比率も低い会社だと、今後、株式で資金調達したり、合併や株式交換などの株式を使った買収で成長したりする余地は低いと見られがちです。
　リスクが負えないということは、堅実な領域でコツコツと利益を出していかないといけないということですから、そうすると将来キャッシュフローの予想もPERも低く、株価も抑え気味になってしまいます。

　上記で「300億円から500億円」という荒っぽい数字を述べましたが、もちろんそれだけないと上場基準をクリアできないということではありません。50億円以下の時価総額で上場している企業も多いです。

　しかし、他社が絶対まねできないような独自性の高い領域でコツコツ安定した業績を出していける自信があるのだったら、それで上場してもかまわないかもしれませんが、競争が激しく会社の中身を急速に変化させないと生き残れないことがわかっているのに、財務的なリスクを負えない体質で上場してしまったら、少なくともファイナンス的には打つ手が1つふさがれてしまうことになります。
　（これも、もちろん利益が大量に出て、その範囲内で十分に施策が打てるということであれば、資金調達をする必要はないわけですが。）

　しかし、今後も急成長していかないといけない競争環境にあるベンチ

261

ャーは、ファイナンスの余力がないと厳しいです。

上場は決して「ゴール」ではない

　大きな期待を受けて上場しても、その後も引き続き成長しなければ、結局、上場直後をピークに右下がりの株価になって、投資家にも迷惑をかけることになってしまいます。

　（実際、そういったベンチャーが非常に多いのはご存知のとおり。）下手すると、「反社会的勢力」「反市場的勢力」といった人達から「上場維持したいですよね？」「資金がほしいですよね？」といった誘いを受けて、金づるにされる可能性もあります。

　以上のように、創業者の比率が高く時価総額も高ければファイナンス上の余力も大きく、将来の期待が高まれば時価総額はもっと大きくなるという「ポジティブ・フィードバック」が働くことが考えられます。

　もちろん、実体もないのに期待だけが膨らんだバブルを演出しなさいといったことを申し上げているわけではないですが、株価が高いことは以上のように「予言の自己実現」的な性質を持ちえます。

　こうした点を考えて、経営が「好循環」に入るような計画を立てるべきだと思います。

　もちろん、理想的な計画を立てれば必ずそのとおりになるなんてことはありません。

　しかし、**最初から理想的な状態に到達できない絵を描いていたら、（特に資本政策の場合）それよりマシな状態になる可能性は極めて小さい**と思います。

　少なくとも最初は、上場後も好循環に乗れるような絵を描き、その成功した未来から遡って現在の資本政策を考える必要があると思います。

06 資本政策の作り方

「安定株主」は誰か？

　このように、日本では多少、経営者が厚めに資本を持つ必要がある場合が多いのではないかと思います。社長でなくても、役員の合計でそれなりの比率を持ったり、その他の安定株主がいたりするというのでもいいかもしれません。

　しかしこの「安定株主」を読み違えるケースもよくあります。

ケンカ別れ

　仲間数人で起業することになったとします。

　たとえば2人で起業した場合に、社長が6割の株式を、副社長が4割の株式を持ったとします。

　ところが副社長が突然、「やっぱりおれ辞める」と言い出したとしたら、安定株主と思っていた4割は一気に不安定になってしまうわけです。

　もちろん辞めても良好な関係が続くこともありますが、「ケンカ別れ」ということもよくあります。株価が上昇していたら、買い取るにも億単位の資金が必要かもしれません。[13]

　このため、株主構成を考える場合には、それぞれの株主について「この株主が敵に回った場合でも大丈夫か？」ということをよく考える必要があるでしょう。

---

[13] 『起業のエクイティ・ファイナンス』第1章では、共同創業者が辞めた場合に株式の一部または全部を返してもらう創業株主間契約の例を掲げています。

もちろんベンチャーなので、どんなに考えてもリスクは残ります。

　仮に社長の持株比率が100％でも、社長が亡くなるリスクだってある
わけです。

　このように、どんなに頭をひねって資本政策を考えても、リスクをゼ
ロにできるわけではありません。しかし、それでも、注意深く考えてお
くと違いが出る場合も多いかと思います。

親戚や知人が安定株主とは限らない

　また、共同創業者でなくても、創業時に知人や親戚、エンジェルの個
人投資家などから５％、10％といった小口の資金をちょっとずつ出して
もらい、それらを合計すると40％、50％といった量になる、といったケ
ースがあります。

　こうした株主が上場後も安定して保有してもらえない人達と考えられ
るのであれば、高い企業価値評価で投資してもらう前に、余力に応じて
買い集めておかないと、時価上昇後に買い戻すことは非常に困難になり
ます。

　もちろん、リスクの高い創業時に投資をしてもらったわけなので、「原
価で買い戻させてください」と言っても、株主も「ふざけるな」という
ことになるでしょう。

　御礼も込めて若干高値で買い取るとか[14]、少量の株式は残して将来
のキャピタルゲインの可能性を残しておくとか、基本的には全体がハッ
ピーになるような方向でまとめる必要があります（これも、そううまく
いくケースばかりではないですが）。

[14]　もちろん、税務上「時価」と考えられる価格かどうかなどに配慮する必要があります。

264

株式分散（ポロポロ）型の資本政策

　創業や増資をする際に、友人その他の知り合いから、小口でたくさん資金を調達してしまうケースがあります。

　これは、若い創業者というより、それなりの年齢で社会的地位があって交友関係も広い人が起業するパターンに多い気もします。

　そこそこの年齢の創業者であれば、その友人知人もそれなりの資産があって「200万円や300万円だったら出すよ」ということも多い。

　そういう人が20人も集まれば、４千万円とか６千万円といった結構な金額が集まることになります。

　ところが、この小口の個人投資家は「エンジェル」といえば聞こえはいいですが、プロのベンチャーキャピタルが１社で４千万円とか６千万円出資する場合と異なり、必ずしも真剣度は高くないし、会社をモニタリングする能力もないことが多いわけです。

　１人１人の株主は発言力も弱く、会社の経営者もプレッシャーがかからないから、経営も緩みがちになり、お金がなくなると、また友人知人に資金を「無心」しにいくというパターンにもなります。そうしているうちに株主数もますます多くなってしまう。

　株主数が多くなると、株主総会などの手間が大変になり、ベンチャーには負担が重くなっていきます。

　しかも、株主が50名以上になると、金融商品取引法上、公募にならないように増資をするのが難しくなってきます。

265

（公募の場合、公認会計士の監査が必要な有価証券届出書を提出する必要が出るなど、負担がぐんと増えますので、未公開のベンチャーが公募で資金調達をするのは非常に困難と思っておいたほうがいいでしょう。）

また、全員が昔からの顔見知りであればまだしも、知人の紹介の人などが入ってくると、その人が「反社会的勢力」に関係していないかのチェックが難しくなってきます。

昨今、上場審査における「反社会的勢力」のチェックは非常に厳しくなっていますので、誰か1人がそれに該当すると、上場できないことにもなります。また、誰でも参照できるオープンな「反社会的勢力一覧リスト」といったものは存在しません。*15

上場審査でも、「この株主Aさんが反社会的勢力なので、上場できません」と教えてくれるとは限りません。

「内部統制が十分でない」といった、他の要件を理由に落とされることも多いのではないかと思います。

いずれにせよ、日本の場合、株主数が増えたり、よく知らない株主が入ったりすると、ろくなことにならないことが多いのです。

---

*15　そんなものを作ったら、「なんでワシが反社会的勢力じゃ？」という怖い人がやって来るに決まっていますので、そういうリストには明確に反社会的勢力だ、という人しか入れにくいわけです。しかし、実際に公開審査でチェックされるのが、具体的にどこまでを含むのかは、よくわからない部分があります。
　　　ドラマ『ごくせん』の主人公で女性高校教師の「ヤンクミ」の祖父は「反社会的勢力」のようですが、その祖父と同居している「ヤンクミ」は反社会的勢力なのでしょうか？
　　　血がつながっている等だけで反社会的勢力として扱われてしまうのは人権問題にもなりかねませんし、自分の知らないところで勝手に反社会的勢力として扱われ、反論の機会も与えられないのは、しくみとして問題がありそうです。
　　　一方で、反社会的勢力等であることを隠してベンチャーに近づき、甘い汁を吸おうとする人間や会社は実際にいますので、株主や取引先を選ぶ際には慎重な考慮が必要です。

上場前は、株主は極力10〜20名程度までに抑えてコンパクトな運営ができるように心がけるべきだと思います。

多過ぎるストックオプション

当初に大量の株式を外部に発行し過ぎて、あとから「これでは安定株主の持株比率が低すぎる」といった資本政策のミスに気づいた場合によく採用されるのが「ストックオプションを発行する」という手段です。

創業者（社長）はお金を持っていないことも多いため、株主に頼み込んで、発行済株式数の数十％といった大量のストックオプション（新株予約権）を発行し、創業者（社長）の持分を確保するといったことが行われます。

投資家にしてみれば、ストックオプションを発行した分、自分達の持分が薄まってしまうということになるので、もちろんいい顔をするわけはありません。

しかし、あまりにも社長の持株比率が低いと、上場したあとの社長のインセンティブも低くなるので、しぶしぶ、これに応じることもあります。

一方、発行済株式の４割といった大量のストックオプションが発行されていると、そのままでの上場は難しくなります。

主幹事証券がついたとしても「上場前に社長がこのストックオプションを行使して株式に換えてください」といったことを言ってくるはずです。

267

ところが、そのストックオプションを発行したのが、ベンチャーキャピタルが投資して企業価値が４億円に上がったあとだとすると、行使価格も上がっているはずですので、その４割で1.6億円もの資金が行使のために必要になります。

１千万円くらいなら「上場したら資金が入るので」と親戚を走り回って借りることもできるかもしれませんが、１億円を超える金額ともなると、なかなか集めるのも大変です。まだ上場してもいないので、金融機関もおいそれとは貸してくれません。

仮に行使する資金を貸してくれる人がいたにしても、社長に対して普通の方法でストックオプションを発行しても税制適格にならないと考えられますので、キャピタルゲインにすごい税金がかかることにもなります。

将来に向けた計画を立てず、場当たり的にファイナンスをして、こうしたことになるケースが多く見られます。

計画的でない
ストックオプションの発行

役職員からすれば前述のとおり、企業が右肩上がりで成長している限り、その分、行使価格が安くなりますので少しでも早い時期にストックオプションをもらったほうが有利になるはずです。

たとえば、ベンチャーが、資本金１千万円（１株１万円×１千株）で設立したところ、順調に成長して、ベンチャーキャピタル各社から投資させてくれないかというアプローチをもらい始めたとします。

あるベンチャーキャピタルの担当者から、企業価値5億円（1株50万円）での投資を提案されたとしましょう。設立時には株価1万円だったものが時価1株50万円ということになりますので、行使価格も50倍になってしまいます。

こういう段階になって、「そういえば株は社長が100％持っていて、役員や従業員にはまったく株やストックオプションを渡していなかったなあ」ということにハタと気づくベンチャーというのは非常に多いです。

ベンチャーというのは、設立した時から「将来上場した時に金がいくら儲かるか？」なんてことを考えているよりは、画期的な製品やサービスを夢見て仕事に没頭している企業だったりしますので、創業初期にストックオプションなんてことに気が回らなかったとしても、あまり強く非難されなくてもいいかもしれません。

しかし第5章で見たように、税務上、行使価格が時価以上でないと税制適格にはならず、将来行使・売却した時の税額も大きく変わってきます。

ベンチャーキャピタルからまだ具体的な話が出てきておらず、創業以来赤字で純資産は1千万円を割り込んでいるというような状況であれば、まだ税務上の株価は1万円と解釈できる余地もあるかと思います。

一方で、ベンチャーキャピタルは、そういう直前の低い行使価格での駆け込みストックオプションの発行に関しては、あまりいい顔をしません。なぜなら、2週間前まで株価が1万円だったものが、いきなり50倍になるというのは、その間にどういった価値向上があったのか？　ということが、（上司や投資委員会などのチェックを含め）理論的に問題に

269

なりえます。また、それ以前に、投資家の本能として高い金額で投資をするのは面白くないので、「それなら投資する株価を下げさせてくれ」といったことにもなりかねません。

こういう場合は、素直に、ベンチャーキャピタルが投資したあとにストックオプションを発行するという手もありえます。

これも第5章で見たように、1万円と50万円の差は一見大きいですが、この会社の企業価値が将来500億円になるとしたら、企業価値1千万円か5億円かの差は誤差の範囲内とも言えるからです。

また、ベンチャーキャピタルからの投資を受ける際には、優先引受条項が盛り込まれたり新株や潜在株式の発行に制限がかかったりすることがあります。

こういう条項が盛り込まれる場合には、「ただし発行済株式数の○％のストックオプションは別」といった条件を付け加えておかないと、会社側で自由にストックオプションを付与することができなくなる可能性がありますので、ご注意を。

投資契約も重要

以上で述べたのは、株式やストックオプションの量で、いろいろな制約が発生するという話でした。

しかし、上記で述べた効果の中には、投資の際に投資家や会社、代表者などの間で締結される投資契約においても実現可能なものがあります。

この投資契約について、次章で考えてみましょう。

第7章
投資契約と投資家との交渉

VENTURE FINANCE
THE ESSENTIAL GUIDE FOR ENTREPRENEURS

投資契約とは

投資契約とは、ベンチャーキャピタルなどの投資家が投資を行う際に、投資家、会社、そして経営者などとの間で締結される契約のことです。[*1]

図表7-1　投資契約の当事者

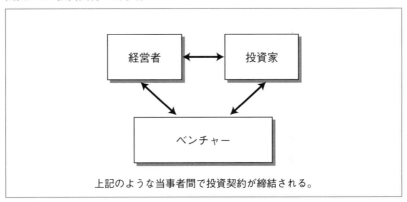

上記のような当事者間で投資契約が締結される。

なぜ投資契約が必要なのでしょうか？

それは、投資というのは「未来」を考えることだからです。未来は本質的に不確実性を伴いますし、その不確実性に対する人の考え方はまちまちなので、最初に基本的な考え方についての合意をしておく必要が大いにあるのです。

ベンチャーが上場して高い時価総額になれば、基本的には、みんなハッピーになるはずですから、ビジネスが必ずうまくいくのであれば、投資契約なんていらないともいえます。

つまり、問題は「当初の想定どおりにいかなかった時」なのです。

そして、第3章の「事業計画」でも述べたように、ベンチャーというのは、まず、**当初の想定どおりいくわけがない**ものなのです。

うまくいかなかった際にも投資家や経営者の間で紛争や感情のもつれが起こらないように、あらかじめ、よくあるケースについて想定しておくことが有用です。

「最悪の事態」を最初から考えておけば、ベンチャーが苦境に陥っても、関係者が力を合わせてそれを乗り切れる可能性が高まるはずだからです。

換言すれば、投資契約を締結することにより、投資家との認識のすり合せを行うことができます。

投資家がベンチャーキャピタルのような「プロ」であれば、ベンチャー投資の性質については、よくわかっているはずではありますが、それでも考え方はまちまちです。いわんや、一般の事業会社や個人の投資家となると、投資についてどのような考え方を持っているのか、非常に振れ幅が大きいことになります。

そして、(もちろん起業に非常に詳しい経験豊富な経営者やスタッフがいる場合もありますが)投資されるベンチャー自身も投資についてよくわかっていないことも多いわけです。こうした人達が集まって、一緒にビジネスを成功させようとするわけですから、ある人にとっては常識的なことだと思われることまでも含めて、書面にすることは意義があることだと思います。[2]

---

[1] 『起業のエクイティ・ファイナンス』で、投資契約(第2章)、株主間契約(第4章)のひな型などをより詳しく解説しています。
[2] 第2章でも説明したとおり、個人投資家などであまりにも投資の知識がない人を株主として迎えるのは避けるべきです。

投資契約は、当事者間で締結されるだけで登記されるわけでもないので、外部の人がその内容を知ることは困難です。

しかし、見聞きした話を統合すると、1990年代までの日本では、投資契約をまったく結ばないか、結んでもB4用紙1枚程度といったケースがほとんどだったようです。[*3]

しかし、ネットバブルの2000年あたりから、投資量の増加、投資主体の多様化も行われ、投資の実務が急速にソフィスティケイトされていきました。

結果として投資契約を締結する実務についても日本で浸透しはじめ、現在では、A4十数枚以上の、多くの項目について定めのある契約を結ぶことが多くなっていると思います。

日本のベンチャーキャピタル

投資してもらう株価や、契約の内容は、誰が決めても1つに決まるというわけではなく、投資家との交渉の中で決まっていくものです。

投資家は同じ株主として「仲間」になる相手ですが、投資が決まるまでの間は、利害の対立する交渉相手でもあります。

このため、交渉を有利に運ぶためには、**その相手を知る**、ということが非常に重要になります。

ベンチャーに対する投資家は、個人の「エンジェル」や事業会社など

---

*3 日本におけるベンチャーファンドのスキームに民法上の組合を使ったのは、2008年に亡くなられた森・濱田松本法律事務所特別顧問の松本啓二弁護士が大手ベンチャーキャピタル向けに作られたスキームが最初と伺っています。投資契約についても、同氏が旧通産省との研究会などを通じて、モデル契約なども作られ、実務に広まっていったと理解しています。

もありますが、ベンチャー専門に投資しているところといえば、やはりベンチャーキャピタルということになります。

米国のベンチャーキャピタルは「パートナー」と呼ばれる個人が組成するLLCが、GP（General Partner）[*4]と呼ばれる業務執行者になり、外部の出資者（LP＝Limited Partner）からの出資とあわせてファンド（L.P.＝Limited Partnership）を組成することが多いと思います。

つまり、非常に大まかに言うと「個人」の力量に大きく依存した運営が行われています。

これに対して、日本のベンチャーキャピタルのうち特に銀行や証券など日本の大企業系列のベンチャーキャピタルは「株式会社」であり「組織的に」（別の言い方をすれば「サラリーマン的に」）事業が行われているところが多いのが特徴です。

もちろん、日本の大手ベンチャーキャピタルにも個性のある方もいらっしゃいますし、個人のパートナーが中心に行っているパートナーシップ的色彩の強い独立系のベンチャーキャピタルもあります。また、サラリーマンが判断したら必ずダメだというわけでもありませんので、念のため。[*5]

それぞれのベンチャーキャピタル及びその担当者にそれぞれ個性があるので、カテゴリーでくくって「このカテゴリーのVCは○○である」

[*4] General Partner: もともと、欧米のLimited Partnershipなどで有限責任の「Limited Partner」に対する用語ですが、通常、ファンドの業務を実際に執行する者のことを指します。ファンドが民法上の任意組合の場合には「業務執行組合員」、投資事業有限責任組合の場合には「無限責任組合員」と呼ばれたりもします。

[*5] 銀行の関連会社で小口で分散投資してハンズオンもしないファンドが、ハンズオンする独立系ブティック型のファンドよりパフォーマンスがよかったりすることもなくはありません。

といった決めつけをするのは非常に無理があります。しかし、それでは
ベンチャーキャピタルについてまったくご存知ない方にイメージがわか
ないと思いますので、以下、大まかにカテゴリーを示してみたいと思い
ます。

大手・老舗のベンチャーキャピタル

90年代以前からベンチャーキャピタルをやっている会社です。

日本の大手ベンチャーキャピタルのうち、たとえば株式会社ジャフコ
は上場していますし、大和企業投資株式会社[6]もかつて上場していまし
た（上場をやめて、今は非上場です）。

このように、上場してベンチャーキャピタルを営むという業態は、米
国ではあまり見かけないと思います。[7]

シリコンバレーのベンチャーキャピタルのように、パートナー（経営
者）が即断即決するブティック型の対極にある業態と言えますが、比較
的若い担当者が案件を探し、ベンチャーの資金調達ニーズを聞き、投資
委員会などの組織にかけて投資の決定をするということが多いと思いま
す。

法律的には、図のように、株式会社であるベンチャーキャピタル会社
がGPとなり、投資事業有限責任組合や信託などを使って、ファンドを
運営しています。

---

[6]　2010年7月1日付で「大和SMBCキャピタル株式会社」から社名変更しています。
[7]　ベンチャーキャピタル的な投資もごく一部含むプライベート・エクイティのファンドでは、
　　カーライル・グループが2012年5月にNASDAQに上場しました。ただし、ファンドを運営
　　する「GP」の上場ではなく、ファンド（L.P.）の上場です。
[8]　ベンチャーキャピタルのストラクチャーのより詳しい解説は『起業のエクイティ・ファイ
　　ナンス』第8章で行っています。

図表7-2 ベンチャーキャピタル会社とファンド

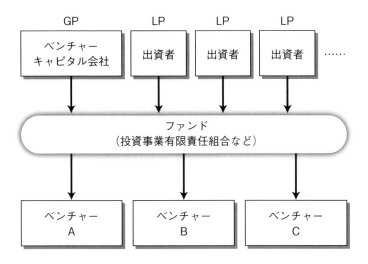

■ベンチャーキャピタルファンドの概要[*8]

　一般には、ベンチャーキャピタル会社がGPとなり、1〜複数のファンドを立ち上げて、それらの運営を行います。

　このファンドの「入れ物」の要件として望ましいのは、
- ファンド段階で課税が行われないこと（法人税の課税対象でないこと）
- できれば出資者が有限責任であること

などです。

　ファンドは「利回り」が求められるので、なるべくファンド段階で利益に課税されずにキャッシュを出資者に分配したほうがパフォーマンスが良く見えます。

　また、ベンチャーキャピタルファンドは投資対象が主に「株式」で、利益はその株式のキャピタルゲインです。
　日本のベンチャーキャピタルのファンドに出資しているのは金融機関や事業会社など法人が多いので、その人達にとって所得の種類はあまり関係ありませ

んが、個人の出資者にとっては、株式のキャピタルゲインの税金は分離課税で約20％なのに対し、法人からの配当などの形で受け取ると総合課税では最大約50％の税率にもなりますので、所得の種類によって結果が大違いになります。

このファンドのVehicle（箱）として、日本においては以前、民法上の組合（任意組合）がよく使われていました。

図表7-3　投資用Vehicleのいろいろ

形態	株式会社	組合（任意組合、民法上の組合）	匿名組合	投資事業有限責任組合（LPS）	有限責任事業組合（LLP）	合同会社（LLC）
根拠法規	会社法	民法	商法	投資事業有限責任組合契約に関する法律	有限責任事業組合契約に関する法律	会社法
出資者の責任	有限責任	無限責任	有限責任	無限責任と有限責任	有限責任	有限責任
課税	法人税（この法人で課税）	パススルー（持分等に応じ各出資者の利益に合算して課税）	パススルー（持分等に応じ各出資者の利益に合算して課税）	パススルー（持分等に応じ各出資者の利益に合算して課税）	パススルー（持分等に応じ各出資者の利益に合算して課税）	法人税（この法人で課税）
登記	要	不要（契約のみ）	不要（契約のみ）	要	要	要
その他のコスト				会計監査が必須		
備考	最も多く使われる事業体であるため、実務が成熟している。ただしファンドに使われることはあまりない。	契約だけで設立も容易。投資以外にも、アニメや映画などの製作委員会等でも活用されている。	不動産ファンドなどの投資スキームとしては、非常に多く使われているが、株式を投資対象とするファンドにはあまり使われない。	国内の大型ファンドは今やたいていLPS。前身は「中小企業等投資事業有限責任組合契約に関する法律」。	共同で意思決定する要件が厳しく、株式を投資対象とするファンドにはあまり使われない。	米国と異なりパススルー課税ではない。ファンドにもファンドのGPにも、あまり使われない。

上の表のように、民法上の組合は、米国でファンドに使われるLimited Partnershipと同様、組合段階では法人税が課せられない「パススルー課税」であり、契約だけで組成できて登記も不要と、手軽だったからです。

ただし、この民法上の組合では、一般の出資者が無限責任になるのが、ちょっとした難点でした。

ベンチャーキャピタルファンドが投資するのは基本的には株式だけで、株式は有限責任なので、ファンドが借入等をしない限り、実質的には出資者が無限の責任を負うことにはならないはずですが、法的に有限責任であることが明確なのに越したことはありません。

このため旧通産省が動いて投資事業有限責任組合法（当初は「中小企業等投資事業有限責任組合契約に関する法律」）ができました。

この投資事業有限責任組合（LPS）は、GPは無限責任ですが、その他出資者（LP）は有限責任となっています。

任意組合と同様、パススルー課税のメリットもありますが、任意組合と違って登記が必要だったり、会計監査が必須だったりで、若干、コストが余計にかかります。

このため、そうしたコストが吸収できる数億円規模以上のベンチャーファンドは、現在はLPSで組成されているものがほとんどです。

海外投資家から資金調達するファンドまたは海外向け投資用のファンドには、ケイマン諸島などに設立された海外法のLimited Partnership等が使われていることも多いです。

銀行・保険子会社二人組合型

大手や老舗のベンチャーキャピタルは、金融機関、一般事業会社などから広く資金を募ってファンドを組成していますが、銀行や保険子会社などの場合には、「二人組合（ににんくみあい）」と言って、親企業である銀行や保険会社と、そのベンチャーキャピタル子会社の2社の2人だけでファンドを作っているケースが多くなっています。

（組合は出資者の「集まり」ですので、1人だけでは設立できないわけです。）

一般にあまりハンズオンには熱心ではありません。

図表7-4 二人組合の図

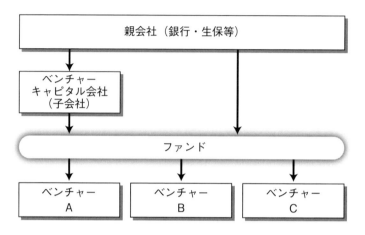

　また、役員や従業員も親金融機関からの出向や転籍が多い傾向があると思います。単独でベンチャーに投資するのではなく、他の「リード」となるベンチャーキャピタルが投資をすることが確実になってきた場合に投資を検討してくれることが多いかと思います。

事業会社系
　ベンチャーや一般事業会社の子会社としてベンチャーキャピタルが設立されるケースも、90年代末から増えています。
　親会社の特徴などで、1社1社タイプが違うので、このカテゴリに共通の特色というのはあまりありません。

独立（ブティック）型
　シリコンバレーなどではほとんどこのタイプだと思いますが、GP個人のキャラクターが前面に出て投資を行っているタイプです。
　ハンズオンに熱心なところが多いと思います。

07 投資契約と投資家との交渉

投資家/ベンチャーキャピタルに
何を聞けばいいか?

　前述のとおり、「このカテゴリのベンチャーキャピタルだと必ずこうだ」
という決めつけは禁物ですから、上記のカテゴリは参考程度に考えてい
ただければと思います。

　重要なのは、個別のベンチャーキャピタルや投資家をよく見て、「こ
の投資家は、どういう投資を求めているのか?」ということをよく考え
ることです。

　たとえば、以下のような点に注意されるといいかもしれません。

どのくらいのファンド・サイズなのか?

　たとえば、ファンドの総額が5億円しかなければ、3億円の投資をし
てもらおうと思っても難しいでしょう。ベンチャー投資は「バクチ」で
はないので、一般には、ある程度分散投資をしなければならないからで
す。

次のファンドを集める計画はあるか。集まりそうなのか?

　1回目に投資をしてもらったとして、その後順調に成長しても、2回
目の投資をしてもらえそうかどうかも考える必要があるでしょう。

　これも、現在の投資や将来のファンドの資金量を想像してみる必要が
あります。

そのファンドはあと何年くらい期限があるのか?

　ベンチャー投資のファンドは通常、7年から10年程度の期限を持って
います。ファンドの残り期限が2年しかないからといって、上場準備を

281

まったく考えていなかった会社が「あと2年で上場しろ」と言われても、かなり厳しいですよね。

逆に、ファンドが設立したばかりで、あと7年期限があれば、「3年で上場しよう」という目標が2年延びても、大事には至らないかもしれません。

ベンチャーキャピタルの人と話をする時に、「期限が来たら、当社に投資していただいた株式は、どういうことになるのでしょうか?」という質問をしてみるのもいいと思います。

どういった業種・段階の企業に投資をしているのか?

当然、IT系にしか投資しない方針のファンドが、バイオ系に投資してくれる可能性は低いわけです。

どういった業種に投資しているのか、アーリーステージや成長段階にある会社に投資をしているのか、投資実績や今後の方針について聞いてみましょう。

担当者は、どの程度で配置転換されるのか?

「この担当者、センスも熱意もすばらしい」と思っても、サラリーマンで、どんどん担当者が変わってしまうファンドであれば、最後まで見てくれるとは限らないかもしれません。

(もちろん、全体にレベルの高いベンチャーキャピタルなら、担当者が変わっても同じかもしれません。)

ハンズオンしてくれるのか?

ハンズオン(Hands-On)とは、ベンチャーキャピタルなどの投資家が、ただ資金を投資してくれるだけではなく、戦略のアドバイス、鍵になる役員や技術者などの紹介、取引先の紹介、戦略的提携のセットアップなどをしてくれることです。

しかし、このハンズオンというのは非常に抽象的な言葉ですので、注意する必要があります。使っている人によって、意味するところや関与の度合いもバラバラではないかと思います。つまり、「御社ではハンズオンしていますか？」と聞いて「しています」という答えを聞くだけでは、あまり意味がありません。

たとえば、具体的に、そのベンチャーキャピタルが過去にどんなことをやったのか？　ハンズオンというのが、ただ取締役会に月に１回だけ出席することなのか、それとも、具体的に当社に対して何かをやってくれることを想定しているのか等を聞く必要があります。

そして、そのハンズオンの「価値」も、「なんかよさそう」といった抽象的な判断をするのではなく、可能であればもっと具体的に考えられれば考えたほうがいいですね。第４章の企業価値の評価と同様、その投資家が入ることによって、将来どのくらいキャッシュフローが変わるのか、それによって当社の企業価値がどの程度上昇するのか、といった検討も必要かもしれません。

たとえば、この事業会社系ベンチャーキャピタルから投資を受けると、そこがやっている親会社の事業と組める可能性が高まるが、他のライバル事業会社から投資を受けたり、M&Aされたりするのが難しくなる、といったことです。

とは申しましたが、特に創業期のベンチャーというのは、将来が高い確度で予想できるわけでもありませんので、結局、投資家に投資をしてもらうのは、合理的なファイナンスの理論から導かれる話もさることながら「相性」が大きいです。結婚相手を決めるのと同じくらいの慎重さで、投資家を決めたほうがいいと思います。

「良き時も悪き時も、富める時も貧しき時も、病める時も健やかなる

時も、共に歩み……死が二人を分かつまで」付き合えるかどうか。

経営が苦しい時にこそ、一緒にやっていける相手なのかどうかが重要です。

投資を受けるまでのプロセス

それでは、ベンチャーキャピタルから投資を受ける場合、どのような段階を経るか、ざっくり見てみましょう。

図表7-5 投資を受けるまでのプロセス

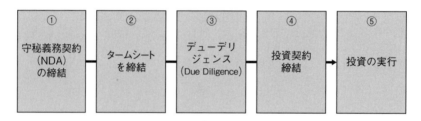

上記は、投資を受ける場合のプロセスですが、必ずしもこのとおりにいくとは限りません。特段のイベントや書面もなしで交渉して、いきなり投資契約を結んで投資が実行される（④と⑤）だけ、というケースも多いと思います。

しかし、事業や資金調達の詳細を話し始めるまでには、まず投資家にNDA[*9]の締結をお願いしてみましょう（①）。

「シリコンバレーではNDAの締結に応じるベンチャーキャピタルなんかほとんどない」とおっしゃる方もいますが、日本では需給バランスを

[*9] Non-Disclosure Agreement：守秘義務契約のことです。

07 投資契約と投資家との交渉

考えると締結してもらえる可能性も高いかと思います。[*10]

　もちろん、ベンチャー側としては、基本的には、結んでもらえるなら結んでおいてもらって損になることはないはずです。

　少なくともベンチャー側としては、戦略を記載した事業計画書を、見ず知らずの人に見せてしまうのが怖いのは間違いありません。

　米国と違って、ベンチャーキャピタルの担当者が途中で変わってしまうことが頻繁にあるところも、単なる口約束ではなくNDAを結んでおいたほうがいい理由の1つです。

　このため、NDAを結べるものなら結んでおいたほうがいいのではないかと思います。

　日本では例が少ないですが、話を先に進めるには、タームシート（Term Sheet）と呼ばれる書面を締結するのもいいと思います（②）。

　次のデューデリジェンスのプロセスに進むと、会社の中が丸見えになりますので、弱みが発見されて買いたたかれる可能性もあります。1千万円投資してくれるのか2億円投資してくれるのかがわからないのでは、話が進められないでしょう。

　そこで、「必ず投資する」といった法的拘束力があるものではありませんが、だいたい、どの程度の金額を投資して何％の持分がほしいのか、どんな内容の投資契約が結ばれるのかについて、あらかじめ確認して進めるべきです。これを書面におとしたものがタームシートです。

[*10]　ちなみに私の運営するファンドでは原則としてNDAは結んでいません。特にネット系などのシードやアーリーステージのベンチャーは、単なるアイデアしかないことも多いですが、そうしたアイデアがたまたま他社とカブッたからといって「まねされた」なんてことを言われても困るからです。

285

次に行われるのがデューデリジェンスというプロセスです（③）。

　今、売上がこのくらい、顧客数がこのくらい、資本金はいくら、といった事業計画の前提となる現状や、契約や会社法上の決議・決算等について、問題がないかチェックするわけです。

　日本では、このように自分の会社を他人からチェックされる機会は少なかったので、会社に他人（ことによると弁護士や公認会計士などのチーム）が乗り込んできて、書類をあれこれ閲覧されるというのは抵抗感がある人がいるかもしれません。

　（シードやアーリーステージでビジネスもまだシンプルな場合には、弁護士や会計士が乗り込む、ということまで行われるケースは少ないかもしれません。）

　「この資料、出してください」とか、「この帳簿を見せてください」とか、会社側も応対するための大きな事務負担が発生します。投資してくれる候補先（ベンチャーキャピタル）が何社もあって、何社ものデューデリが行われる場合はなおさらです。創業して年数のたっていないベンチャーでは、あるべき書類がないなんてことはよくあることですので（いばれることではないですが）、過度に心配することはありません。

　デューデリジェンスの結果、たとえば、社長や大株主が反社会的勢力だとか、売上や会員数などが大嘘で、そもそも経営者として信用ならないと判断されたような場合は別ですが、ビジネスモデルが本質的にイケているのなら、多少の問題点であれば、プロの投資家なら一緒に解決する方法を模索してくれるはずです。

　株式で投資を受けるということは、投資の世界にjoinするということです。投資の世界では、お金を預かる人はそれなりの注意義務を払って業務を遂行する必要があります。ベンチャーキャピタルは投資家から資金を預かって投資をしていますし、ベンチャーもベンチャーキャピタル

07 投資契約と投資家との交渉

等の投資家から出資を受けて事業をするわけです。そのためには投資家の資金を預かる者としての正当な注意義務を払う必要があります。

「Due Diligence」というのは「当然行われるべき行為」といった意味です。つまり、デューデリジェンスを行うのは「あたりまえ」なのです。

これは、ベンチャーを経営する社長や取締役も同じです。投資家から投資を受けた企業は、いかなる意味でももう「社長や役員だけの会社」ではありません。

社長や取締役は、（社長や取締役も出資していると思いますが、その自分達も含めた）株主に対して責任を負いますし、他人の資金を預かっているという自覚も必要となり、善管注意義務[11]を負うことになります。

このデューデリジェンスをちゃんと行うと、数十ページから100ページくらいのレポートが、会計士や弁護士から出てくることもあります。

もちろん、帳簿や資料がきちんと整備されている企業は好印象です。ただし、いくら事務がきっちりできても、ビジネスモデルや中で働いている役職員がイケていなかったら、投資を受けても結局うまくいきません。ビジネスモデルや人そのものがポイントです。

---

[11] 「善管注意義務」とは、善良な管理者の注意義務の略で、行う業務に応じて、当然要求される注意義務のことです。
日本監査役協会の「監査役監査基準」第19条1項では、監査役が取締役の意思決定を監査する場合にチェックすべきポイントを下記のように定めており、これが参考になると思います。
「監査役は、取締役会決議その他において行われる取締役の意思決定に関して、善管注意義務、忠実義務等の法的義務の履行状況を、以下の観点から監視し検証しなければならない。
一　事実認識に重要かつ不注意な誤りがないこと
二　意思決定過程が合理的であること
三　意思決定内容が法令又は定款に違反していないこと
四　意思決定内容が通常の企業経営者として明らかに不合理ではないこと
五　意思決定が取締役の利益又は第三者の利益でなく会社の利益を第一に考えてなされていること」

そして、当初の想定どおりということであれば、投資契約を締結し（④）、実際に資金が払い込まれることになります（⑤）。

投資のスケジュール、ベンチャーキャピタルとの付き合い方

ベンチャーキャピタルと付き合い出してから実際に資金が払い込まれるまでは、（ケースバイケースではありますが）３ヶ月くらいは余裕を見ておいたほうがいいと思います。

もちろん、意思決定が早い投資家なら、２週間くらいで出資が実行されるケースもあります。

しかし、何度も言いますが、ベンチャーと投資家との相性というのは非常に大事なのです。

前述のように、投資家から投資を受けるというのは結婚に似ています。出会って２週間で電撃結婚してうまくいく夫婦ももちろんあるでしょうけど、一般にはどんな相手かをよく確かめてから結婚したほうがうまくいくのではないでしょうか？

他人からガンガン言われて伸びるタイプの経営者もいれば、他人から細かく口出しされるとまったくやる気が出ず、自分で考えたとおりにやらないとうまくいかないタイプとか、経営者側にもいろいろなタイプがあるはずです。一般的には、他人の言うことをよく聞く経営者のほうが伸びる可能性があると思いますし、利害が最も大きい株主が相談相手として理論上はいいはずなのですが、詳細なアドバイスに耳を傾ける相手は、必ずしも投資家でないとまずいというわけでもありません。

投資契約の内容例

それでは、投資契約にどのような内容が盛り込まれるのか、具体的に見ていきましょう。[12]

株式の募集内容

投資契約書の内容はケースバイケースですが、まずは株式の募集内容があります。今回、何株発行して、1株の価格（株価）がいくらで、その投資家が何株分引受けるのか、既存の発行済株式がこれだけで、今回株式を発行することで、全体で何株増えて、ベンチャーキャピタルが全体の何％を持つことになる、といったことが書かれます。

表明及び保証

加えて、「表明及び保証」が重要です。

会社側が、日本国の会社法によって設立された株式会社で間違いないとか、提出した資料に嘘はないといったことを宣言し、もしそれが嘘だったら、ペナルティを受けます、と保証するわけです。

最近では「反社会的勢力に関係していません」という条項も、必ず入っているかと思います。

---

[12] 米国では「投資契約」という契約書が1つではなく、
- 「投資」に関する契約（Stock Purchase Agreement）
- 投資家の権利に関する契約（Investors' Rights Agreement）
- 先買権／共同売却権契約（Right of First Refusal／Co-Sale Agreement）
- 議決権行使契約（Voting Agreement）

といった複数の相対契約、株主間契約等に分かれることが多いですし、当然に次章の優先株式が用いられ、そのための定款変更案が契約書群の一部を構成します。

289

この内容は言葉の意味を正確に考えることが重要です。文言に注意しないと、あとで揚げ足を取られる可能性があります。

　たとえば、「提出された財務諸表は、一般に公正妥当と認められた会計基準に準拠して作成されている」といったことがよく書いてあります。しかし、設立してから自分達で適当に帳簿をつけていて、こんなことを保証するのは極めて危険です。公認会計士や税理士の指導も受けずに完璧な財務諸表が作れるわけがないわけで、そうした会計の専門家のチェックを経ていない場合には、「重要な点において誤りはありません」くらいに弱めて書いておいたほうが、実態に合うことが多いのではないかと思います。

　ベンチャーが実際にこの条項を使って「ここが嘘だったから、金、返してよ」ということになったケースが多いわけではないと思います。しかし、日本のベンチャーキャピタルの場合、サラリーマンや出向者が担当していることも多いので、その人が「あまりこだわらなくても大丈夫ですよ」的なことを言ったとしても、あとで担当者が変わるかもしれないのです。ですから、できないこと、自信がないことは、最初からそのように文書化しておいたほうがいいです。

　また、たとえば毎月の決算を翌月の何日までにちゃんとレポーティングしますというようなことを契約書に書きますが、これもできもしないことをコミットしたら、まずいです。月次決算をちゃんとやったこともないのに「翌月の５日までに」と言っても、できるわけがありません。もしできるかどうかわからないなら、たとえば初めの１年間は３ヶ月に１回の報告にしますという話でもいいかと思います。

　できる内容で書くべきです。

取締役の指名

取締役のポジションを要求されることがあります。「Board Seat」（取締役会の椅子）とも言いますが、取締役を1人、選任することができるというようなことが投資契約に書かれることがあります。

取締役になると責任や負担も増えますので、取締役になるのを嫌うベンチャーキャピタルもあります。この場合、取締役会にオブザーバーを出席させる権利という形で契約書に書かれたりします。

特に、日本のベンチャーキャピタルは上場したらすぐに持株を売却することが多いです。活気のあるベンチャーであれば、常にインサイダー情報に引っかかるような案件の検討を行っているものですし、決算の情報もありますので、取締役に就任していると、保有している株式を売却できるのは、四半期決算の開示直後、年間4回くらいしかなくなってしまいます。

ベンチャーキャピタルは株式を売りたい時に売りたいため、また、会社の株主からの独立性を高めるため、上場が見えてきたら、派遣していた取締役を引き揚げることが多いと思います。

投資家から見たEXIT可能性の確保

ベンチャーキャピタルをはじめとする金融系の投資家の目的は、投資した株式を売却して利益を得ること（のみ）になりますので、投資したのに資金が回収できないというのは困ります。

このため、ベンチャーキャピタルなどが投資をする時に締結される投資契約では、回収を確実にするための条項がいろいろ盛り込まれます。

もちろん、ベンチャーですので失敗する例も多いですし、ベンチャーが失敗したらあとに何も残らないケースも多いわけです。大失敗した場

291

合にはまだあきらめもつきますが、ベンチャーキャピタルにとって腹立たしいのは、「会社が潰れたわけではないのに（場合によっては業績も好調なのに）EXITさせてもらえない」というケースです。

こうした状態のベンチャーは、「Living Dead（生ける屍）」という失礼な名前で呼ばれるということを第1章でもお伝えしました。

こうしたLiving Dead化することを回避するための1つの方法は、ベンチャーキャピタルが役員やオブザーバーを派遣して経営監督をすることです。

しかし、（すべてのベンチャーキャピタルがそうではありませんが）日本のベンチャーキャピタルの担当者は1人当たり数十社の担当を持っているケースもあったりで、なかなか、シリコンバレー風な手取り足取りの「ハンズオン」を行うことが難しいことも多いかと思います。

上場等の努力義務
このため、投資契約書に「上場等に向けて最大限の努力をする」といった条項もよく盛り込まれます。

個人的には、ベンチャーキャピタルに尻を叩かれないとやらないようなベンチャー経営者は、うまくいくわけがないと思います。夕方5時で帰りますというような経営者で成功した人というのは、あまり見かけたことがありません。

上場等をしてくれないと投資家は資金が回収できないので、企業側がそれに向けて努力するのは当然であります。
「最大限」といっても睡眠や休暇もとらないでやるというのはかえっ

て効率が悪いので、表現としては「合理的な範囲で最大限の努力をする」くらいがいいのではないかとも思います。

株式の買取条項

投資契約でベンチャー側が最も気をつけるべきことの1つは、「〇年までに上場できない場合には会社と社長が連帯して株式を買い取らなければならない」といった**株式の買取条項**です。

買い取らなければならない株価も、「投資した額の〇倍、1株当たり利益の〇倍、1株当たり純資産のうち最も大きい額」といった形で非常に高い金額になっていることがあります。

もちろん、ベンチャーというのは潰れてしまうことも多く、うまくいった企業は上場しますので、投資家側から見れば、こんな条項が何かの足しになるとはあまり思っていないとも言われます。

しかし、投資を受ける企業側にしてみると、こうした条項が入っているのでは、結局、株式で投資してもらったのではなく、高利の借金をしたのと同じことです。

上場するほど成功していないベンチャーから取れる金額はそもそも限られるので、裁判になる可能性が大きいとも言えませんが、そもそも双方できないと思っている約束を契約に盛り込むというのもおかしな話。

交渉の過程で削ってもらうか、買取条項を入れるにしても、「上場できない場合」ではなく「上場への努力義務を果たさない場合」くらいにしてもらうのがいいのではないかと思います。

もちろん「表明及び保証」に違反して嘘をついていましたという時に、買取義務が発生するというのは、それは仕方がありません。*13

「提出した資料が1円違っていたから買い取れ」といった、ヴェニス

の商人みたいなことを言われても困るのですけれども、本当に重要な点で虚偽があった場合などは、ベンチャーキャピタルのほうがかわいそうなので、そういう時には買取請求権があるというのは当然のことです。

またこれは、ベンチャーキャピタルのモニタリングにも関連します。

ベンチャーキャピタルがちゃんと社外取締役を派遣してモニタリングを行い、毎月の取締役会で詳細な情報提供を行わせていれば、上場への努力をしているのかどうかもわかるし、経営陣をうまくやる気にさせることもできるかもしれません。

この株式の買取条項は、投資スタイルとも表裏一体の関係にあるわけです。

その他の条件

その他、投資契約に盛り込まれる条件の例としては以下のようなものがあります。

先買権

ベンチャー側からすると、その投資家の持っている株を第三者に勝手に売られても困るわけで、もし投資家が株式を売却するなら、まずは会社や社長に相談して、会社や社長や、会社が指定する第三者が買えるようにしておくという権利です（創業者やベンチャーはあまりお金を持っていないことが多いので、買えるかどうかは、また別の話ですが）。

---

*13 「シリコンバレーではそんな経営者に買い取らせる契約はないから、仕方ないことはない」というご意見もあります。この場合でも、経営者に対する一般的な損害賠償義務は発生しえますが、投資家側にしてみると損害賠償額の立証が難しいかもしれません。

投資家側でも、万が一社長が第三者に株式を売る時には、まずそのベンチャーキャピタルが買えるという先買権を付けておきたがると思います。（社長が株式を売却するような状況で、その会社の株式を引き取って大丈夫なのかということが多いのですが、念のため、です。）

拒否権

発行済株式の２割程度の投資しかしないベンチャーキャピタルでも、特別決議に関わるような条項（合併、事業譲渡、定款変更など）の事前承認は求めてくると思います。投資契約書にシレッとそういう内容が入っていることがほとんどではないかと思います。

ただし、もちろん、３分の１未満の投資では会社法上当然にそうした権利が発生するわけではありませんし、必ず入れないといけないわけではありません。

投資契約書にそれを盛り込むかどうかは交渉次第です。

優先引受権

たとえば、ベンチャーキャピタルが投資後に10％になるように投資したら、ずっとその10％をキープするだけの権利を要求されることがあります。

将来の時価で追加出資してくれるのは基本的には悪いことではないでしょう。しかし、初回の投資時点ですでに非常に高い持株比率だ、という場合には注意が必要です。

加えて、前述のとおり、これは投資家の「権利」であって義務ではないことにも注意する必要があります。つまり、必ず出資してくれるわけではありません。

共同売却権

買収が発生する場合、ほとんどのケースでは全員分をそろえて売って

くれということになると思います。

　しかし、理論的には50％超の株式を取得したら、取締役会メンバーの決定をはじめ、大抵のことは決められてしまいますから、必ず全株主の株を買い取ってもらえるとは限りません。

　ベンチャーキャピタルなどの投資家としては、社長と役員だけが買収に応じて、自分達は取り残されるというケースは避けたいわけです。（たとえば、社長が持っている６割の株式だけが買われて、ベンチャーキャピタルが持っている３割やその他の株式は取り残されてしまう、というようなケースです。）

　ということで、「社長が売る時にはベンチャーキャピタルも一緒に売る」ということを契約書に定めておいて、社長が買収交渉を行う際にも、必ず、その投資家の持株も一緒に引き取る交渉をすることをコミットさせるわけですね。

　以上、投資契約を通じて、ベンチャーや投資家が、どのようにリスクを管理し、交渉してきそうなのか、ということを見てみました。

　次の章では、契約ではなく、株式の内容そのものを変えて、こうしたリスクに対応する「優先株式」の活用を考えてみましょう。

第8章
優先株式のすすめ

VENTURE FINANCE
THE ESSENTIAL GUIDE FOR ENTREPRENEURS

優先株式とは

　現状、日本のベンチャー投資に使われている株式はほとんど「普通株式」です。[1]

　普通株式は、文字どおり普通の株式で、議決権があり、配当や残余財産の分配を受ける権利があります。普通株式1種類しか発行していない会社は、1株1株の株式の性質がすべて同じです。

　これに対して、シリコンバレーをはじめとする米国のベンチャービジネスへ、ベンチャーキャピタルが投資する場合には、ほぼ必ず優先株（Preferred Stock）が使われています。

　日本でも、普通株式だけでなく、会社法で種類株式と呼ばれる投資家に有利な条件がついた株式を発行して、この優先株と同様の内容の株式を実現しようとする試みは増えてきています。

　この章では、日本ではまだなじみの少ない、この優先株式（種類株式）とはどういうものか、について考えてみましょう。

　前述のとおり、今後のEXIT（投資家の投資の「出口」）は「株式上場」一本に絞るのではなく、未上場のままM&Aで買収されることをも考える必要が高まっています。このような状況に対応するためには、この優先株式を活用することが重要になってくるというのが、本章でのお話で

---

[1]　一般財団法人ベンチャーエンタープライズセンター（VEC）の「ベンチャービジネスの回顧と展望（ベンチャー白書）」を見ると、種類株式が増加傾向（2009年3月期は金額ベースで約12％まで上昇）であることがわかります。大口の出資ほど種類株式が使われる可能性が高いことや、投資金額減少のもと、ファイナンスの理解力が高い有望な企業ほど種類株式が使われた結果とも考えられます。

す。

会社法上の種類株式

　以下では、日本の会社法上、種類株式がどのように構成されるかを見てみましょう。

　まず、会社法の「株主の権利」（第105条第１項）では、株式のメインになる性質を３つ挙げています。

　　　１．剰余金の配当を受ける権利
　　　２．残余財産の分配を受ける権利
　　　３．株主総会における議決権

　そして、「異なる種類の株式」（第108条第１項）で、次に掲げる内容について異なる定めをした内容の異なる２以上の種類の株式を発行できることになっています。
　つまり、これらの内容が普通株式と異なっているのが「種類株式」です。

　　　１．剰余金の配当を受ける権利
　　　２．残余財産の分配を受ける権利
　　　３．株主総会における議決権の範囲の制限
　　　４．株式の譲渡制限
　　　５．株主からの取得請求権（プットオプション）
　　　６．会社による取得条項（コールオプション）
　　　７．全部取得条項（株主総会の特別決議で取得）

8．種類株主総会での決議事項

9．取締役又は監査役の選任権

このうち、ベンチャーが投資を受ける際に用いられる優先株式に使われる可能性があるものは、主に以下の4つでしょう。*²

2．残余財産の分配を受ける権利

6．会社による取得条項（コールオプション）

8．種類株主総会での決議事項

9．取締役又は監査役の選任権

これらがどういったものであるか、以下、説明します。

第2号：残余財産分配権

第2号の「残余財産分配権」は、そのベンチャーが清算する場合や潰れた場合に、債権者に債務を支払った残りの財産（残余財産）をどうするかについての権利です。

創業者は普通株式を持っていることが多いので、投資家が優先株式で

---

*2　第1号の配当を受ける権利：配当の優先権を付けてもいいのですが、そもそも資金が不足気味のベンチャーが配当することは（どうせ）あまり考えられませんし、投資家もあまり期待していません。投資家が期待しているのは、配当ではなく、主にキャピタルゲインです（ただし、第2号の残余財産分配権の抜け道をふさぐ意味では必要です）。
第3号の議決権：ベンチャーでは、ハンズオンしたり経営に口を出したい投資家が多いので、通常は、議決権のある株式が使われます。
第4号の譲渡制限：日本の未上場ベンチャーの場合、ほぼ100％譲渡制限が付いています。
第5号の株主からの取得請求権（プットオプション）：契約違反があった場合など、株主側から取得や、普通株式への転換を求めることもあるかもしれません。技術的に、第6号を使うより、この第5号を使ったほうが、端数処理の手続きはシンプルになります。専門家にご相談ください。
第7号の全部取得条項：少数株主を追い出す（スクイーズ・アウトの）際など、特殊な場合にしか使われないと思います。

投資をする場合には、当然、優先株式には、普通株主に先だって残余財産の分配を受けられる権利を付けることになります。

逆に言うと、創業者は、優先株式を持っている株主にしかるべき分配をしたあとに、もし、財産が残っていたら、はじめて残余財産の分配を受けることができることになります。

この残余財産分配権は、あとで説明するように、創業者と投資家の間のフェアな分配を行う効果があります。しかし、ベンチャーの場合、「残余財産分配」の名前に反して、会社が潰れた時に、実際に会社の財産を分配するために使われるということは、あまりありません。

なぜなら、ベンチャーが失敗して債権者に債務を払ったら、あとには何もこれといった価値のあるものが残らないことがほとんどだからです。

第6号：会社による取得条項

第6号の「会社による取得条項」も、ベンチャーへの投資で優先株式を使う目的としては重要なものの1つです。[*3]

ベンチャーで用いられる取得条項は、優先株を普通株式に「転換」するために使われる用途がメインです。[*4]

上場する時や買収される際などに、会社が取得条項を使って優先株式を取得し、代わりに普通株式を交付します。つまり、優先株式を普通株式に交換・転換するわけです。

[*3] 会社から取得を請求できる権利なので、「コールオプション」とも呼ばれます。

[*4] 「取得」ではなく、「転換」と言ったほうがはるかにイメージがわきやすいと思いますが、商法時代の株式の転換は、会社法では「株主から株式を取得して、代わりに別の種類の株式を交付する」という形で整理されましたので、「取得条項がなんで転換？」とちょっと頭がこんがらがると思います。

そして、この優先株1株に対して普通株式を何株交付するかという「転換比率」を、一定の数式で調整するところが、優先株を使う場合の最大のミソになります。

第8号：拒否権（種類株主総会での決議事項）

第8号は、一定のことを種類株主総会の決議で決議しないと効力を発しないことを定めるものです。

たとえば、会社の憲法に相当する「定款」を種類株主総会で決議しないといけないと定めれば、会社の社名（商号）や本店の場所からはじまって、定款で定めるさまざまなことについて、その種類の株主にお伺いを立てないと決められないことになります。また、合併や事業譲渡などを種類株主総会で決議しないといけないと定めておけば、この優先株式を持っている投資家は、創業者等が3分の2以上株式を保有しているような場合でも、合併や事業譲渡などを使った買収を阻止できます。

第9号：役員の選任権

種類株主総会で、取締役や監査役を選ぶ権利を定められます。

以上、たとえば第8号の拒否権や第9号の役員の選任権などは、同様の内容を投資契約でも定めることができますよね。

では、同じような内容を投資契約で定める場合と優先株式で定める場合とではどこが違うのでしょうか？

投資契約は契約を締結した会社や投資家などの当事者間だけに有効な契約ですから、第三者には効力が及びません。一方、優先株式は株主総会で決議し、登記もされるものです。優先株式の内容に反した決議は第三者に対しても無効になります。

つまり、（良くも悪くも）優先株式で定めるほうが「強い」のです。

このため、優先株式を発行する時には、専門家に相談することが不可欠になります。普通株式だけで投資する場合や、投資契約を締結する時にも専門家に内容をチェックしてもらったほうがいいのはもちろんですが、それにもまして、優先株式を発行する場合には、専門家に依頼することが大切です。

また、専門家といっても、（第5章のストックオプションと同様）、単に会社法に詳しいというだけではまずいわけです。投資家や経営者の経済的な利害や、上場実務などに合った形で優先株式の内容を定めないと、上場できないとか、当事者間の交渉がデッドロックになり、投資家や会社に大きなダメージを与える、といったことにもなりかねません。そうした、ベンチャー実務に詳しい専門家に相談する必要があるわけです。

優先分配権や転換比率の調整

優先株は、投資を受けるつど、少しずつ内容が変わっていくのが普通です。

米国では投資される回（ラウンド）ごとに、「Series A」「Series B」……と呼ばれ、日本での優先株式による投資は、「A種優先株式」「B種優先株式」……と呼ばれることが多くなっています。

ところが、普通株式の他に何種類もの優先株式があると、上場したあとの一般投資家には、自分の投資する普通株式の性質がどうなるのかというのが非常にわかりづらくなります。このため、上場する際には通常、優先株式をすべて普通株式に「転換」（優先株式を取得して普通株式を交付）してから上場することになります。

基本的には、投資した時に優先株式1株に対して普通株式1株が交付

されると定めたら、何事もなくすくすくと成長したベンチャーの場合には、上場する際にも、優先株式1株に対して普通株式1株が交付されることになります。

　しかし、そのように万事うまくいかなかった場合がトラブルのもとになるわけです。

　そうしたトラブルになりそうな場合にも、**あらかじめ定めたとおり転換比率を調整する等で、投資家や創業者のリスクやリターンのバランスを取ることができる**のが、優先株式の普通株式への「交換」を一定の数式で調整する方式のうまいところといえます。

　以下、具体的な例に基づいて、なぜ普通株式ではなく優先株式を使うとメリットがあるのかを見て行きましょう。

低い額のEXITに対応する

　本書で繰り返し述べてきましたが、投資家の目的は通常、株式をEXITすることです。

　しかし、（もちろん会社が潰れるよりはEXITできたほうがいいのですが）、EXITできればどんな条件でもいいというわけでもありません。EXITの額が期待したほどの額に満たないとか、投資家への分け前が気に食わない、といった場合に問題が起こりえます。

　ここではまず、思ったほど高値のEXITができなかった場合に発生する問題と、優先株式による解決の例を挙げてみましょう。

08 優先株式のすすめ

投資家がまったく儲からないケース

まず、以下のように、普通株式だけで投資して、投資家がまったく儲からないケースを考えてみます。

資本金1千万円で設立した会社に、ベンチャーキャピタルが創業者と同じ普通株式で4億円投資して20％を取得したとします（つまり、投資直前の企業価値を16億円、投資直後の企業価値を20億円と評価してくれたわけです）。

ベンチャーキャピタルが投資する前に株式を持っていたのは、創業者1人だけとし、すべて普通株式で、他に特段の投資契約も結んでいなかった、とします。

ベンチャーキャピタルが投資した時点では、創業者（経営者）は「100億円以上の時価総額で上場を目指す」というビジネスプランを考えていました。

しかし、創業者が上場のことを勉強するうち、だんだん「上場企業の経営者になるのも大変そうだなあ」という気がしてきました。

そんなある日、このベンチャーに「20億円で会社を売らないか?」というオファーが某上場企業からあったとします。

この時、創業者とベンチャーキャピタルの損得は、どうなるでしょうか？

305

図表8-1 普通株式でVCが投資、20億円で売却する場合

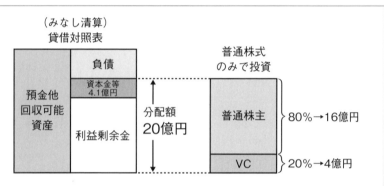

※ここでは事業（会社の中身）を20億円で売却して会社自身に利益が発生し、その会社を清算したとみなした図にしてあります。実際には、事業譲渡をするのと株式を売却するのでは、税務上その他大きな違いが生じますので、事業譲渡して清算するよりも、株式の売却や合併、会社分割などの方法が採用されることのほうが多いかと思いますが、簡略化のため、以下、事業譲渡して会社を清算する絵で説明したいと思います。

※元の資本金が１千万円で４億円増資ですから、４億円の半分の２億円を資本金に組み入れて、資本金2.1億円、資本準備金２億円といった形にしているかもしれませんが、図では単純化のため、資本金と資本準備金を合計して4.1億円としてあります。

　図表8－1のように、ベンチャーキャピタルは投資した４億円がなんとか回収できるだけで、儲けはゼロです。
　これに対して、創業者は、会社設立時に１千万円の元手を出しただけで16億円の現金が転がり込んでくるわけです。

　こうした条件のもとで、この買収の話がきたとしたら、創業者は「買収されたい」と思うでしょうし、ベンチャーキャピタルは「そんなろくでもないこと考えてないで、IPO目指してがんばれよ！」ということになるはずです。

つまり、投資契約等で特段の定めもなく、普通株式だけしか発行していなくて、創業者が買収されるかどうかを勝手に決められる場合には、（このベンチャーキャピタルはムッとするでしょうけれど）創業者は買収に応じてしまうはずです。

一方、こうした普通株式だけで投資が行われていて、投資契約で「ベンチャーキャピタルがOKと言わないと買収されることができない」（拒否権がある）と定められている場合には、どうでしょうか？

そうなると、ベンチャーキャピタルにとってはこの買収はあまり面白い話ではありませんので、買収の話はお流れ、ということになり、創業者もベンチャーキャピタルも、せっかくのチャンスを逃がすかもしれません。

投資時点の企業価値から
上昇していないケース

上記のケースは、ベンチャーキャピタルが投資した直後の評価額（20億円）で売れたからまだいいようなものの、もっとヒドいケースも考えられます。

ベンチャーキャピタルの投資後、事業がそこそこにしかうまくいかず上場の目処も立たないところに、「4.1億円で会社を売らないか？」というオファーがあったとします（図表8-2）。

図表8-2　普通株式でVCが投資、4.1億円で売却する場合

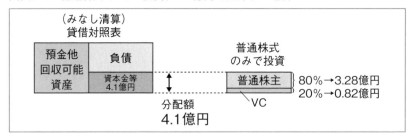

　こうなると、売却額4.1億円にベンチャーキャピタルの持分20％を掛けると8,200万円ですから、ベンチャーキャピタルは4億円投資したのに、8,200万円しか戻ってこないわけです。つまり、3.18億円の損です。

　一方、創業者は会社設立時に1千万円しか投資していないのに、3.28億円の売却額を手にするわけです。

　投資契約等で「ベンチャーキャピタルが反対した場合には、事業譲渡や合併、会社分割等が行えない」といったことが定められていれば、ベンチャーキャピタルは、この買収のディールに応じるなんてことはさせないわけですが、そうでない場合には、ディールが進められてしまう可能性があります。
　もちろん、創業者だけが得すればいいや、ということで、投資家に大損をさせてまでこの買収に応じようなんてことをする経営者ばかりではないのは確かですが、法的にはこのディールを止められる可能性は低くなってしまうわけですね。
　「創業者が自分の利益しか考えない悪いヤツ」というケースだけでなく、「善い人」で投資家に遠慮する場合にも困ることになります。

　たとえば、この会社、今はそこそこ業績も確保されていますが、他に

も有力な企業がどんどん参入してきていて競争が激化することが予想されるとします。つまり、今が最も企業価値を高く評価してもらえる時（平たく言うと「売り時」）で、あとは価値が下がるだけ、ということになる可能性が極めて高いとします。

この場合、**会社全体・株主全体で考えれば**、今売ったほうが絶対得なのですが、創業者と投資家という立場に分けて考えると、お互いの利害が衝突し、双方が損することになってしまいます。

優先分配権がある場合

それを防ぐためには、「残余財産分配権」に優先権を付けたり（「優先分配権」）、「取得条項による普通株式への転換比率の調整」の条項が付いた優先株式で投資をする方法が考えられます。

つまり、先ほどと違って、ベンチャーキャピタルが投資した株式には「（投資した額の）4億円まではベンチャーキャピタルが先に取る」という優先分配権が付いているとしましょう。

これだとベンチャーキャピタルは投資した4億円を回収できますし、創業者も1千万円が返ってきますので、図表8−2のように、ベンチャーキャピタルだけが大損するようなことは防げます。

ただし、これでベンチャーキャピタルが大満足かというとそうでもありません。

この条件が付いた株式の会社が20億円で売れた場合を考えてみましょう。

図表8-3　優先分配権付優先株式で投資、4.1億円で売却する場合

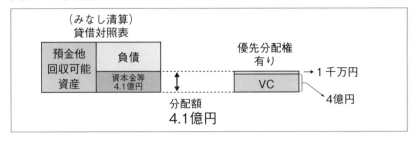

図表8-4　優先分配権付優先株式で投資、20億円で売却する場合

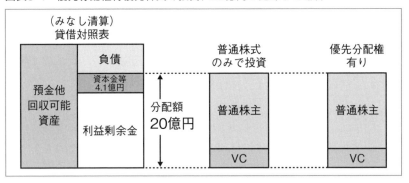

　これは非参加型（non-participating）の優先株式で投資した場合です。
　つまり、投資家は「元本」か「普通株式に転換したとした場合の分配額」か、いずれか大きい額を受け取ることができます。
　この図表8-4、よく見ると図表8-1とまったく同じですね。
　つまり、4.1億円で売れようが、20億円で売れようが、ベンチャーキャピタルの取り分はまったく同じになってしまうわけです。
　図表8-1と同様、投資家は「創業者ばっかり儲けやがって」という気持ちになるかもしれないですね。

　そこで、参加型（full participating）という株式も用いられます。

たとえば１倍の優先分配権が付いている参加型の優先株なら、「投資した４億円の１倍＋残り（16億円）の20％＝7.2億円をベンチャーキャピタルが取る」ということになります。

図表8-5　参加型優先株式で投資、20億円で売却する場合

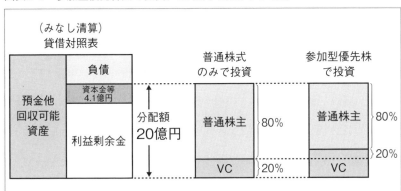

これだと、会社が20億円で売れれば、ベンチャーキャピタルは投資した額の1.8倍を手にすることができますし、創業者も会社設立時に１千万円出したものが12.8億円になるのですから、満足できてもおかしくないはずです。

こうした条件にすることで、創業者にも投資家にも「より高い価格で会社を売却したい」というインセンティブが生まれますし、安値で叩き売りする話が仮にきたとしても、そのディールを進めるインセンティブを失わせることができるわけです。

こうした条件を付けておくことで、IPOのように、株価が投資した時の評価額の何倍にもなるといったことにならなくても、ベンチャーキャピタルも創業者も双方ハッピーになれる可能性が高まるわけです。

しかし、優先株式を使わないと、なかなか、こうしたうまい分配メカニズムは構築できません。

結果として、優先株式を使うことで、「うまくやれば双方ハッピーだったはずの売り時を逃す」といった可能性を減らすことができるわけです。

その他の安売り防止策

その他「安売り」を防ぐ方法としては、以下のような方法も考えられます。

- IPOや買収の目標金額を契約で合意して、それに向けた努力をする。
- 合併、会社分割、事業譲渡、株式譲渡などについて投資家が拒否権を発動できるようにしておく。
（投資契約で定める場合、種類株式の拒否権として定義しておく場合、の両方が考えられます。）

もちろん、ベンチャーキャピタルがたとえば3分の1超の株式を持っていれば、日本の会社法上も、合併や会社分割には「NO」と言える拒否権があることになります。

しかし、投資家がたとえば20％、15％といった比率しか投資しない場合、何もしなければ、上記で述べてきたような状況に陥るリスクがあるわけです。3分の1以下しか投資しない場合、ベンチャーキャピタルとしてはそうした拒否権はほしいところですし、ベンチャー側としては必ずしもそうした権利を与える必要はないわけで、このへんは、力加減や交渉の世界になってきます。

投資家間の権利の調整

こうした優先株式の条項は、投資家間の権利の調整にも使うことができます。

加重平均方式での調整のケース

たとえば、ベンチャーキャピタル「VC１」が先に１株20万円で投資をしていたが、あとからきたベンチャーキャピタル「VC２」が、それより低い１株10万円で投資をすることになったとしましょう。

図表8-6　20万円の株価で100株投資後、10万円で150株投資するケース

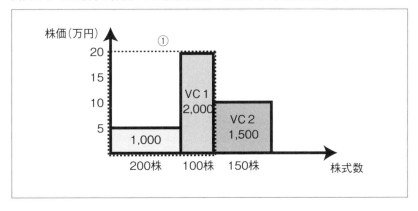

以降の図では、高さが「株価」、横幅が株式数を表しています。
このため、面積は「投資金額」を表すことになります。

VC１は１株20万円の価値があると考えたわけですから、このVC１が投資した直後には、図表8-6の点線枠①のように、企業価値は6,000万円（20万円×300株）あったわけです。

図表8-7　上記ケースの場合の「加重平均株価」

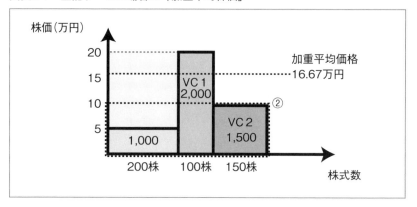

　しかし、VC２の投資直後には、株価は10万円まで下がったので、企業価値も4,500万円（10万円×450株）まで下がってしまうわけです。（図表8-7の点線②の面積です。）

　基本的には、状況が悪化したから株価が下がったはずではありますが、あとからきた投資家に安い価格でシェアを取られると、自分の取り分がその分少なくなるので、VC１としても権利は主張しておきたいところです。

　このため、図表8-8のように、それまでの企業価値が、VC２の新たな投資で薄まった分、**全体（VC２の投資前の企業価値①とVC２の投資額）を加重平均した価格**で、VC１の実質的な株式数（優先株式を上場前などに普通株式に「転換」したあとの普通株式の株式数）を調整することが考えられます。

図表8-8 「加重平均株価」で株式数を調整

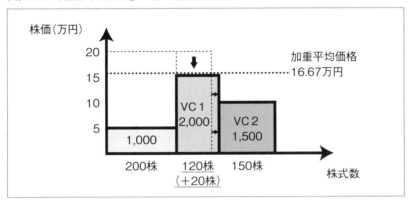

　この方法だと、もともとVC 1 が保有する株式数（＝普通株式換算した株式数）は100株でしたが、加重平均価格が16.66…万円になるので、これを転換価格にすると、普通株式に転換したあとの株式数が120株に増えることになります。[5]

　VC 1 が、次回以降の投資に対する実質的な拒否権を持っている場合には、こうしたインセンティブを付けてあげないと、会社の経営環境が悪くなっていった時に資金調達が行えなくなってしまうかもしれません。

フル・ラチェット方式での調整のケース

　創業者などの既存株主にとって、もっと恐ろしい条件もあります。

---

[5] 優先株式やストックオプションなどで、

$$\frac{\text{調整後}}{\text{払込金額}} = \frac{\text{既発行株式数} \times \text{調整前払込金額} + \text{新発行株式数} \times \text{1株当たり発行価額}}{\text{既発行株式数} + \text{新発行株式数}}$$

という調整式を見かけますが、この式の表すところを図にすると、図表8-8のようになります。

VC１にとってもっと都合がいい条件ということになりますが、次の投資家の株価が自分が投資した株価より低い場合には、「次の投資家の株価まで下げられる」という決め方も考えられます。[*6]

図表8-9　「増資株価」で株式数を調整

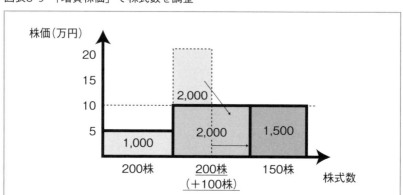

　先ほどの方式では転換価格は16.666…万円でしたが、今度は10万円まで下がりますので、上記の図のように、普通株式100株分だったVC１の持株数が、200株に増えるわけです。

　VC１にとっては、より、次回の投資に応じやすくなりますが、創業者やVC２にとっては、比率が低下するため、旨味が少なくなるかもしれません。

[*6]　「フル・ラチェット方式」と呼ばれます。

08 優先株式のすすめ

同時に投資して違う株価をつける

　別の観点からの優先株式のメリットとして、「（ほぼ）同時に投資して
も、株主によって株価を変えられる」ということがあります。

　第２章で会社設立のタイミングに関して説明しましたが、創業者が投
資するのと、投資家と相談したり投資をしたりするタイミングが重なっ
てしまうと、両者が別々の株価で投資をするということが、税務上その
他の理由で難しくなってしまいます。

　しかし、優先株式を使えば話は変わってきます。

　優先株式は、投資家にとって普通株式よりメリットがある条件がいろ
いろ付いているわけですから、同じ時点でも普通株式より価値（株価）
が高くてしかるべきです。[*7]

　このため、たとえば、設立と同時にベンチャーキャピタルが投資を行
うような場合、または、創業者などが普通株式で投資をしたのと日を置
かずにベンチャーキャピタルが高い株価で投資をする場合など、普通株
式だけで考えると価格の問題点・矛盾が出てくるような場合にも、優先
株式を利用することで、株価の違いをよりうまく説明できることになり
ます。

　「日本では設立から間もないアーリーな段階のベンチャーには、なか
なか投資がつかない」といったことをおっしゃる方がいますが、わたし

[*7]　第４章のDCF的な考え方から説明すると、種類が違う株式では、その株式に帰属する純資
　　産や将来のキャッシュフローの予想が異なってくるわけです。価値を考える際の前提の数
　　値が異なってくるのであれば、株式の価値が違ってくるのは当然ですね。

317

はさほど悲観したものではないと思っています。イケてるビジネスには、ちゃんと資金がついています。

しかし、設立と同時にベンチャーキャピタルが投資してくれる例となると、まだまだ少ないのも事実です。

第2章で説明したように、3ヶ月とか半年単位で十分余裕をもって早めに企業を設立しておけば、そうした株価の矛盾というのも発生しないようにできます。

特に、ライバルが当面出てきそうにない状況では、投資を受ける起業家の側としても、プロトタイプが完成したりある程度取引の実績などができたりして「形」になってきた段階で資金調達を考えるほうが、単なる紙の事業計画がある段階よりも、事業の価値を高く評価してもらえる可能性が高まると思います。

また、投資家としても、まだ事業計画があるだけで、海のものとも山のものともわからない、会社も設立されていない事業に投資をするより、ある程度「形」が見えてきた段階で投資をするほうが、失敗のリスクも小さいということになります。

しかし、そういう感じでやっていられるというのは、日本のベンチャー界が競争の少ない「ぬるい」世界だ、ということでもありましょう。

シリコンバレーのような生き馬の目を抜くような世界で、みんなが注目する成長領域であれば、よっぽど特殊な参入障壁となる要素を持ってでもいない限り、半年や1年もプロトタイプや実績を積み上げるといったことをのんびりやっていては、競争に負けてしまうはずです。

また、序章や第2章でも述べたように、最近は「お金がかからない起業」が可能な範囲も広がっており、大きな資金調達も不要で、個人で事

業を営んでいるということも増えてきているかと思います。

　そうした感じで経営しているところに、ライバルが登場することになった場合、法人化して一気に成長しないとライバルに負けてしまうということも考えられます。その場合には、設立、創業者の出資、ベンチャーキャピタルの出資などが、極めて近接した期間に行われることになり、優先株式の出番も登場することになります。

なぜ優先株式の利用が進まないか?

　それでは、日本では、なぜまだこうした優先株式が使われることが少ないのでしょうか?

「ややこしさ」によるリスク

　適切なメカニズムを事前に設定しておくことは、いざ「修羅場」になった時にも、関係者のインセンティブを適切に調整できる可能性を高めます。一方で、今までご覧いただいたとおり、考えられるパターンの大半を網羅して、契約や優先株式の内容をきっちり決めようとすると、結構「ややこしい」ことになるわけです。

　前章で見たように、ほんの10年前までは、投資契約すら結ばれないことが多かったのです。

　ファイナンスが大好きでベンチャーの社長になったという人は少ないでしょうから、「なんとか権」といったややこしげな名前の権利が付いた書類を見せられても、経営者もよくわからない。

　こうした「ややこしい」内容は、ベンチャー側も理解するのが大変ですが、投資のプロであるベンチャーキャピタル側にとっても、必ずしも簡単とは言えません。

「わたし達は、米国のベンチャーキャピタルなどと違って、１人で持っている担当会社の数が多い。米国ではせいぜい数社だと思うが、わたしは50社も担当している。このため、１つ１つの会社の契約や優先株式の内容などを細かく見たり、弁護士にチェックさせたりといったことは、よほど大きな案件でもなければやってられない。優先株式の内容に瑕疵（欠陥）があって、上場審査の際に指摘されたりして、上場できなかったら目も当てられない」

というベンチャーキャピタルの方の話を聞いたこともあります。

起業家と投資家の思惑

こうした条項は、そもそも主に投資家を保護するためのもので、創業者側はややこしい条件に縛られるのは（一見）不利ですから、投資家側が「面倒なので普通株式でいいです」と言っているのに、起業家側から「いや、もっとおれを縛ってくれ」ということにはなかなかならないわけですね。

また、「競争」の影響もあります。

あるベンチャーキャピタルAが「優先株式でないと投資しないよ」と主張しても、ベンチャーキャピタルBが「普通株式でいいですよ」と言えば、他の条件が同じなら、経営者としては、ベンチャーキャピタルBを選んでしまうのではないでしょうか？

もっとベンチャーが増えて競争が激しくなり、日本のベンチャー業界全体の投資スタイルが変わっていく必要があります。

買収を前提にしにくい

日本ではまだ、買収になじみがないということもあるかもしれません。上場できた場合には、投資時から何倍にもなっていることがほとんどなので、どんな株式だろうと基本的にはみんなハッピーなわけです。

しかし、最初から買収されることを目的に会社を立ち上げるという例もまだ少ないですし、会社を「人手に渡す」というのがいやだ、という経営者が圧倒的に多いのが現状でしょう。

このため、買収を前提としない場合にはあまり必要がない優先株式について持ち出すのは、はばかられるということもあるかもしれません。

しかし、今後IPOのハードルが上がってもベンチャーの生態系がうまく機能して、起業にチャレンジする人が次々に現れる活力ある状態にするには、買収の可能性を少しでも高めておくことが必要だと考えられます。

しかし、上記で見たとおり、普通株式だけを発行している会社が買収されると、投資家が保護されないケースも多く想定されますので、今後は優先株式が普及していくことが非常に重要です。

登記制度の違い

もう1つ、日本で考えられる優先株式の特徴としては、日本の場合、優先株式の内容は登記されて、誰にでも見られてしまう、ということがあります。

もちろん、普通株式で増資したとしても登記は行われますので、増加した資本金の額や株式数から、今回増資をした投資家の持分比率、企業価値評価、投資額などは推定されてしまいます。

しかし、優先株式の場合には、内容がほとんど記載されますので、その他にどのような条件が付いているのか、などが外部の人にもわかってしまいます。

条件の書き方の「くせ」によって、使っている法律事務所などまで推測できてしまうかもしれません。

ストックオプションの章でも触れたように、契約で定めるほうが当事者間だけで内容を変更できるのでフレキシビリティがあるのに対して、株主総会で決定し登記まで行われた優先株式の内容を変更するのは大変です。そうしたメリット・デメリットをよく考えて、投資契約と優先株式のどちらに、どのような項目を盛り込むかを考える必要があるでしょう。

専門家のサポート

　また、優先株式を発行すると、通常の株主総会の他に、種類株主総会を開催しなければいけないケースが増えます。たった１つのことを決議するのに、株主総会、A種優先株式株主総会、B種優先株式株主総会……といった複数の株主総会を開催しなければならないとすると、当然手間も増えますし、間違いも多くなります。

　また、種類株主総会を経ないと効力を発生しない事項について、もしその種類株主総会を開催するのを忘れていたとしたら、決議自体が無効になってしまうかもしれません。

　すぐに気がつけばいいですが、はるか以前の決議のやり方が間違っていて、それが上場審査の過程で発覚した、といったことになったら、目も当てられません（実際にそうしたケースは多いのです）。

　つまり、優先株式を使いこなすには、専門家のアドバイスを欠くことができないわけです。

　そして、日本ではまだそのベンチャーの優先株式の実務に詳しい専門家が非常に少ないのです。仮にそうした専門家が見つかっても、業務がパターン化されておらず検討に時間がかかったり、専門家同士の競争が少なかったりすれば、フィーも高くなってしまうでしょう。

　このため、専門家が少ないと優先株式も使われないし、優先株式を使う風潮が出てこないと、専門家も育たないという「卵とニワトリ」がこ

こにも存在しています。

それでも優先株式の投資は増える

　それでも、本章の冒頭に触れたように、徐々に優先株式は使われるようになってきています。

　こうした実務が行われることにより、それを手伝ったことのある、弁護士、司法書士、税理士などの専門家の数も増えていき、ベンチャーや投資家が安心して活動できるような環境も整うという、ポジティブなフィードバックが働き始めるでしょう。実務家が増えれば、いろいろなケースを想定した実務書やブログの記事なども増えるに違いありません。また、投資案件が増加していけば、それは「ひな型」化されていき、コストも下がっていくはずです。

　そういう情報の伝達やコストの低下が起きれば、優先株式をベンチャー投資に使おうという風土も、徐々に醸成されていくものと考えられます。

　つまり、まずは優先株式を使ったらどうなるかというイメージがわくことが大切です。この本が、そうした「イメージ」形成の役に立てば幸いです。

ベンチャーには
リスクのコントロールが必要だ

　ベンチャーは、多くの人が考えるほどではないにせよ、やはりリスクはゼロではありません。

　故意や過失や怠けた結果でベンチャーが潰れたならともかく、最大限

に努力したのにうまくいかなかった場合に、経営者が悲惨なことになるのでは、ベンチャーの起業にチャレンジしようという気になる人は少なくなってしまうはずです。

前述のとおり、ベンチャーをやってみれば、たとえそれが「失敗」しても、むしろそこで経営していた人の経験値や価値は上昇しているはずなのです。

しかし、正直に申し上げると、失敗したベンチャーの経営者に対して、「どうしてくれるんだ！」「土下座して謝れ！」といったことを言うベンチャーキャピタリストが存在することも事実です（そういうことを言って、何か得になることがあるんでしょうかねえ？）。

本章のはじめのほうで、「ベンチャーが失敗して債権者に債務を払ったら、あとには何もこれといった価値があるものが残らないことがほとんどだ」と申し上げました。

そういう場合にも、経営者と投資家で「何も残らなかったね。でも、また次の機会にも一緒にスゴいことをやろう！」と言い合えれば、また「次」につながるはずなのです。

もちろん、日本ではまだ、そんな美しいケースばかりではないはずです。しかし、本書で今まで述べてきたように、きちっとした計画を立て、無理な借金をせず、それをよく説明して納得してくれるいい投資家を選び、そうした合意をきちんとした投資契約や優先株式の書面に落として、関係者全員にフェアになるように努力して事業を進めれば、事業がうまくいかなかったケースでも、社会全体としてプラスになる可能性が高まると思います。

事業がうまくいかなくなってくると（うまくいき過ぎた時も含め）、

経営者も心が「ダークサイド」に引きずり込まれそうになることもあるはずです。そういう場合に、『スター・ウォーズ』のエピソード3のほうにいくのか、エピソード6のほうにいくのか、ですよ。

　会社が進む方向は、特に成長過程のベンチャーにおいては、経営者の「心（スピリット）」の方向性で決まりますから。

　ベンチャーを立ち上げるのは1回で終わりとは限らないわけです。投資も（プロであれば特に）1回で終わりではないはずです。

　次の新しいことを始める場合に、「信頼がおけるヤツだ」と見てもらえるのか「信頼がおけない（いざとなった場合に見苦しい）ヤツだ」と見られるのかは、大きな違いです（起業家にとっても投資家にとっても）。

　未来がどうなるか完全に予測することはできませんが、ファイナンスの場合には、将来の状況はある程度パターン化することができます。志の高い人と組み、苦境に陥った場合にも関係者間で利害がうまく調整できるようにすることで、事業に成功した場合はもちろん、「失敗」した場合にも、それをプラスの価値につなげることができるようになると思います。

第9章
ベンチャーのコーポレートガバナンス

VENTURE FINANCE
THE ESSENTIAL GUIDE FOR ENTREPRENEURS

ファイナンスとガバナンスは表裏一体

　この章では、コーポレートガバナンスとはどういうものか、ベンチャーを設立して大企業にまで成長させていく過程で、どのようなコーポレートガバナンスの形を取ればいいのか等について考えてみます。

　「コーポレートガバナンス」とは、会社をコントロールする仕組みのことです。

　本書でこれまで見てきたとおり、株式とは「会社に関する経済的な権利」であると同時に「会社をコントロールする権利（議決権等）」でもあり、会社の経営に関する決定権を持っているのは株主です。

　このため、「**株式で資金調達をするということ**」と「**コーポレートガバナンスの形をどうするか？**」は表裏一体の関係にあります。

　会社のコントロール権は株主が握っているわけですから、会社は企業価値（株主資本価値）を高めるために運営されることになります。すなわち「コーポレートガバナンスをどのように行うか？」は、「**企業価値を高めるために、どのように会社をコントロールするか？**」と言い換えてもいいと思います。

株主と経営者の利害は食い違う

　株式会社は、株主と経営者が別々であることが原則です。[*1]

[*1]　これを「所有と経営の分離」といいます。「経営者＝株主」でないといけないとすると、社会の中で、「お金は無いけど優秀な人」や「お金はあるけど自分で経営をする能力があるわけではない人」の力が活かされません。「所有と経営を分離する」というアイデアが17世紀初頭に発明されたことが、その後の資本主義社会の大発展につながったわけです。

株主と経営者が別々の存在だと、当然ですが、両者の利害がいつも一致するとは限りません。[2]

しかしベンチャーは、創業者である経営者が（発行済株式総数の8割とか4割といった）かなり大きな割合の株式を保有しているのが普通なので、株式が分散してしまっている上場企業などよりは、経営者と株主の気持ちが一体になれる可能性が高いところが特徴です。[3]

第5章で見たストックオプションの付与も、役職員と株主の心のベクトルをそろえるための施策です。つまり、創業者や役職員が投資家と一緒に企業価値の急速な向上を目指すのがベンチャーだと言えます。

しかし実際にはベンチャーであっても、経営者と一般株主の考えは、ときどき食い違います。株主は常時、会社に接しているわけではないのに対し、経営者は取引先や従業員といつも一緒に仕事をしていますので、どうしても「仕事がいかに面白いか」「取引先や従業員といかにうまくやっていけるか」という観点から物事を見がちです。

もちろん、事業が面白かったり、取引先や従業員とうまくいったりすることが、多くの場合ベンチャー成功の極意であり、企業価値の向上にもつながります。ただし、「企業価値の向上にはつながらないが、経営者や従業員にとっては面白い」「企業価値の向上にはつながらないが、取引先は喜んでくれる」ということもありえます。

---

[2] このように、委任者（この場合、株主）と受任者（同、取締役）の利害が必ずしも一致しないことは「エージェンシー問題」（principal-agent problem または agency dilemma）と呼ばれます。

[3] 昔は、「金が無いけど優秀な人」は「金がある人」にコキ使われる構造だったわけですが、現代のベンチャーとは、資本政策に株価の違いや優先株式などを活用して、「金が無いけど優秀な人」でも会社の所有者（大株主）にもなれる仕組み、と言うことができます。つまり、17世紀以来ずっと資本主義は「金の力」が支配してきた（少なくともそういうイメージだった）わけですが、現代は「優秀さ」が「金の力」を凌駕する大革命が進行していると言えます。資本主義の最も進化した形態、と言ってもいいかもしれません。

図表9-1　企業価値の向上と経営者の取組みの関係

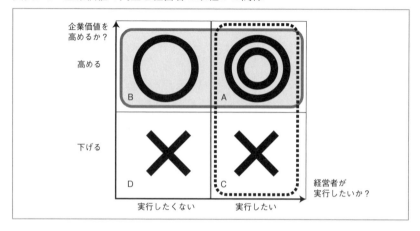

　図表9-1でいうと、コーポレートガバナンスとは、経営者と株主の利害が食い違う場合に、「経営者が実行したいかどうか？」（点線：AとC）ではなく、企業価値を高めるかどうか（実線：AとB）で企業が行動するようにするように持っていくことです。*4

　そして、経営者の人選やインセンティブ（報酬）の設計をうまくやれば、右上Aの象限の「経営者が実行したくて、かつ、企業価値も高まる」という方策が採用されるようにもできるはずです。

「時間軸の違い」の理解が「三方良し」を実現する

　コーポレートガバナンスや経営者と投資家の利益相反というと、日本

*4　当然、「企業価値の向上にはつながるが、経営者や従業員にとっては面白くない」（左上Bの象限）ということも考えられます。時にはそうした選択肢も取らないといけないのですが、もちろん、よく先回りをして考えて、なるべくそうならないようにするべきです。

では「取締役の不正行為をどう防止するか？」といったことに目が行きがちです。もちろん不正の防止も大事ですが、それは単に「企業価値を下げないため」の施策でしかありません。ベンチャーが企業価値を急拡大させるためには他にもっと気を使うべきことがあります。

たとえば、真面目な経営者には、よく「一刻も早く利益が出るようにがんばります」と言う人がいます。もちろん、利益が出ることは（他の条件を考えなければ）いいことです。しかし、ベンチャーの世界においては、「儲かること」と「企業価値が上がること」が一致しないことも多いのです。

これは、**企業価値と利益の発生との間に「時間軸の違い」があることが原因**です。つまりこれが、「投資家の目線」と「取引先や従業員等の目線」に差異が発生する原因でもあります。

取引先や（特に採用時の）役員や従業員は、「今の」メリットを求めます。すなわち一般的には、顧客は商品やサービスを安く買えることを喜び、従業員は現在の給料や待遇がいいことを望みます。

これに対して、株主は「企業価値の向上」を求めます。

第4章で見たとおり、企業の価値は、企業が生み出す**将来のキャッシュフローの現在価値**です。つまり、企業価値は、企業が今後急成長するかどうかで異なってきます。

今後あまり成長が期待できない企業では、目先の利益を精一杯出さないと企業価値が上がりませんので、取引先に対して1円でも高くモノを売り、従業員の給料も1円でも安くするという（コスッからい）経営をする必要が出てきます。

図表9-2　非成長企業の企業価値

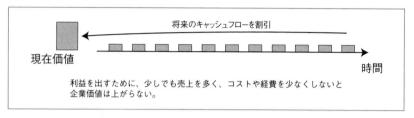

しかし、今後の急成長を期待されて株式で資金調達をするベンチャーでは、この事情が異なります。目先の利益は出なくても、将来大きなキャッシュフローが期待できれば、現在価値は大きくなりえるのです。

図表9-3　当初赤字だが、大きな成長が期待できるベンチャーの企業価値

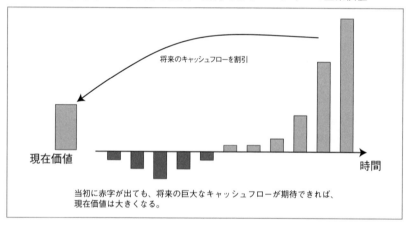

　投資家から大量の資金を調達できれば、当面の資金には困りませんし、会社がつぶれることもありません。
　このため、取引先に対する取引条件をよくしたり、ネット系のサービスのように、顧客が無料でサービスを利用したりすることもできます。また従業員に、より高い給料を支払ったり、使いやすいパソコンや椅子

など快適なオフィス環境を提供して、よりよい人材を集めることもできます。[5]

　ネット系のベンチャーでは、サービスの利用料を無料にして一気に数百万人、数千万人と顧客の数の拡大をはかる手法は、すでに当たり前になっています。従業員も、先行投資的に10人、100人、1,000人と増やすことも不可能ではありません。また、少しずつ信用を得て顧客の認知を徐々に広げるのではなく、10億円単位の資金を調達し、テレビなどのマス媒体で広告を一斉に打つことで、ベンチャーのサービスが数ヶ月の間に全国的認知を得る事例も出てきました。
　従来の大企業が何十年という時間をかけて積み上げてきたことを、数年の間に成し遂げることができる時代になってきたのです。

　取引先との関係も従業員の給料も「競争」の中で決まってきます。周りの企業が取引先や従業員にいい条件を提示していたら、こちらもいい条件を提示しないわけにはいかなくなってきます。「株主利益の追求」というと、「血も涙も無い資本家が労働者を搾取する」という構図を想像される方もいらっしゃるでしょうが、**ベンチャーは急成長が予想される領域に取り組み、かつ、理解力のある少人数の株主を説得できればい**いからこそ、取引先も従業員も投資家も喜ぶ「三方良し」[6]を実現できますし、雇用を生み、国富を増やし、納税額を増やし、社会全体のためにもなることになります。

将来のキャッシュフローが最大化され、企業の利害関係者の全員がハ

---

[5] Googleをはじめとするシリコンバレーの企業では、大規模なカフェテリアがあって、従業員がいつも無料で食事ができることがあたりまえになってきています。

[6] 「売り手良し」「買い手良し」「世間良し」の三つの「良し」。売り手と買い手がともに満足し、また社会貢献もできるのがよい商売であるという近江商人の心得。

ッピーになっている「成功している未来」をイメージし、その状態にたどり着くためには何をすればいいかを投資家と経営者の間ですりあわせる仕組みこそが、コーポレートガバナンスであると、私は思います。

ガバナンスの形は市場の競争構造の形

　以上のように、コーポレートガバナンスの形は、株式での資金調達の量や投資家や起業家の理解の内容によって決まってきますので、別の角度から言えば、**その企業が属する市場や地域、資金調達環境の競争構造に影響を受けます。**

　競争が緩い環境、すなわち、のんびり経営していても競合が現れる心配が少なく、利益も出やすい状況なら、あわてて資金調達をする必要もないし、資金調達量も少なくて済みます。もちろん、投資家に有利な条件で株式を渡す必要もありません。[7]

　逆に（米国のシリコンバレーがその典型ですが）、ちょっとでも儲かっているベンチャーがあれば、その領域に何社も新規参入者が群がるような競争が厳しい環境では、のんびり利益を出している暇もないので、株式で大量に資金調達する必要があるし、結果として投資家のガバナンスを強く受けることになります。

---

[7] 今や2兆円を超える時価総額の楽天が上場前に調達した資金は5億円程度ですし、最近では、上場前の資本金が1,500万円とか100万円といった若い企業が続々と上場しています。シリコンバレーでは、GoogleやFacebookなど2,000億円、3,000億円といった規模の資金を上場前に調達する企業もあります。少ない資金調達で上場まで行けるというのは、競争が少なくて、ベンチャーにとって「おいしい」ビジネスチャンスがゴロゴロ転がっている日本ならではの現象じゃないかと思っており、こうした少ない調達で5割以上といった高い創業株主比率で上場することを、（わたしが勝手に）「ジャパニーズ・ドリーム」と呼んでいます。

334

「上場企業に社外取締役を義務づけるかどうか？」という議論も同様です。のんびりしていても潰れることはないだろうと思っている会社に、いくら「社外取締役を入れるべきだ！」と言っても、「は？」という反応になるのは当然です。

「社外取締役」とは何か？

競争の激しい環境におけるベンチャーファイナンスとそのコーポレートガバナンスにおいては、社外取締役の存在が重要です。この社外取締役[8]というのは、いったい何をする人でしょうか？

日本では、社外取締役の導入に肯定的な人ですら、社外取締役を「社長のブレーキ役」とか「中立な第三者の観点から意見を言うアドバイザー」と思っている人を多く見かけます。全速で企業価値を高めないといけない社長に「ブレーキ」かけてどうするんだ、と思いますし、社外取締役はアドバイスはしますが、単なる「アドバイザー」ではありません。

もちろん、社外取締役に就任する人は、「企業価値を下げよう」とか「社長に迎合しよう」なんてことを思っている人は少ないと思います。しかし、会社の社長その他の役員の「つて」で取締役に就任した人が、会った事もない（抽象的な）「株主」の利益のために行動するというのは、なかなか難しいのです。

また、コンサルティングファームの数人のチームがフルタイムで会社のコンサルティングを請け負うならともかく、社歴が50年も100年もあるコングロマリット的な企業に、月に１度しか来ない社外取締役が有効

---

[8] 日本の会社法では、現在または過去に、その会社や子会社の業務執行取締役、執行役、支配人、その他の使用人でなかった取締役をいいます（会社法第２条第15号）。

な「アドバイス」をできるかというと、よほどの人じゃないと難しいと思います。

　コンサルタント出身などで頭がいい社外取締役は、10回のうち9回失敗することは「やめたほうがいい」とアドバイスする誘因があります。90％の確率で「ほら、おれの言った通りだろう」と言えるからです。しかし、10分の1の確率で、投資額の100倍のリターンが期待できることなら、それは実行したほうが企業価値が上がることは期待できるわけです。そういう「アドバイス」や「ブレーキ役」になる社外取締役は、株主や社会にとって、実は害悪かもしれません。経歴が立派で頭のいい社外取締役を入れれば万事うまくいくわけではないのです。

　ベンチャーキャピタルなどの投資家から派遣されている社外取締役なら株主の代表だからOKかというと、必ずしもそうでもありません。仮に、派遣されて来た社外取締役が、その企業の企業価値が上がっても、たいしたボーナスがもらえるわけではない「下っ端サラリーマン」的な人だとすると、10回に9回失敗することにGOサインを出したら、あとで9割の確率で上司から叱られることになりかねないので、イノベーションを推進するインセンティブが無いことも考えられるからです。

　社外取締役の役目は、経営陣と投資家の利害を一致させ、株主の目的、すなわち企業価値の向上を実現することです。

　日本では、「社外取締役は独立性が求められるので、社外取締役にストックオプションのような射幸心を煽るものを与えると、よくない」と思っている人も多い気がしますが、米国では（日本の監査役に相当する監査委員会委員を含め、特にベンチャーが成長して上場する場合など）、社外取締役にも結構な量のストックオプションが与えられている例が多いと思います。それはやはり、株主と社外取締役を含む取締役の利害のベクトルを一致させる必要があるからだと考えられます。

09　ベンチャーのコーポレートガバナンス

社外取締役を最も必要としているのはベンチャーである

　つまり、社外取締役が最も必要とされ実際に機能するのは、株式でファイナンスを行うベンチャーにおいてであると言えます。

　ベンチャーの生態系が育って競争が活性化し、設立と同時にベンチャーどうしや大企業との強烈な競争に叩き込まれる環境になれば、生き残るためにベンチャーキャピタルなどの投資家から大量に資金調達をして急速に成長する必要が生まれてきます。投資額が大きくなれば、投資家も投資先を放っておくわけにはいかず、モニタリングやアドバイスのために社外取締役を派遣する必要が生まれます。そして、そうしたベンチャーが成長して上場し、既存の（あまり社外取締役の必要性を感じていない）上場企業を競争で追い落とすことになれば、結果として社外取締役を活用する企業が増えることになります。

　このように、ベンチャーの社外取締役は、まさに「株主の代表」です。

　日本では、ベンチャーキャピタルから投資を受ける時に社外取締役を受け入れても、上場時には投資家が社外取締役を引き上げてしまうことが多いですが、米国では、ベンチャーキャピタルの大物パートナーが上場後の取締役会にも残るパターンをよく見かけます。

　上場時が株価の天井で、あとは下がるばかりと想像される会社だったら、上場後なるべく早く株式を売っぱらって社外取締役からも降りるのが合理的ですが[*9]、ベンチャーキャピタルの投資比率が上がれば、上場時やその直後にベンチャーキャピタルが全部売り切りにくいこともありますし、上場後も更に大きく成長していくことが期待される企業であれば、ベンチャーキャピタルも株式を持ち続けるはずだし、社外取締役も残るはずです。

従来の日本では、分散型で投資をしてハンズオンしないベンチャーキャピタルがほどんどでしたが、99年の証券自由化を境に、ハンズオンする独立系ベンチャーキャピタルが増えてきました。

　米国では、図表9－4のように、80年代から独立系ベンチャーキャピタルの比率が増え、現在では独立系ベンチャーキャピタルがほとんどになっており、日本でも、今後10年20年をかけて、このように（単なる「金融業」ではなく）ベンチャー経営やエンジニアなどの経験を持つベンチャーキャピタリストが運営する独立系ベンチャーキャピタルが増えてい

図表9-4　米国VCのファンド総額（Capital Under management）の推移

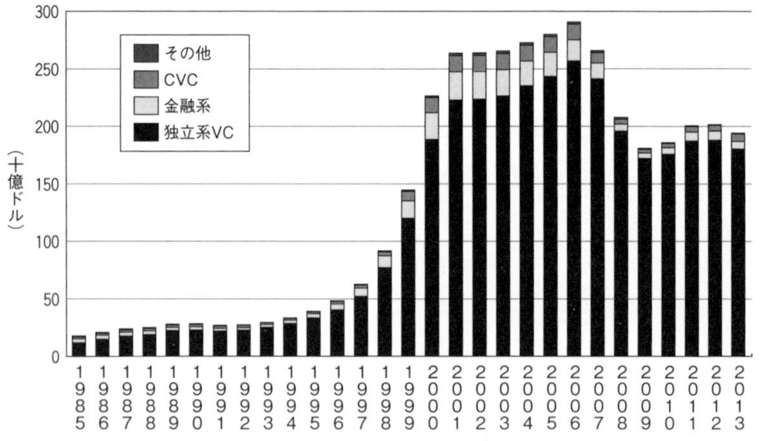

出所：2014 National Venture Capital Association Yearbook より作成

＊9　金融商品取引法のインサイダー取引規制（内部者取引規制）では、インサイダー情報（重要事実等）を取得すること自体が禁止されているわけではなく、その情報が公表される前に株式等を取引することが禁止されています（ただし、上場企業となると、インサイダー取引の発生を防止するために、必要のない人が情報を得ないような態勢が求められることになります）。取締役会は会社の最重要機密が集まって来る場所ですので、社外取締役は日常的にインサイダー情報を取得することになり、その社外取締役が所属するベンチャーキャピタルはインサイダー取引規制により、同社の株式を好きな時に売却しづらくなってしまいます。

くものと考えられます。

イノベーションと（広義の）IR

　ベンチャーがイノベーティブなことを行うためには、投資家に企業価値の意味をよく理解してもらえることが重要だ、ともいえます。

　上場企業になると、一般の多数の株主を相手にすることになります。今は赤字の会社が「将来すごい利益が出ますよ！」というのは、よほど説明に説得力がないと株主に通じません。[10]

　結果として株価は下がってしまいます。

　このように、議決権等の権利を行使できる投資家に対して、事業をよく理解してもらう関係を築くことを、インベスター・リレーションズ（Investor Relations＝IR）と言います。[11]

　未上場のベンチャーの場合には、普通は、投資家との関係をIRとは呼びません。上場後の一般株主には、その事業にあまり詳しくない人も多く含まれるのに対し、ベンチャーの投資家は基本的にはプロが中心（であるはず）なので、ベンチャー側からコミュニケーションの取り方を工夫するというよりは、投資家からも積極的にコミュニケーションを取るのが普通だからです。

　ただし、ベンチャーの投資家も全知全能ではありませんので、定期的に報告される形どおりの財務データだけから、すべてが理解できるわけではありません。投資契約や株主間契約で、事前承認といった形で一定

---

[10]　こうしたことを日本で一番上手に行った人の1人が、ソフトバンクの孫正義社長かもしれません。
[11]　「IR」を「株主向けの、かっこいい開示資料を作ること」だと考えている人がいますが、「relations＝関係を築くこと全般」がIRの本質だと思います。

の拒否権を持っている有力な投資家に対しては、ベンチャーもこまめにコミュニケーション[*12]を取っておかないと、いざ思い切ったことをしようとする場合に、同意が得られず計画が頓挫することも考えられます。（もちろん、それよりも大事なのが、理解力の低い投資家を株主にしない、または、そうした投資家に拒否権などの重要な権利を持たせない、ということです。）

イノベーションとリーダーシップ

投資家との関係において、もう1つ重要なのは経営者のリーダーシップです。「リーダーシップ」というと体育会的で抽象的な概念と思われるかもしれませんが、**ベンチャーの場合、「経営者が保有する議決権数（持株比率）」と言いかえてもいい**と思います（また未上場のうちは、投資契約や株主間契約といったものにも縛られます）。

もちろん、持株比率が低くても、立派な経営者はたくさんいます。ただし、GoogleやFacebookなど、イノベーションを実行し、企業価値をどんどん上げている会社は皆、経営者がそこそこの議決権を持っているケースが多いことにお気づきかと思います。[*13]

会社の議決権をほとんど持たないサラリーマン的な人が社長をやっている会社で、あと2年で社長を交代する予定なのに、「この事業は、今

[*12] 未上場なので、常識的な範囲での「飲み会」「会食」といったことも可能ですが、会社法（第120条）で、未上場会社であっても「株主への利益供与」は禁止されています（でも、「一緒に飲んでみないとわからない」ということは、たくさんありますよね？）。このため、通常の会議として必要なレベルを超えると判断される可能性があるものは、投資家（株主）側が代金を負担すべきじゃないかと、個人的には考えています。

[*13] 特にGoogle以降の米国上場のテック系企業では、議決権がたとえば10倍違う株式を使って経営陣が支配権を確保する「dual class」と呼ばれる手法が用いられるのが普通になっています。拙著『起業のエクイティ・ファイナンス』第7章参照。

340

は赤字でも将来すごい黒字が出ます」といっても、株主はもとより、社内の従業員や取引先に対しても、あまり説得力がないかもしれません。[*14]

　結果として、イノベーションを起こす大胆な施策が打てず、1円でも多く目先の利益を出さないといけないことにもなります。

　もちろん、1,000億円の利益が出ている会社が、10億円の赤字が出る新規事業をやることは容易です。しかし、1億円しか利益が出ていない上場企業が、10億円の赤字が出る新規事業を行うことは、株主への説明が難しいことが多いはずです。

　これに対して、未上場のベンチャーの場合には、理解力のある投資家から資金が調達できれば、今期10億円の赤字が出るような施策を打つ事も可能になるわけです。[*15]

　米国では、Amazonのジェフ・ベゾスCEOは、こうした株主との関係構築を上手に行った経営者の代表格と言えるかもしれません。図表9-5のように、Amazonは、売上は着実に成長しているものの、いまだにときどき赤字決算になります。それでも15兆円規模もの企業価値があります（2014年11月現在）。

[*14]　もちろん、大企業の多くは経営企画部といった組織を作って、個人でなく、組織として長期の経営を行おうとしています。しかし、それも経営者が変われば変わってしまう可能性がありますし、組織の「慣性」で、自らを変革できない会社は、イノベーションが起こせないことにもなります。

[*15]　つまり、日本では「上場＝エラい」「上場は早くすればするほどいい」と考える人が多いですが、上場をした後のほうが、むしろ資金調達ができるタイミングも額も限られることにもなりますし、株価や買収にも気を回さないといけません。ベンチャーファイナンスが十分潤沢に行われる社会では、上場しないうちのほうが大量の資金を迅速に集めることができることにもなります（GoogleやFacebookが数千億円の資金を未上場のうちに調達したことを思い出してください）。日本はまだベンチャーファイナンスの環境が発展途上でそこまではいきませんが、今後そうした環境になっていくと、上場するタイミングは慎重に（より後ろ倒しで）考える必要が出てきます。

図表9-5　Amazonの売上と純利益の推移

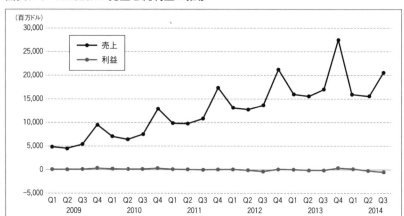

米国のベンチャーのガバナンス

　次に、米国のベンチャーでは、どのようなコーポレートガバナンスの形になっているかを考えてみたいと思います。[*16]

　米国のベンチャーは設立時から取締役会を設置しています。特にベンチャーキャピタルなどの投資家から投資を受けたベンチャーは、取締役会の取締役の構成について、株主間契約や定款で、たとえば、
- 経営陣（普通株主）から１名（たいていはCEO）
- 投資家（優先株主）から１名
- 普通株主と優先株主の合意で１名

の計３名などと定めることが多いと思います。[*17]
　米国には監査役や監査役会はありませんので、創業者（CEO）と、株主から選任された社外取締役など、３名程度の役員からスタートし、投資家が増えるのに合わせて、５名、７名と拡大していけます。

図表9-6　取締役会＝「プチ株主総会」

　米国では（最近は日本でも）、設立間もないベンチャーであっても、ベンチャーキャピタルからの社外取締役が入ることには、あまり違和感は持たれないと思います。特に米国では、ベンチャーキャピタル側の人材のクオリティも高く層も厚いので、実際に経営者の経験やエンジニアの経験などがある社外取締役に入ってもらえば、企業価値を向上させるためのアドバイスや意見もどんどん吸収できるので、経営者側としてもウェルカムなはずです。

　日本では「取締役」という肩書きに、「従業員から叩き上げた人が何

---

*16　「米国はすごい」と言いたいのではなく、その逆です。米国と日本は法制度等も違うので、米国で行われている実務（プラクティス）は、なぜそうなっているかをよく考えて日本に導入しないと、機能しないはずなのです。
　　また、「米国」といっても、米国のベンチャーキャピタル資金の約半分はカリフォルニア州（シリコンバレー）に流れ込んでおり、そこでのベンチャーはほとんどがデラウェア州会社法により設立された会社です。この章の「米国」というのは基本的に、カリフォルニア州に本社があるデラウェア州法人を想定した実務を中心に書いています。
*17　これら米国のアーリーステージのスタートアップについての実務については、Series Seed優先株のひな型（http://www.seriesseed.com/）や、NVCA（全米ベンチャーキャピタル協会）のひな型（http://www.nvca.org/index.php?option=com_content&view=article&id=108&Itemid=136）を見るのが役に立ちます。

十年かかって獲得する『勲章（ご褒美）』」といった意味合いが強くありますが、米国では、業務を執行するのは執行役員（officer）[18]であって、取締役（director）というのは、経営者というよりは、創業者や投資家を含む「株主の代表」であり、**取締役会は、機密情報を少数の人にのみ開示しながらスピーディーに経営を進めるための「プチ株主総会」**的な存在として位置付けられることになります。

　このため、日本では株主総会で決めるようなことを権限委譲して、取締役会でスピーディーに意思決定できることにしてしまえるわけです。[19]

図表9-7　米国ベンチャーのコーポレートガバナンス

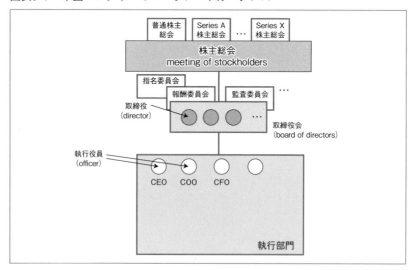

[18] 日本語では「役員」という言葉が付いていますが、米国ではofficerは従業員（employee）です。
[19] 株主の数が増えてくると、ベンチャー側としては、コンペティターに情報が流れるといったリスクを考えて、株主総会に報告できる情報は限定する必要が出てきます。一方で経営の意思決定は、秘密中の秘密の情報を元にしないと、行えません。取締役会という「プチ株主総会」によって、株主や経営陣の利害をフェアに考えられる少数の人間でスピーディに意思決定できることが、米国のガバナンスの特徴になっていると思います。

09 ベンチャーのコーポレートガバナンス

日本の制度環境とガバナンス

　一方、日本では、
- 投資家や社外取締役になれる人材の層がまだ薄いこと
- ベンチャー側の考え方（投資家をどこまで信頼するか）
- 会社法上の制約

などの要因から、米国と同じコーポレートガバナンスの形は必ずしもとれません。

　ベンチャーは、実際に設立・創業初期からM&Aや上場以降までの経験を一貫して経験した人にアドバイスしてもらうのが一番です。ところが、株式で資金調達するベンチャーが日本で本格的にはじまったのが1990年代末からですから、こうしたベンチャーの一気通貫を経験したことがあって、しかも社外取締役をやってくれる時間のある人の層は、まだ非常に薄いと言えます。[20]

　こうした人材の層の薄さと表裏一体ですが、ベンチャー側としても、社外の取締役が取締役会の過半数を占めることには抵抗がある会社も多いかと思います。つまり、取締役が３名いて、代表取締役社長、取締役副社長、取締役CTOの社内の経営陣３名が取締役でもある（社外取締役はいても1名程度）、といったパターンが多いのではないかと思います。

　こうした取締役構成だと、投資家と経営陣との利益が相反することについて取締役会で決議をしたら、必ず過半数を持つ経営陣が勝つに決ま

---

[20] ベンチャーを設立してからEXITするまでは3年とか10年といった長い時間が必要です。特に日本ではまだM&AによるEXITも少ないので、成功したベンチャー経営者というのは、まだそのまま上場企業の経営者を続けていることも多いですし、M&AでEXITしても、新たな会社を経営していることも多いでしょう。経験者がベンチャーに対して真剣にハンズオンしてくれるためには、エンジェルやベンチャーキャピタリストに転身したりして時間が取れる状態であることが必要です。

っていますから、取締役会は経営側と株主の双方の利害をフェアに判断する場とは考えにくいことになります。

ということは、取締役会に権限委譲をすることはできないわけですね。

また、日本のほとんどの未上場企業の株式には譲渡制限が付いており、株式に譲渡制限のある会社では、取締役会に権限委譲できることが会社法で制限されています。

合併や株式交換、事業譲渡などM&Aや会社の解散などの本当に重要なことはともかく、本店を渋谷区から新宿区に移す（定款変更）、ストックオプションの発行など、すべて株主総会にかけて特別決議（出席した株主の議決権の３分の２以上の賛成）を経ないといけません。

決議に必要な議決権の割合も異なります。

米国では、合併でも総議決権の２分の１超の賛成で決議できますが、日本では出席株主の議決権の３分の２以上の賛成（特別決議）が必要です。米国より日本のほうが少数株主の権利が配慮されていないと思っている人が多いですが、少なくとも会社法上は、日本のほうがいろいろな面で少数株主の権利が強いと言えます。

このため、米国より日本のほうが、より資本政策を慎重に考える必要があります。つまり、株式をなるべくケチケチ発行するようにしないと、あっという間に、経営陣が経営のリーダーシップを取れないことにもなりえます。また、少数株主権が強く、株主総会にかけなければならない事項が多いので、あまり細かく多数の株主から資金調達することは、お勧めできないことになります。

以上のように、日米では、ベンチャーの置かれた環境（生態系の厚み）や、会社法も異なりますので、コーポレートガバナンスの形は、単純に「ベンチャーの本場シリコンバレーではこうしているので、日本でもこ

うすべきだ！」ということにはできないことに注意する必要があります。

米国の実務を知る人が見ると、会社との相対（バラバラの）契約である投資契約に拒否権が付いていて、出資比率の低い株主までが拒否権を単独で行使できるのが「未開の風習」に見えるようです。しかし、米国は合併ですら株主の過半数の決議でできてしまうのに対し、日本の場合3分の2の株主の同意が必要であるなど、会社法上の少数株主権が強いので、投資家の拒否権も、単純に「過半数の優先株を持っている投資家がすべてを決められる」とするのは心理的抵抗感があるのではないかと思います。本当は米国のように、株主間契約や優先株式の内容として事前にルールとして設定し、多数決で決議できるようにするのが理論的にはきれいなのですが、また資本政策上、米国ほど株主数を増やしにくいとすると、たとえばVCが1社の場合とか2〜3社しかいなくて同じような持株比率の場合であれば、株主間契約にしても個別の契約にしても、結果はあまり変わらなかったりします。このため、調整の手間を考えると、株主間契約を締結するメリットがさほどない、ということになっているんじゃないかと考えられます。[21]

投資契約、株主間契約とガバナンス

以上のような理由から、日本のベンチャーの場合、定款や契約上の工夫で、取締役会に思い切った権限委譲をするコーポレートガバナンスの形は難しい面があります。

---

[21] 米国ではそのように、事前のルールを定めておかないのに株主間の調整がうまく取れるということはありえないと思います。日本でも「生存者バイアス」によって、株主間の調整に失敗して事業がうまくいったベンチャーは目に見えにくいだけだと思います。
日本も今後は株主間契約を活用する方向にシフトすべきです。

結果として、米国の「プチ株主総会」としての取締役会に代わる機能を、投資契約や株主間契約などに持たせる必要が出てきます。

　具体的には、米国のベンチャー投資では、株主間契約などで、投資家の拒否権があるのは、

- 会社の解散、合併、その他の組織変更
- （優先株主に不利な）定款の変更
- 優先株式と同等以上の株式を持つ株式の発行（≒増資）
- 普通株への配当の支払
- 一定金額以上の借入
- 子会社での証券発行や子会社の異動
- 取締役会の員数の変更

などの、ファイナンスに関する非常に基本的な項目が多いと思いますが、日本だとこれらに加えて、

- 代表取締役、重要な使用人の選任及び解任
- 自己株式の取得
- 投資契約の締結
- 株式公開に関する事項（市場、主幹事証券、監査法人等）の決定
- 事業計画の変更
- 重要な契約の締結、解除等

などについて、投資契約や株主間契約で、投資家の事前承認事項として定められている（投資家に拒否権がある）ことも多いと思います。

　これらは、経営陣と投資家の利益が相反する可能性が強い部分、いい

かえれば「ファイナンス的な」部分なので、必ずしも株主にフェアな決定をしてくれない可能性がある取締役会に決定を委ねるのではなく、投資契約や株主間契約で投資家も交えて決定する必要があるからだ、と考えることもできます。

　別の見方をすれば、日本ではまだ取締役会やCFOが企業価値の向上を考える機能が弱いので、投資家がそうした取締役会やCFOの機能の一部を担っている、と言うこともできます。

　（このため、よくわかっていない投資家から投資を受けて、こうした投資契約を結んでしまうことは、よくわかっていない頑固なCFOを雇うのと同じで、大胆なことができないことになる可能性があります。*22）

日本のベンチャーの
コーポレートガバナンス

　以上のようなことも踏まえたうえで、日本のベンチャーが成長する過程において取るべき機関設計としては、以下のようなことを考える必要があると思います。

　もちろん、事情によって異なりますので、それぞれベンチャー、投資家や弁護士が相談して決めてください。

---

*22　頭でわかっているかどうか、だけでなく、投資家の担当者側にどういうインセンティブがあるか、にも関わってきます。
　拙著『起業のエクイティ・ファイナンス』の終章にも書きましたが、儲かっても儲からなくてもあまり処遇の変わらない（「ステーク」を持たない）ベンチャーキャピタルの担当者だと、「失敗の可能性を最小化しよう」ということになりかねません。

取締役単独（取締役会非設置）

以前の商法時代には、株式会社は必ず取締役会を設置することが求められていました。取締役会には3名以上の取締役が必要でしたので、ベンチャーの創業メンバー3名全員が取締役になったり、「これは」という人がいない場合には、数をそろえるために、社長の奥さんやお母さんが創業初期の取締役になっているという会社もよくありました。

しかし、会社法が成立してからは、取締役1名でも会社が作れるようになりました。[23]

また日本では、後述のように、取締役会（取締役が最低3名）を設置すると、同時に必ず監査役、監査役会、監査等委員会、監査委員会といった「お目付役」の機関も設置しなければなりません[24]。これは前述の米国の会社が取締役だけで取締役会を形成できるのに対して、ちょっと重装備なことになります。

このため、日本の創業初期のベンチャーでスピーディーにものごとを決めていくためには、**とりあえずは取締役会を設置せず、社長1名ないしは合計2〜3名程度までの取締役の体制から始めるのがオススメ**だと思います。投資家が社外取締役になってくれる場合には、その投資家の社外取締役と相談しながら進めていくイメージです。[25]

---

[23] 「取締役会非設置会社」と呼ばれます。会社法施行とともに新設できなくなった有限会社のガバナンスを株式会社に取り込んだパターンとも言えます。実際、私がフェムト・スタートアップやフェムトグロースキャピタルで、この原稿執筆時点までに投資してきたシードやアーリーステージの会社6社はすべて、投資時点は取締役が社長1名または2名程度の取締役会非設置会社でした。

[24] 「公開会社でない会計参与を設置した会社」（会社法第327条）も例外ですが、少なくともベンチャーでは、会計参与制度が活用されている例は見たことがありません。

[25] もちろん、日本の投資家には、「取締役会設置会社で監査役もいるのが『正しい』姿なのだ」と信じて疑わない人も多いので、（そういう投資家に投資してもらうのがいいのかどうかはさておき、投資してもらったら）その投資家に合わせることになるでしょう。

図表9-8　取締役単独（取締役会非設置）

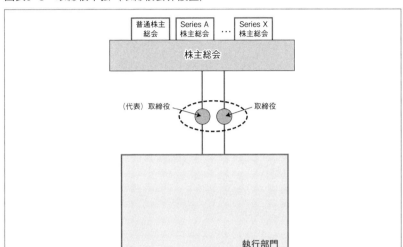

　この取締役が集まって行う会議は、会社法上の取締役会ではないので、区別するために、取締役ミーティング、取締役会議といった名称で呼ぶのがいいと思います。

　後述の取締役会ができた場合には、そこで何を決めるかといったことは、「取締役会規則」「職務権限規定」といった規則を作って、その中で定義するのが普通です。

　では、こうした取締役会非設置会社で、「取締役ミーティング規定」といった規定を作る必要があるかというと、前述のような日本風のかなり細かい事前承認事項が決められている投資契約等を締結している成長途上のベンチャーの場合には、作らなくてもいいのではないかと個人的には思います。つまり、会社の重要な事項を必ず事前に投資家に相談することになっていれば、それは取締役会規定で取締役会に付議する事項とかなり似ていますので、創業期においてはその**投資契約等自体が「取締役会規定」**的な働きをすることになりますので。

その社外取締役（＝投資家）と取締役会議で話し合って納得すれば、前述のような投資契約（株主間契約）上の了承が取れたのと同じことになっていれば、事実上、米国のように、取締役会でものごとが決定するのと同様の状況を作り出すことができます。[26]

一方で、投資家から社外取締役として派遣される人が、ベンチャーキャピタルの中でも「下っぱ」で、「会社に持ち帰って相談してみないとなんとも…」という人だとすると、なかなかものごとが決まりません。

取締役会非設置会社の限界

ただし、取締役会を設置しない会社は、社長をはじめ取締役がフレキシブルに活動できるというメリットがあるものの、取締役会や監査役などのガバナンスのしくみがない分、株主の監督権限が強くなっています。

具体的には、たとえばですが、譲渡制限のある株式や新株予約権の譲渡、取締役の競業取引などの承認を原則として株主総会で行わないといけないし、重要な契約の締結などを株主総会で決議することも多いので、そうした内容が株主全員に知られてしまいます。

このため、外部の株主がベンチャーキャピタル１～２社である段階では、株主総会で決めても取締役が株主に相談しながら決めてもあまり変わらないと言えますが、たとえば多数の従業員が多数株式を持つとか、エンジェルが競合のサポートを始めたとか、銀行や取引先が株主になったりとか、利益が相反する株主が増えてきた場合には、取締役会を設置して、取締役会で意思決定できるようにしたほうがよくなってきます。

取締役会＋監査役

前述のとおり、日本の標準的なパターンはこの取締役会を設置して監

---

[26] もちろん、投資家の投資委員会にかけないといけない場合も多いと思います。

査役を置く「取締役会設置会社」＆「監査役設置会社」になります。

昔の商法時代からの中小企業の標準的なパターンなので、昔を知る人にとっては、安心感があるかもしれません。

先述のとおり、利害が相反する株主が増えてきた場合には、取締役会設置会社にする必要が出てきます。

図表9-9　取締役会＋監査役

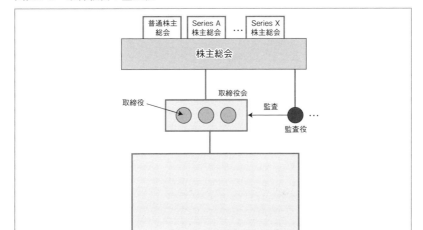

監査役を設置する場合に気をつけるべきこと

また、会社の意思決定機関の雰囲気が会社全体の雰囲気に影響を与えるのは当然ですから、監査役設置会社にするかどうかにあたっては、ベンチャーにおいて（米国のベンチャーでは存在しない）監査役というポジションをどう活用するかについてよく考えることが必要です。

まず、監査役は必ず取締役会に出席しなければなりませんが[*27]、取

締役会での議決権を持ちません。また、取締役会は取締役会全体の決議でしか行動できないのに対し、監査役は「独任制」といって個人単独でも取締役の行為の差止請求権や、会社を代表して取締役との訴訟を行えるという非常に強力な権限を持っています[28]。また、監査役のメインの仕事は業務や会計の監査ですので、会社法や会計について、それなりの専門知識も必要です。

　また、どういうキャラクターの人に監査役になってもらうかも重要です。

　前述のように強力な権限を持っていますので、あまり「脂ぎった」人は向かないと思いますし、その割には議決権を持たず監査がメインの仕事なので、積極的に経営の施策を検討してくれる元経営者のような人になってもらうイメージとも違います。「何も言わない人」だと毒にも薬にもならないのはもちろんですが、アーリーステージのベンチャーでは実際にやってみないとわからないことも多いので、「それは失敗するかもしれないよ」というアドバイスは当たり前過ぎて意味がありません。評論家的に文句をいうだけの人に監査役になってもらっても困ります。

　会社法や会計の専門知識も必要ですので、専門家に監査役になってもらって、「アドバイス」をもらうという手も考えられます。

　米国では弁護士や公認会計士が社外取締役になっている例はあまり見たことがありませんが[29]、日本では図表9-10のとおり、そうした専門家が社外監査役になっている例が多いです。

---

[27] 会計監査権限に限定される監査役は取締役会に出席しなくてもいいですが、ベンチャーでは、監査役の権限を会計監査に限定している例は少ないかもしれません。

[28] しかしこの差止請求権等は、核兵器と同様、強力過ぎて、めったなことでは使えません。

[29] 弁護士資格がある人が社外取締役になるケースはよく見かけます。

図表9-10　社外監査役の前職・現職の分類別人数（構成比）

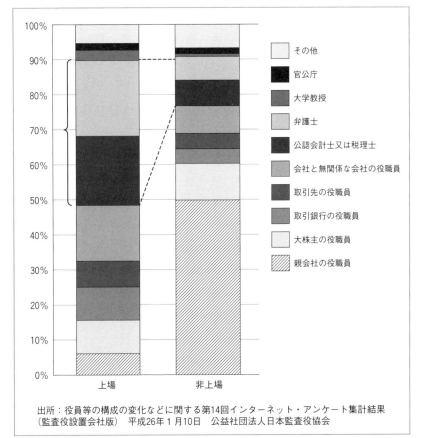

出所：役員等の構成の変化などに関する第14回インターネット・アンケート集計結果（監査役設置会社版）　平成26年1月10日　公益社団法人日本監査役協会

　また、監査役のインセンティブの設定も難しい問題です。監査役に対しては日本の税制適格なストックオプションは付与できません（第5章で見たとおり、税制非適格なストックオプションはすごく使いづらいです）。昔の商法では、監査役にはストックオプション（新株引受権）も付与できなかったくらいで、「監査役には何もインセンティブを与えないほうが機能する」「監査役に株価（企業価値）に連動したインセンテ

ィブなど持たせたら、経営者とグルになって悪いことをするんじゃない
か？」と思われているのではないかと思います。しかし、シリコンバレ
ーのベンチャーでは監査委員会に属する社外取締役にも、それなりのス
トックオプションが付与されていることが多いことからすると、少なく
とも「監査をする人間にストックオプションを付与すると、ベンチャー
がうまくいかない」という考えには、まったく説得力がないと思います。

　もちろん、日本では監査役を置いて成功しているベンチャーのほうが
多いわけですから、もちろん「監査役を置くと企業が成長できない」と
いうわけでもありません。

　以上のようなことがきちんとわかったうえで、適切な人を当てればい
いと思います。

　委員会等設置会社や取締役会非設置会社が導入されるまでの昔は、「監
査役は必ず置かなければならないもの」でしたが、今はそうではありま
せん。「会社はちょっと大きくなったら監査役を置くものだ」と決めて
かからずに、他の選択肢も考えてみてもいいかもしれません。

取締役会＋監査役会

　また、最近は設立間もない時期に10億円以上の資金調達をするベンチ
ャーも増えてきました。そうした会社には制度上もそれなりのコーポレ
ートガバナンスが求められるようになります。

　会社法上の大会社（資本金5億円以上または負債が200億円以上）に
なると、その後の決算期後、最初の定時株主総会のときに、会計監査人
を置いたり、内部統制システムについて決議しなければならなくなりま
す。また、そのタイミングで監査役会が設置されることも多いです。

　今まで上場する時点のコーポレートガバナンスの形は、ほとんどこの
監査役会設置会社（取締役会＋監査役会）でした[30]。ので、日本にお
いて上場するまでに整えるべき標準的な形と言えると思います。ベンチ

356

図表9-11 取締役会＋監査役会

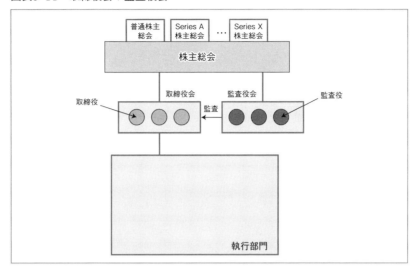

ャーが上場する場合、ほとんどはこの形態を取りますので、引受を行う主幹事証券や取引所も安心できると思います。

　監査役会は１名以上の**常勤監査役**を置かなければならないので、この人選をどうするかが、ベンチャーが監査役会設置会社を採用する場合に考えなければならない大きなポイントです。
　社歴の長い大企業であれば、元従業員（経理や経営企画などをやっていた人で、たいていは、取締役になるタイプの方よりは「脂ぎってない」シニアな方）がなるパターンが多いですが、ベンチャーは社歴が短いので、そうした元従業員で適切な人もいないことが多いわけです。「常勤」なので基本的には他社の仕事との兼務もできないですし、フルタイムな

＊30　カブドットコム証券やクックパッドは上場時から委員会（等）設置会社でしたし、ミクシィは上場時点では監査役２名だけで監査役会設置会社ではなく、上場後初の株主総会で監査役会設置会社になったといった例外もあります。

のに営業や開発の第一線の人ほどのお給料も払えないことが多く、監査という仕事柄、監査対象である現場の人とあまり親しくするわけにもいかないので、食事や飲み会などで孤独にもなりえますし、前述のように、法令や会計について、それなりの知識も必要です。人格者で知識もあって、孤独にも耐えられて、給料もそこそこで、ストックオプションは税制適格でなくてもいいですよ、という人は、もちろん見つからないことはないですが、なかなか探すのに苦労している例を多く見かけます。いきおいシニアな（50代、60代の）方になることが多いので、20代、30代の従業員が多いベンチャーでは、存在が浮いてしまったり、会社の雰囲気が変わってしまうことも多いと思います。

　また、監査役会の半数以上は社外監査役でなければなりません。[*31]

　このように、常勤監査役という職務は大変ではあるのですが、監査役（特に上場企業の監査役）は、監査で見落としがあると株主から訴えられかねませんので、うまく現場に溶け込んで日常から隅々まで目を光らせてくれている常勤監査役の方がいてくれると、社外監査役も安心して就任できます。

取締役会＋3委員会（指名委員会等設置会社）

　2003年4月から、こうした監査役や監査役会を置かず、米国のように取締役だけでガバナンスを行う「指名委員会等設置会社」と呼ばれるタイプのガバナンスの類型も導入されました[*32]。指名委員会等設置会社は、取締役によって「指名委員会」「報酬委員会」「監査委員会」の3つの委

[*31]　社外監査役は、会社法上、「過去に、その会社や子会社の取締役、会計参与、執行役、支配人その他の使用人になったことがない監査役」のことです（会社法第2条第16号）。
　　　常勤監査役は基本的にいつも「社内」にいることになりますが、上記の要件を満たす社外監査役でもなれます。

図表9-12　取締役会＋3委員会（指名委員会等設置会社）

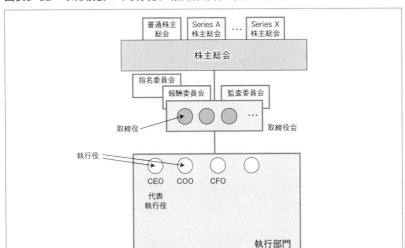

員会を置くことになっています。この各委員会のメンバーの過半数は社外取締役でなければなりません。「監査役」はおらず、取締役だけでこれらの機関が運営されることになります（つまり全員、議決権を持つ人なので、シンプルです）。米国の取締役会（board）型の機関設計と言えると思います。

＊32　当初2003年4月施行の株式会社の監査等に関する商法の特例に関する法律（商法特例法）の改正で登場したときには「委員会等設置会社」と呼ばれ、その後（委員会のあとの「等」が取れて）「委員会設置会社」になり、今回の会社法改正で「指名委員会等設置会社」と呼ばれるようになります。今回の会社法改正で登場した、後述の「監査等委員会設置会社」も委員会を設置する会社なので、それと区別するために、監査等委員会設置会社にはない指名委員会・報酬委員会が存在することをもって、「指名委員会等設置会社」と呼ばれることになります。この原稿執筆時には改正会社法がまだ施行されていませんので、ちょっと気が早いですが、以下「指名委員会等設置会社」と呼ばせていただくことにします。
　ベンチャー的な会社でも、カブドットコム証券株式会社やクックパッド株式会社などが採用しています。

監査委員会は、業務監査や、会計監査を行う会計監査人（監査法人や公認会計士）の決定に関わる委員会です。

　また、指名委員会は、取締役を指名する委員会であり、報酬委員会は、取締役の報酬を決める委員会です。つまり、この指名委員会等設置会社は、**「取締役を誰にするかという重要な人事が、社外取締役によって決定される」**ところが大きな特色であり、このことが、上場企業で指名委員会等設置会社の導入が全く進んでないことの大きな理由だと思います（もちろん、「オレは社長なのになんで自分の給料を決められないんじゃ！」というコテコテのオーナー系企業も、指名委員会や報酬委員会があるガバナンスはイヤでしょうね）。

　しかしもちろん、指名委員会や報酬委員会の委員も善管注意義務を負いますので、社長をはじめとする取締役の人選やインセンティブという会社の最重要事項を委員の勝手な趣味で取締役の人選を行っていいわけではなく、導入している企業では、社内のスタッフも選定を手助けした取締役候補のリストや、他の取締役などから慎重に選んでいると思われます。ベンチャーでは特に創業社長が「余人をもって代えがたい」ことが多いですし、社長を支持してくれる株主を含めた持株比率が５割を超えていれば、（投資契約の内容に注意する必要がありますが）基本的には社長を追われることはないはずです。

　「指名委員会等設置会社は手続きにコストがかかって面倒そう」というイメージがありますが、そんなことはないと思います。[*33]

　むしろ、監査役会設置会社になると、取締役３名＋監査役３名で最低６名が必要になるのに対し、指名委員会等設置会社なら、３委員会を全部同じメンバーが兼務すれば、理論上は最低、取締役３名（うち社外取締役２名以上）でできます。（それで上場審査に通るかどうかは別ですが、取締役と別に監査専門の人を雇うことが不要なのは確かです。）

指名委員会等設置会社には会計監査人を置かなければならない、という決まりもあります。このため、2〜3年後に株式公開を目指すというのでない企業や、公開する予定のない子会社やジョイントベンチャーなどでは、指名委員会等設置会社にすることで、若干のコスト増要因になるかもしれません。

取締役会＋監査等委員会（監査等委員会設置会社）

2014年の国会で通過した改正会社法で登場したのが「監査等委員会設置会社」です。

これは、前述の指名委員会等設置会社の3つの委員会のうち、「監査委員会」だけのバージョンと考えていただければ、ほぼ当たっているかと思います。

つまり、指名委員会等設置会社でおそらく最も抵抗感があるところであった**「社外取締役に取締役の人事を左右される」というところがかなり緩和されている**ところが特徴です。

「監査委員会」ではなく「監査"等"委員会」となっているのは、監査等委員会がやることが監査だけではなく、取締役の選任・解任や報酬な

---

*33　なぜ指名委員会等設置会社が「重そう」なイメージなのかというと、まずひとつは、以前は旧商法特例法上の大会社（資本金5億円以上等）でないとなれなかったから、というのも一因かと思います。しかし、現在では資本金1円でも指名委員会等設置会社になれます。また実際に採用しているのが、ソニー、オリックス、野村證券といった、日本を代表する超大企業がほとんど、ということがあるかと思います。日本監査役協会の平成26年7月24日現在の「委員会設置会社リスト」には、上場会社の子会社も含めて90社しか掲載されておらず、監査役設置会社に再移行した会社も63社記載されています。ただしこれも、前述の「人事権」の問題が大きいと思います。政府が監視する日本郵政や公的資金注入銀行などのガバナンスに採用されたことも「縛り」のイメージが強い原因かもしれません。「内部統制に関するルールが厳しい」という誤解もありますが、これも現在では、監査役設置会社との差はないと思います。

図表9-13　取締役会＋監査等委員会（監査等委員会設置会社）

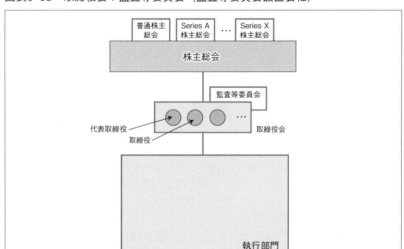

ど「人事」に関しても株主総会などで意見を述べることができることになっているなど、監査以外のことにも若干関わっているからです。

　指名委員会等設置会社の場合には、株主総会が選ぶのは取締役だけで、各委員会の委員を誰にするかについては取締役会が決めますが、監査等委員会設置会社の監査等委員の人選や報酬については、株主総会において、他の取締役と区別して決定します。
　また、指名委員会等設置会社と違って「執行役」という機関はありません。指名委員会等設置会社の代表者は「代表執行役」でしたが、監査等委員会設置会社の代表者は「代表取締役」です。これも日本ではより受け入れられやすいのではないかと思います。

　上場企業では、社外取締役の導入のプレッシャーが強くなっていますので、今までの監査役会設置会社（つまり監査役会に社外の役員を2名

以上含む）が監査等委員会設置会社になって、今までの社外監査役が社外取締役をやれば、それだけで社外取締役が2名以上増えますので、そういう目的に使われるだろうという予想がもっぱらのようです。

ただし、米国のコーポレートガバナンスの例を見ても、監査役がいないからうまくいかないだろうとはまったく言えません。

まだ実績のない制度ですので、今後どうなるかはわかりませんが、仮に上場企業の多くが監査等委員会設置会社に移行するとすれば、ベンチャーが監査等委員会設置会社として上場することも受け入れられやすくなるかもしれませんし、監査等委員会設置会社になっておいて、上場準備時に監査役会設置会社や指名委員会等設置会社への移行を検討することも可能かと思います。

今まで述べてきたような、ベンチャーにおける監査役の座りの悪さがなく、コンパクトな人数から運営できることを考えると、前向きに考えればベンチャーのコーポレートガバナンスには非常にフィットするかもしれません。

従来の日本のベンチャーのコーポレートガバナンスの形態は、
「取締役会非設置会社」→「取締役会＋監査役」→「取締役会＋監査役会」
と発展していくイメージでしたが、今後は、社外取締役が2名以上確保できるのであれば、
「取締役会非設置会社」→「監査等委員会設置会社」
または、
「取締役会非設置会社」→「監査等委員会設置会社」→「指名委員会等設置会社」
といった発展の仕方もアリかもしれません。

一方、仮に2名以上の社外取締役の確保が難しいのであれば、まずは、

「取締役会非設置会社」→「取締役会＋監査役」

としておいて、その先、「取締役会＋監査役会」という方向に行くのか、

「監査等委員会設置会社」の方向に行くのかを考えてもいいかもしれません。

まとめ

　長くて複雑になりましたので、本章で申し上げたかったことをまとめておきます。

・株式は会社の所有者としての経済的権利であると同時に、会社をコントロールする権利（議決権）でもあるため、ファイナンスとガバナンスの形は表裏一体の関係にあります。

・株式会社は、株主と経営者が別々であることが原則なので、両者の利害がいつも一致するとは限りません。コーポレートガバナンスの本質は「取締役の不正行為の防止」と思っている方が多いですが、特にベンチャーにおいては「企業価値を上げること」に重きが置かれるべきです。企業の利害関係者全員がハッピーになっている「成功している未来」をイメージし、そこにたどり着くためには何をすればいいかを、投資家と経営者の間ですりあわせる仕組みこそが、コーポレートガバナンスだと考えます。

・コーポレートガバナンスの形は、その企業が属する市場や地域、資金調達環境の競争構造に影響を受けます。そして、競争の激しい環境におけるコーポレートガバナンスでこそ、社外取締役の存在が重要です。社外取締役の役目は、経営陣と投資家の利害を一致させ、株主の目的、

すなわち企業価値の向上を実現することです。そして米国と同様、日本でも、ベンチャーに知見のある独立系ベンチャーキャピタリストが多数、社外取締役になる未来がやってくるはずです。

- ベンチャーの場合、経営者のリーダーシップとは、経営者が保有する議決権数に大いに関係します。

  そして、ベンチャーが株式で資金調達をして成功するためには、投資家に事業の内容を理解してもらうための関係を築く「広義のIR」が重要です。

- 米国の取締役会は、機密情報を少数の人にのみ開示しながらスピーディーに経営を進めるための「プチ株主総会」になっています。

  これに対して日本は、会社法上の制約やベンチャーを導ける社外取締役の層の薄さ、ベンチャー側のマインド等から、必ずしも米国と同様のことはできません。

  結果として、投資契約や株主間契約、優先株式の内容が、米国と違った形でコーポレートガバナンスの一部を担っています。

- 従来の、日本のベンチャーのコーポレートガバナンスの形態の「最終進化形」としては、「取締役会＋監査役会」がイメージされてきましたが、今後は、「監査等委員会設置会社」または「指名委員会等設置会社」が活用される事例も増えてくるかもしれません。

以上には実績の無い制度や私なりの仮説を含んでおりますが、これから会社を成長させていくベンチャーのご参考になれば何よりです。

おわりに

ベンチャーにとって一番大切なこと

　本書の副題を「ベンチャーにとって一番大切なこと」としてみましたが、全体をお読みいただいて、それが何だかおわかりいただけましたでしょうか？

　答えは「ファイナンス」……ではないですよね。

　本書で繰り返し述べてきたように、ベンチャーとは、誰もわからない未来にチャレンジする企業のことです。そして、そのベンチャーが生まれるために最も大切であり、かつ、日本に一番不足している希少資源は、技術力でも、お金でもなく、「アニマル・スピリッツ」と、それを持ち合わせている「人」であるということを、繰り返し述べさせていただきました。

　もちろん説得力のあるビジネスモデルやファイナンスのテクニックも必要ですが、それはまず「スピリッツ」が存在しないと意味がないわけです。
　そして剥き出しの「アニマル・スピリッツ」だけが存在しても、それはただのアホにしか見えません。もちろん、マーケティングやシステム、

366

科学技術といった企業の実体面をサポートする人達がまず重要であるのは言うまでもありませんが、その実体を支えるファイナンスにおいて、法律、会計、証券といった極めて多くの領域の専門家が協力しあって初めて、ベンチャーが成長していけるのだ、ということがおわかりいただけたとしたら幸いです。

足りないのは「資金量」ではない

　日本のベンチャーに直接必要なのは、現在せいぜい残高で1兆円単位のお金であり、この資金は、個人金融資産だけでも1,600兆円超もある日本全体からするとものすごく小さな資金です。
　「日本はベンチャーに対して冷たい」「日本はベンチャーに資金がつかない」と思い込んでいる人がいますが、そうではないのです。

　「日本のベンチャー投資のGDP比が他の世界各国と比較して非常に小さい」というのは事実ですが、現在、規制等によって、ベンチャーに資金が流れない構造になっているわけではありません。必要なのは「水道管」ではなく、水をほしがる需要、すなわち「ベンチャーをやってみようという（イケてる）ヤツら」です。

　そして、土から芽を出したばかりの双葉に水をジャブジャブ与えても根が腐ってしまうだけです。水道管の末端で必要な時に必要なだけ水を散布するインテリジェントな「スプリンクラー」（ベンチャーキャピタルやエンジェルなどの投資家やベンチャー実務の専門家等）が重要なのです。
　この本は、その「スプリンクラー」の構造や、それがどうすればうまく機能するかについて書かせていただきました。

政策に関わるみなさんへ

　政府や政治家の方の中にも、日本が今後も成長していくためには、新しい領域にチャレンジするベンチャーが必要だという問題意識を持っている方が多いと思います。

　しかし、政府が行うべきことは、イケてない企業に無理矢理資金を流し込むことではなく、イケてるかどうかを当事者たちに判断させ、その判断を阻害する要因を排除することです。

　ベンチャーがうまくいくためには、資金、知恵、人などがうまく流動して適材適所が成立することですが、それがなぜうまく行われないのかと考えていくと、雇用に関する規制や、上場に関するルール、上場後の規制など、さまざまな問題が思い浮かぶはずです。

　すなわち、政府は、立案する政策や制度について、チャレンジを奨励する内容になっているか、チャレンジを阻害したり萎縮させたりする内容になっていないか、という観点からチェックすべきです。

　「市場メカニズム」という言葉は、悪いイメージでとらえられていることもありますが、本来「市場」とは、金融の取引所のことを指すわけではなく、**個々の企業や個人が、自分の判断で商品やサービスを開発して、自分の判断で自由に取引できるしくみ**のことです。

　ベンチャーは、まさにこの「市場メカニズム」そのものであり、**ベンチャーが活躍できる社会環境にすることは、すなわち、ベンチャー以外の企業も活性化し、経済全体が元気になる施策**となると考えます。

ベンチャーで社会は変わるのか？

「日本には数百万社の企業がある。ベンチャーなんて、年間に数十社程度上場するだけの、経済全体の中では取るに足らない存在だろ？」と思われる方も多いかもしれません。

しかし、別に日本全体がベンチャーになる必要なんてまったくないわけです。

人間は（猫が猫じゃらしに反応するのと同じで）、特に変化が激しく面白そうなところに注目します。イキイキした人達の情報がたくさん伝達されて、刺激がある一定のしきい値を超えると、連鎖反応が始まるはずです。

70歳の大企業の社長の話を聞いても、20代の若者が自分もそうなれるとは思えないかもしれません。しかし、身近に、成功したベンチャーの人達や活気のある事例をたくさん見れば、「あいつができるんだったらおれ（わたし）だって」という気にもなるわけです（実際、わたしの周りはそんな人達ばっかりなわけですが）。

「経営の神様」といった雲の上の存在ではなく、「クシャミもすればミスもする普通の人間」が成功できるのだとわかることが重要だと思います。

「政府が何もやってくれない」「政治家がアホだ」「日銀のせいで……」「権力と金を持ってるのが頭の固い老人ばかりだから……」「うちの社長じゃなあ……」といった「他人のせいで」という発想から卒業して、「『自分が』何をするか？」、というマインドを広めることこそが、今の日本を変える鍵であるはずです。本来、他人が無能なヤツばかりなら、自分

にとってはものすごいチャンスなはず。評論家ではなくチャレンジャーが現れないと、市場メカニズムはうまく働きません。

そして、世の中のマインドを変えるのに、何十万社もの成功例はいらないと思います。成功してキラキラしたベンチャーがあと数年で数十社程度登場するだけで、日本はまったく新たなフェーズに入ると思います。

参考図書・URL

本書はベンチャーを起業することに興味を持ってもらうために書いた本です。このため、**次のステップ**としてお願いしたいのは、より専門性の高い本を読んで知識を深めることもさることながら、一緒に起業するいい仲間や専門家に出会い、**実際に起業してみる**ことです。

ベンチャーは、業種やビジネスモデルで何が必要かはまったく異なりますし、変化も激しいので、これ以上詳しい内容で起業家一般に役に立ちそうな本を示させていただくというのは、なかなか難しいと思います。
ネットも発達しているので、Amazonや楽天ブックスで、自分の知りたい知識の本を探したり、会社法や金融商品取引法、税法などの法令や会計基準などを、直接当たってみるのもいいと思います。

どんな座学よりも、1つの経験のほうがはるかに役に立つと思いますが、本書を読んでいただいた人全員がすぐに起業するわけでもないでしょうし、研究や政策の対象とされたいという方もいらっしゃるでしょうから、若干ですが、参考になる本とサイトを挙げさせていただきたいと思います。

『起業のエクイティ・ファイナンス』（磯崎哲也）　ダイヤモンド社

わたしが2014年7月に出版した本書の続編（中級編）的な本です。

『現代の金融入門』（池尾和人）　ちくま新書

金融全般の基本知識を得るために。

『いくらやっても決算書が読めない人のための　早い話、会計なんてこれだけですよ！』（岩谷誠治）　日本実業出版社

会計の知識がまったくない経営者の方も、少なくともこの本で書かれている会計のセンスは身につけておくことをお勧めします。

『孫子』（金谷治 訳注）　岩波文庫

「競争」という環境下で何を考え、どう行動すればいいか、考えさせてくれる本ではないかと思います。

『競争の戦略』（マイケル・ポーター）　ダイヤモンド社

競争戦略の定番です。

『ベンチャー企業の法務・財務戦略』
（宍戸 善一、ベンチャー・ロー・フォーラム〈VLF〉編）　商事法務

日本のベンチャー実務に関わっていらっしゃる方々オールスターで書かれた本です。ベンチャーに関する一般的知識の部分も役に立ちますが、より理論的な投資契約や優先株式、税務等の理解のために参考になるかと思います。

『会社法入門』（神田秀樹）　岩波新書

会社法全般の概要をつかまえるのに役立つと思います。

『ベーシック 会社法入門〈第6版〉』（宍戸善一）　日経文庫

「法と経済学」的な観点も含めて、会社の基本的なメカニズムを考えるのに有用です。

『企業価値評価 第5版〈上下巻〉』
（マッキンゼー・アンド・カンパニー、ティム・コラー、マーク・フーカート、
デイビッド・ウェッセルズ）　ダイヤモンド社
　本書に記載したとおり、特にアーリーステージの企業にとっては、あまり
精緻な企業価値評価の知識は不要だとは思いますが、基礎を勉強してみたい
方に定番の教科書です。

EDINET
http://disclosure.edinet-fsa.go.jp/
　日本の上場企業等の有価証券報告書や大量保有報告書等が開示されている
サイトです。
　有価証券報告書、有価証券届出書や四半期報告書等は、財務データだけで
なく、事業のさまざまなデータが開示されています。添付資料として、定款
や株主総会の招集通知も見ることができます。
　事業計画等の基礎データとして活用できると思います。

EDGAR
http://www.sec.gov/edgar/searchedgar/companysearch.html
　アメリカのSECに提出されている各社の財務データ等が検索できます。海
外企業データを知りたい場合に有効です。

AZX総合法律事務所ホームページ
http://www.azx.co.jp/
　ベンチャーが用いる各種のひな型その他有用な情報がたくさん掲載されて
います。

各社ホームページ
　知りたい企業の会社概要や、会社によっては、アニュアルレポートや決算
説明会資料などを開示している会社もあります。
　ライバルや目標になる企業は徹底的に調べつくすべきです。

法令データ提供システム

http://law.e-gov.go.jp/cgi-bin/idxsearch.cgi

日本の法律、政令等について見られます。

わたしの書いているものも、お役に立つことがあるかもしれません。

isologue（イソログ）

http://tez.com/blog/

わたしのブログです。ベンチャービジネス、IT系、金融系などの話題について書いています。

週刊isologue

http://tez.com/mag/

毎週、財務的な分析やベンチャーファイナンスについて、ウェブ形式の情報をメールでお送りしています。

@isologue

http://twitter.com/isologue

ツイッターで、ベンチャー、IT、金融を中心に、雑談を含めていろいろな情報を発信しています。

本書は、わたしが今までに書いたブログ、メールマガジンや、中央大学法科大学院で大杉謙一教授と共同で3年間担当させていただいた「ベンチャー・ビジネスと法」の講義内容、アゴラ起業塾セミナー「起業家のためのファイナンス講座」の内容などをベースに書き下ろしたものです。

アゴラで講演の機会をいただいた池田信夫氏、この本の原稿に有益な

ご助言をいただいた中央大学・大杉謙一教授、AZX総合法律事務所・雨宮美季弁護士、株式会社大阪証券取引所（当時）・村田雅幸氏・中川幸氏、マーサージャパン株式会社・野村有司氏、英文タイトルを一緒に考えていただいたピクメディア株式会社社長のDave Mori氏、会長のC. Jeffrey Char氏、その他紙面の都合で書ききれなくて申し訳ありませんが、対面やネットでご助言いただいたすべての皆様に感謝したいと思います。

　今まで「本を出しませんか」というお誘いを数多くいただいていながらわたしの怠惰によりなかなか実現しなかったのですが、横田大樹氏には、途中で心が折れそうになるわたしをうまく操って出版にまで漕ぎ着けさせていただきました。ありがとうございます。「電子出版時代には著者が直接本を売るようになる」てなことをおっしゃる方もいらっしゃいますが、少なくともわたしは1人じゃ無理だと思いました。イケてるブックデザインをしていただいた萩原弦一郎氏にも感謝です。
　ではまた。

2010年9月

　増補改訂版の発行にあたり、一橋大学大学院国際企業戦略研究科・宍戸善一教授、AZX総合法律事務所・後藤勝也弁護士、雨宮美季弁護士に第9章を中心にご助言をいただきましたが、文責は筆者にあります。また、前回と同様お世話になった日本実業出版社のみなさんと、またしてもブックデザインをしていただいた萩原弦一郎氏に感謝いたします。

2014年12月

磯　崎　哲　也

索　引

【英字】

Board Seat ……………………… 291
Buy-Out …………………………… 47
Cliff ……………………………… 192
DCF（Discounted Cash Flow）
　…………………………… 157,167
Excel ……………………………… 132
EXECUTIVE SUMMARY ……… 128
EXIT ……………… 46,62,176,292,298
Fair Value ……………………… 199
GP（General Partner）………… 275
Hands-On ……………………… 44,282
Intrinsic Value ………………… 199
IPO ……………………………… 56,96
IR ……………………………… 122,339
J-SOX …………………………… 260
Key man clause ………………… 249
Living Dead …………………… 62,292
LLC ……………………… 87,275,278
LLP ……………………………… 87,278
LP（Limited Partnership）……… 275
LPS ……………………………… 278
M&A ……………………………… 47
MBO ……………………………… 50
NDA ……………………………… 284
Pay to Play条項 ………………… 238
PER ……………………………… 148,260
PO ………………………………… 56
post ……………………………… 237
pre ……………………………… 237
Preferred Stock ………………… 298
Start-Up ………………………… 32
Strike Price …………………… 188
Term Sheet …………………… 285

Terminal Value ………………… 170
Time Value ……………………… 199
VC ………………………………… 20
Vehicle ………………………… 86,278
Vesting ………………………… 192
WACC …………………………… 169

【五十音】

アーリー …………………………… 52
アウト・オブ・ザ・マネー ……… 209
アニマル・スピリッツ ………… 81,366
安定株主 ………………… 243,251,263
アントレプレナーシップ ………… 152
イグジット ………………………… 46
イノベーション …………………… 32
イノベーションのジレンマ ……… 49
インカムゲイン …………………… 45
インサイダー取引規制 …………… 338
売上原価 ………………………… 138
売上高 …………………………… 137
エージェンシー問題 ……………… 329
エグジット ………………………… 46
エレベータ・ピッチ ……………… 117
エンジェル …………………… 98,274
エンジェル税制 …………………… 98
オブザーバー …………………… 291,292
オプション・バリュー …………… 198
会計 ……………………………… 72
会社 ……………………………… 76
会社による取得条項 ……………… 301
会社法 …………………………… 72,197
外部性 …………………………… 114
加重平均資本コスト ……………… 169
株価 ……………………………… 154
株価収益率 ……………………… 148,260

株式	39,89,155	銀行	35
株式会社	83,87,89,278	金融工学	198
株式の買取条項	293	金融商品取引法	72,265
株式の募集内容	289	組合	278
株主	230	クラウド	13
株主価値	155	クリフ	192
株主資本価値	155,228	欠損金の繰越控除	139
株主代表訴訟	243	現物出資	89,94
株主名簿管理人	57	合資会社	87
監査	55	行使価格	188,252
監査委員会	360	公正価値	199
監査証明	56	合同会社	87,278
監査等委員会	361	公募	56,179,266
監査等委員会設置会社	361	合名会社	87
監査役	353,354	コーポレートガバナンス	58,328
監査役会	358	コールオプション	301
監査役会設置会社	356	個人経営	83
監査法人	55	個人保証	21,42,85
幹事証券会社	56	再調達価格	157
キーマン条項	249	先買権	294
起業	12	残余価値	170
企業価値	154,184,228	残余財産分配権	300,309
企業価値評価	157,257	シード	52
議決権	43,230	時価	91,202,209
期限の利益喪失	42	時価純資産	157,159
キャッシュフロー	140	時間的価値	199
キャッシュフロー計画表	144	事業価値	156
キャピタルゲイン	45,184,268	事業計画	112,228
競争構造	149	事業計画書	126
共同売却権	295	事業譲渡	89
業務執行組合員	275	資金循環マンダラ	65
(特別決議における株主の) 拒否権	244	資金調達	14
		自己資本	230
(優先株主の) 拒否権	302	市場	36,368
(投資契約の) 拒否権	295	資本金	93

指名委員会	360	税務	72,84,206
指名委員会等設置会社	358	説明コスト	85
資本市場	36	善管注意義務	287
資本政策	146,228	先行投資	16
資本政策表	228,232	潜在株式	240
社外監査役	358	総合課税	278
社外取締役	335,364	ソーシャルグラフ	113
収益還元価値	157	損益計画	133
主幹事証券	56	損益計画表	142
守秘義務契約	284	タームシート	285
種類株式	299	大会社	94,96,356
純資産法	157	貸借対照表	140,143
証券印刷会社	57	他人資本	230
証券会社	56	中堅・中小企業	32
証券代行会社	57	直前期	56
証券取引所	57	直前々期	56
常勤監査役	357	デューデリジェンス	287
上場	55	転換	301,303
上場スケジュール	59	登記	321
上場等の努力義務	292	投資家	42
所有と経営の分離	328	投資契約	44,272,289,303
将来キャッシュフロー	168	投資事業有限責任組合	276,278
シリコンバレー	254	投資事業有限責任組合法	279
新株引受権	251	東証マザーズ	53
新株予約権	197,240,251	登録免許税	93
申請期	56	特殊株主	57
信託銀行	57	特別決議	244,346
信用	26,86	匿名組合	278
スタートアップ	32	取締役	350
ストックオプション	184,228,240,267	取締役会	350
ストックオプション等に関する会計		取締役会設置会社	353
基準	202	取締役会非設置会社	350
成功報酬型ワラント	203	取締役の指名	291
清算価値	157	内部統制	50,58,148,246,266
税制適格ストックオプション	208	ナスダック・ジャパン	53

ナナロク世代	28	法人	76
二人組合	279	法人化	88
任意組合	271,278	法人税等	139
ネットワーク外部性	165	簿価純資産	157,158
バイアウト	47	ボラティリティ	202
配当還元価値	157	本源的価値	199
パススルー課税	278	マイルストーン条項	238
バブル	38	ミドル	52
販管費	139	無限責任	85
反市場的勢力	59,262	無限責任組合員	275
反社会的勢力	59,219,262,266,289	持株比率	242,340
ハンズオン	44,275,282	持分法	242
ビークル	86	モンテカルロ・シミュレーション	200
表明及び保証	289	役員の選任権	302
不確実性	124	有価証券届出書	179,194
負債	230	有限会社	87
普通株式	298	有限責任	84
普通決議	242	有限責任事業組合	87,278
ブティック型	276,280	優先株	298
付与契約	211	優先株式	298,302,317
ブラック＝ショールズ式	200	優先引受権	238,295
フリーエージェント	33	優先分配権	309
フリーキャッシュフロー	140	要項	211,223
フル・ラチェット方式	316	（ベンチャーの）ライフサイクル	52
ブロックトレード	201	リスク	17
フロント企業	59	リターン	42
分離課税	278	リビング・デッド	62
ベスティング	192,216	類似業種（企業）比準	157,164
ヘラクレス	54	レイター	52
弁護士	57	連結決算	245
ベンチャー	32	割引率	169
ベンチャー企業	32		
ベンチャーキャピタル	20,106,275		
ベンチャービジネス	32		
報酬委員会	360		

磯崎哲也 （いそざき　てつや）
1984年早稲田大学政治経済学部経済学科卒業。長銀総合研究所
で、経営戦略・新規事業・システム等の経営コンサルタント、インター
ネット産業のアナリストとして勤務した後、1998年ベンチャーの世界に
入り、カブドットコム証券株式会社社外取締役、株式会社ミクシィ社外
監査役、中央大学法科大学院兼任講師等を歴任。公認会計士、税
理士、システム監査技術者。
現在、フェムトパートナーズ株式会社ゼネラルパートナー。
著書に『起業のファイナンス』（日本実業出版社）、『起業のエクイティ・
ファイナンス』（ダイヤモンド社）があるほか、ビジネスやファイナンスを
中心とする人気ブログ及びメルマガ「isologue」を執筆。

起業のファイナンス　増補改訂版

2010年10月 1 日　初　版　発　行
2015年 1 月20日　増補改訂版発行
2021年10月20日　第 15 刷 発 行

著　者　磯崎哲也 ©T.Isozaki 2015
発行者　杉本淳一

発行所　株式会社　日本実業出版社 東京都新宿区市谷本村町 3 - 29 〒162-0845
　　　　編集部 ☎03 - 3268 - 5651
　　　　営業部 ☎03 - 3268 - 5161　　振　替　00170 - 1 - 25349
　　　　　　　　　　　　　　　　　https://www.njg.co.jp/

印 刷／理 想 社　　製 本／若林製本

この本の内容についてのお問合せは、書面かFAX（03 - 3268 - 0832）にてお願い致します。
落丁・乱丁本は、送料小社負担にて、お取り替え致します。

ISBN 978-4-534-05245-2　Printed in JAPAN

読みやすくて・わかりやすい日本実業出版社の本

51の質問に答えるだけですぐできる
「事業計画書」のつくり方

原　尚美
定価 本体 1600円（税別）

事業に関連する質問に答えるだけで事業計画書がつくれる本。必要な数字や計算書類の作成のしかたもバッチリ紹介。事業計画書、利益計画書、資金計画等のフォーマットもダウンロードできます。

入門
事業計画書・投資提案書の数値化分析ができる本
＜CD-ROM付き＞

中村篤人
価格 本体 2800円（税別）

頭の中にある起業やプロジェクトの必要資金・設備等の数値を付属アプリに入力するだけで、予想決算書ができあがる本。自分で手軽にシナリオ分析できるので、経理や数字が苦手な人でも大丈夫。

新版　そのまま使える
経理＆会計のためのExcel入門

井ノ上陽一
定価 本体 2200円（税別）

経理・会計に役立つ実践的なExcelテクニックを、請求書や各種の月次報告書など、業務で発生する事例をベースに解説。解説に使用したファイルは専用サイトからダウンロードできます。

最新　起業から1年目までの
会社設立の手続きと法律・税金

須田邦裕・出澤秀二
定価 本体 1800円（税別）

起業家としての心構えから節税メリット、法律対策、各種書式の記載方法までこの一冊で完璧。「起業したけど経営が立ち行かなくなる」という悲劇を避けて、成功するための70のポイントを解説。

定価変更の場合はご了承ください。